Freud and Italian Culture

ITALIAN MODERNITIES

VOL. 3

Edited by
Pierpaolo Antonello and Robert Gordon,
University of Cambridge

PETER LANG
Oxford · Bern · Berlin · Bruxelles · Frankfurt am Main · New York · Wien

Freud and Italian Culture

Edited by Pierluigi Barrotta and
Laura Lepschy with Emma Bond

PETER LANG
Oxford · Bern · Berlin · Bruxelles · Frankfurt am Main · New York · Wien

Bibliographic information published by Die Deutsche Nationalbibliothek
Die Deutsche Nationalbibliothek lists this publication in the Deutsche Nationalbibliografie; detailed bibliographic data is available on the Internet at http://dnb.d-nb.de

A catalogue record for this book is available from The British Library.

Library of Congress Cataloging-in-Publication Data:

Freud and Italian culture / [edited by] Pierluigi Barrotta, Laura Lepschy, and Emma Bond.
p. cm. -- (Italian modernities ; 3)
Proceedings of a conference held June 30-July 1, 2006 at the Italian Cultural Institute, London.
English and Italian.
Includes bibliographical references and index.
ISBN 978-3-03911-847-2 (alk. paper)
1. Psychoanalysis and culture--Italy--Congresses. 2. Psychoanalysis and literature--Italy--Congresses. 3. Italian literature--20th century--History and criticism--Congresses. 4. Freud, Sigmund, 1856-1939--Congresses. I. Barrotta, Pierluigi. II. Lepschy, Anna Laura. III. Bond, Emma, 1979-
BF175.4.C84F75 2008
150.19'52--dc22
2008050894

Cover image: Arturo Nathan, *Scoglio incantato* (1931). Reproduced by permission of the Civico Museo Revoltella, Trieste.

ISSN 1662-9108
ISBN 978-3-03911-847-2

Hochfeldstrasse 32, CH-3012 Bern, Switzerland
info@peterlang.com, www.peterlang.com, www.peterlang.net

Contents

Acknowledgements

We would like to thank the Regione Autonoma Friuli Venezia Giulia and the Comune di Gorizia for their generous support, and the Civico Museo Revoltella of Trieste for kindly allowing us to reproduce four paintings by Arturo Nathan.

We would also like to thank the series editors, Robert Gordon and Pierpaolo Antonello, for accepting this volume for their series and for all the help and advice they have given us.

To Emma Bond, who undertook the preparation of these texts for publication and shared in the editorial tasks, making many valuable suggestions, we are immensely grateful.

The publication of this volume was made possible by the financial support of the Italian Cultural Institute, London.

Pierluigi Barrotta and Laura Lepschy

List of Contributors

Pierluigi Barrotta (Italian Cultural Institute, London and University of Pisa)

Laura Lepschy (University College London)

Elio Gioanola (University of Genoa)

Brian Moloney (University of Hull)

† Eduardo Saccone (University College Cork)

Elizabeth Schächter (University of Kent)

† Anna Maria Accerboni Pavanello (University of Trieste)

Ruth Glynn (University of Bristol)

Stefano Brugnolo (University of Sassari)

† Aldo Giorgio Gargani (University of Pisa)

Corrado Sinigaglia (University of Milan)

Alessandro Pagnini (University of Florence)

Giovanna Rita Di Ceglie (British Psychoanalytical Society)

Giorgio Pressburger

List of Illustrations

Preface

The contents of this book have their origins in the conference held on Friday 30 June and Saturday 1 July 2006 at the Italian Cultural Institute, London, to mark the 150th anniversary of Freud's birth. To the papers which were presented on that occasion we have added the study on Arturo Nathan by Anna Maria Accerboni Pavanello, who was forced to withdraw through ill-health and who we sadly learnt died later that year.

*

The standard edition of Freud's *Complete Psychological Works* which is used throughout this volume is that published by the Hogarth Press, London, vols 1–24, 1966–74; the Italian edition is *Opere complete*, published by Boringhieri, Turin, vols 1–12, 1967–80.

PIERLUIGI BARROTTA AND LAURA LEPSCHY

Introduction

Psychoanalysis: Science, pseudo-science, and culture

Freud was deeply convinced of the scientific importance of his achievements. In a famous passage, he compares himself to the greatest figures of science, such as Copernicus and Darwin.[1] The lesson he draws from that comparison is enticing and rhetorically effective: Copernicus denied human beings the illusion of being at the centre of the universe, Darwin proved that the human race is no more than the result of an evolutionary process, and finally psychoanalysis showed how human actions are not controlled by reason and thought, since they are driven by the unconscious. Thus, in scientific terms, Freud's research made a new and profound contribution to an already long-standing tradition which has deprived mankind of its vanity and has taught us to be humble when confronted with nature.

Today, however, only a few scholars would be ready to accept psychoanalysis as being a true science. A prominent psychologist, Hans Eysenck, at the end of his book on Freud and psychoanalysis, argues that: '[Freud] was, without a doubt, a genius, not of science, but of propaganda, not of rigorous proof, but of persuasion, not of design of experiments, but of literary art. His place is not, as he claimed, with Copernicus and Darwin, but with Hans Christian Andersen and the Brothers Grimm'.[2] In his work, Eysenck repeats the claim first made by Karl Popper, that psychoanalysis is an exam-

1 Sigmund Freud, *Standard Edition*, XVI, pp. 284–5.

2 Hans J. Eysenck, *Decline and Fall of the Freudian Empire* (Harmondsworth: Penguin, 1985), p. 208.

ple of bad science or, more precisely, a pseudo-science.[3] From Popper's time onwards this charge has been reformulated and refined in several ways, and admittedly the arguments put forward appear to be forceful and convincing. In the last twenty years we have counted at least six major works that come to the conclusion that Freud's theory is a good example of bad science.[4] Their arguments can be usefully divided into two categories: the former includes all the arguments questioning psychoanalysis as a *therapy*, the latter all those questioning psychoanalysis as a *theoretical science*.

As far as the therapeutic effectiveness of psychoanalysis is concerned, we can mention the extensive research carried out by Eysenck.[5] If he is right we may be tempted to claim that Freudian therapy is no more than a fraud, where the word 'fraud' reflects the title of another book, written by E. Fuller Torrey.[6] At best, Freudian therapies have no effect on patients, since some mental illnesses would heal spontaneously; at worst, they considerably damage the patients' health, if only because they prevent the use of more effective therapies, which directly cure the 'symptoms' of mental illnesses without looking for deeper causes, such as the repression of feel-

3 As is well known, Popper argues that psychoanalysis is not a science because it cannot be empirically tested against any evidence. According to him: 'Neither Freud nor Adler exclude any particular person's acting in any particular way, whatever the outward circumstances. Whether a man sacrificed his life to rescue a drowning child (a case of sublimation) or whether he murdered the child by drowning him (a case of repression) could not be possibly predicted or excluded by Freud's theory; *the theory was compatible with everything that could possibly happen*'. Karl Popper, 'Replies to my Critics', in *The Philosophy of Karl Popper*, ed. Paul Arthur Schilpp (La Salle, IL: Open Court, 1974), p. 985.

4 Cf. Frank Cioffi, *Freud and the Question of Pseudoscience* (Chicago: Open Court, 1998), Eysenck, *Decline and Fall*, Ernest Gellner, *The Psychoanalytic Movement* (London: Fontana, 1993), Adolf Grünbaum, *The Foundations of Psychoanalysis* (Berkeley: University of California Press, 1984), E. Fuller Torrey, *Freudian Fraud* (New York: Harper Perennial, 1992), Richard Webster, *Why Freud was Wrong* (London: Harper Collins, 2005).

5 Cf. Eysenck, *Decline and Fall*, and Hans J. Eysenck and Glenn D. Wilson (eds), *The Experimental Study of Freudian Theories* (London: Methuen, 1973).

6 Fuller Torrey, *Freudian Fraud*.

ings in conflict with our sense of morality.[7] Furthermore, historical research has cast doubts even on the alleged successful recoveries proudly reported by Freud himself. Bertha Pappenheim, who became famous as Anna O., probably did not suffer from hysteria, as Freud and Breuer contended, but from a neurological disorder, and in any case she did not recover from her illness, and had later to be hospitalised in a sanatorium.[8]

Does psychoanalysis fare better as a theoretical science? Karl Popper claims that psychoanalysis is not a science because it cannot be falsified by any conceivable state of affairs. Adolf Grünbaum on the contrary argues that psychoanalysis is empirically testable, and indeed is false. Doubtless, the whole controversy between Popper and Grünbaum must appear awkward for psychoanalysts. The truth probably lies somewhere in between: some psychoanalytic theories are falsifiable (such as, to follow Grünbaum, Freud's initial theory of paranoia),[9] but psychoanalysis as a whole is not. The reasoning behind this has been clearly explained, among others, by Frank Cioffi. Even though some theories of psychoanalysis are empirically testable, the practice associated with it is not scientifically sound.[10] A good example of such practice is given by the way Freud dismissed the criticisms put forward by his most famous disciple: Carl Gustav Jung. Instead of replying to Jung's arguments, Freud claimed that Jung's criticisms were due to an unresolved father complex.[11] Rightly enough, Jung complained

7 'For many psychologists the manifestations of neuroses are not really symptoms of any "disease" underlying them [...] the symptom is the disease!' (Hans J. Eysenck, *Decline and Fall*, p. 50).

8 The story of Anna O. is reconstructed by Richard Webster in chapter 4 of *Why Freud was Wrong*. He reports the research carried out by Henri F. Ellenberger, *Beyond the Unconscious: Essays in the History of Psychiatry* (ed. Mark S. Micale, trans. Françoise Dubar and Mark S. Micale) Princeton, NJ: Princeton University Press, 1993.

9 Cf. Grünbaum, *The Foundations of Psychoanalysis*, p. 108 and ff.

10 Cf. Cioffi, *Freud and the Question of Psychoanalysis*, especially chapter 9.

11 Cf. William McGuire (ed.), *The Freud/Jung letters*, trans. Ralph Manheim and R. F. C. Hull (London: Routledge, 1974): 'I don't deny that I like to be right. All in all, that is a sad privilege, since it is conferred by age. The trouble with you younger men seems to be a lack of understanding in dealing with your father-complexes' (Letter 290), p. 476.

about Freud's practice of treating his pupils as if they were his patients.[12] By such an unscrupulous use of psychoanalysis, Freud made his own theories immune not only to empirical criticism but also to any other possible kind of criticism. Furthermore, we should add that this attitude cannot easily be severed from psychoanalysis, since it is straightforwardly based on it. Bad practices like those just described are unfortunately frequent in the history of the psychoanalytic movement.[13]

Given such a discouraging picture of psychoanalysis, one might wonder why we took the trouble to put together this volume on Freud and Italian culture. It is certainly not sufficient to argue that psychoanalytic theories have deeply changed our language and way of thinking. The contributors to the volume are not interested in explaining psychoanalysis as a sociological phenomenon (like, for instance, the surprising diffusion of astrology). They are interested in the contents of psychoanalysis. They argue that psychoanalysis is a subject worth studying, and that there is all the difference between only explaining a social phenomenon and understanding the reasons behind an idea.

A better answer to the query formulated above was given, in the first half of the last century, by Italo Svevo, one of the Italian novelists most influenced by Freud and psychoanalysis. There are three chapters on him in this volume. Elizabeth Schächter's essay (Chapter 4) considers his attitude to Jewishness, comparing it to Freud's, in the context of Austro-Hungarian culture at the turn of the century. In the other two essays on Svevo, Brian Moloney and Edoardo Saccone (Chapters 2 and 3) show that Svevo was highly sceptical about the effectiveness of psychoanalysis. This attitude was due to a personal experience: one of his close relatives undertook a therapeutic course with Freud himself, with negative results. Nonetheless, Svevo continued to acknowledge psychoanalysis as an important source of artistic inspiration: 'Grande uomo quel nostro Freud, ma più per i romanzieri

12 Ibid., p. 534: 'If you doubt my word, so much the worse for you. I would, however, point out that your technique of treating your pupils like patients is a *blunder*.' (Letter 338).

13 Cf. Gellner, *The Psychoanalytic Movement*, and Webster, *Why Freud was Wrong*.

che per gli ammalati. Un mio congiunto uscì dalla cura durata varii anni addirittura distrutto'.[14] There is anger and disappointment in this remark, but it also pinpoints a distinction that we should bear in mind: artists and novelists can find in psychoanalysis a great source of inspiration, notwithstanding its shortcomings as a science and therapy.

Svevo's native city of Trieste was indeed crucial in the diffusion of an interest in and practice of psychoanalysis, a topic which has been dealt with by, among others, Silvio G. Cusin, in his 1998 essay, *La psicoanalisi a Trieste*.[15] This was not only due to its being part of the Austro-Hungarian Empire at the time, and its consequent function as a portal for Mitteleuropean ideas to filter into Italy. It was also thanks to Edoardo Weiss, a Triestine doctor who had studied under Freud himself, gained his degree in Vienna in 1914, and returned to practise in his native city in 1918. Weiss therefore introduced psychoanalysis to Italy, through Trieste, and his move to Rome in 1931 ensured its further diffusion.

In many of our chapters there are references, on the one hand to studies on psychoanalysis in Italy, as for instance the monograph by Michel David,[16] and on the other to research by Italian scholars, on developments in the field of psychoanalysis (Giorgio Voghera), on Freudian theories (Francesco Orlando), to studies by practicing analysts, such as Cesare Musatti and Franco Fornari, and to critics applying a psychoanalytic approach, like Mario Lavagetto.

As the papers in this volume document, psychoanalysis has helped many artists and novelists to shed light on important characteristics of the psychological reality of human beings. Thus, the problem that faces us is: in what sense can a poor theory shed light on the true characteristics of the human mind? Strangely, the answer is suggested precisely by some of Freud's severest critics.

14 Italo Svevo, *Carteggio* (Milan: Dall'Oglio, 1965), p. 239.

15 Silvio G. Cusin, 'La psicoanalisi a Trieste', in *Shalom Trieste: Gli itinerari dell'ebraismo* (Trieste: Comune di Trieste, Assessorato alla Cultura, 1998), pp. 279–83.

16 Michel David, *La psicoanalisi nella cultura italiana* (Turin: Boringhieri, 1974).

In his critique of psychoanalysis, Karl Popper is ready to admit that there is something valid in Freud's research: 'Psychoanalysis [...] is an interesting psychological metaphysics (and no doubt there is some truth in it, as there is so often in metaphysical ideas)'.[17] Popper does not explain what is true in psychoanalysis, but the answer is not difficult to find: the discovery of the *unconscious mind*. Another uncompromising critic of Freud, Ernest Gellner, explains in greater detail the importance of this discovery: 'What made [the unconscious] interesting and shocking was precisely its great deviousness, its ruthless purposiveness in the pursuit of aims unsanctioned or damned by consciousness, its protean ability to assume any disguise, its matchless intelligence service which rapidly and effortlessly penetrates the secrets of its opponent, the hapless conscious Ego [...].'[18] Thus, it is far from surprising that Freud's ideas have fascinated generations of artists and novelists in their search for the darkest and most intimate aspects of human personality. In this volume, Ruth Glynn's research (Chapter 6) on the psychoanalytic interpretations of Tasso's female warriors is extended to women terrorists during the *anni di piombo* and recent films treating this phenomenon. Anna Maria Accerboni Pavanello (Chapter 5) offers the striking example of an Italian painter (again from Trieste): Arturo Nathan. As she shows, Nathan's use of self-portraits as a means of investigating the unconscious and his own existential suffering could not have happened without Freud. To Nathan she links the poet Umberto Saba, who also belonged to the same Triestine cultural scene imbued with Freudian notions.

Indeed, we must rid ourselves of a common misunderstanding: although it is true that many thinkers anticipated the idea of the unconscious (among the most plausible candidates we could mention Arthur Schopenhauer and Friedrich Nietzsche, along with many others[19]), it was

17 Popper, 'Replies to my Critics', p. 985.

18 Gellner, *The Psychoanalytic Movement*, p. 112.

19 Freud's precursors are not only philosophers. In the history of medicine and psychiatry many other scholars anticipated the idea of an unconscious mind. On this issue see Henri F. Ellenberger's monumental work, *The Discovery of the Unconscious: The History and Evolution of Dynamic Psychiatry* (New York: Basic Books, 1970).

Freud who placed the unconscious in the foreground of contemporary cultural debates. Once more, Ernest Gellner is right when he writes: 'Freud did not discover the Unconscious. What he did do was to endow it with a language, a ritual, and a church. The general spirit of the language, which conveys that our instinctual needs are central to us [...], seems to me unquestionably sound'.[20]

References to the relationship between the unconscious and language also make us understand why Freud fascinated not only novelists and artists, but also philosophers and literary critics. In this volume, Elio Gioanola (Chapter 1) discusses the different ways literary critics conceived this relationship. He is especially suited to a discussion of this topic, having himself written monographs on Svevo, Pirandello and Gadda, among others, from this particular angle. Here, he shows us how to some critics, the unconscious is made of psychic material which is culturally and socially structured. As a consequence, it already possesses a well-defined linguistic dimension. To others, the unconscious represents raw psychic material which precedes any historical and social characterisation. Therefore, it is not linguistically structured. Gioanola shows how these two different assumptions lead to different methods of analysis of literary texts.

As well as critics engaging with our theme, we have a practicing Italian analyst, Giovanna Rita Di Ceglie, (Chapter 11) who passes from literary texts to her own clinical experiences in London, and the writer Giorgio Pressburger (whose adopted city is Trieste), who uses Freud as his Virgil in a narrative of his descent into a modern Hell (Chapter 12). Stefano Brugnolo's reading (Chapter 7) of Freud's book on *Witz* draws on Orlando's interpretations and on modern theories of rhetoric and poetics, whilst Alessandro Pagnini (Chapter 10) gives a rich account of the critique of psychoanalysis offered by one of the most striking and original intellectuals of twentieth-century Italy – the Marxist classical philologist Sebastiano Timpanaro. Pagnini analyses in particular the stimulating correspondence between Timpanaro and Carlo Ginzburg, published in 2005, after Timpanaro's death.

20 Gellner, *The Psychoanalytic Movement*, p. 207.

The role played by language in the characterization of our mental processes has an immediate bearing on philosophy as well. It is not by chance that Ludwig Wittgenstein, arguably the most influential philosopher of language in the last century, was deeply interested in psychoanalysis. Wittgenstein, too, maintained that psychoanalysis was not a science.[21] However, as Aldo Giorgio Gargani argues in his paper (Chapter 8), he credited Freud with inventing a new mythological language which was able to change the way patients look at their psychological problems. Psychoanalysis does not cure patients by discovering thoughts or desires which cause mental illnesses because they were repressed in the unconscious; rather, psychoanalysis frees patients from illusions and helps them clarify their problems which thus become easier to handle. In a sense, a potential 'Wittgensteinian psychoanalysis' is an ingenious attempt to remove the demons of the unconscious.

Many other philosophers were intrigued by psychoanalysis, such as, for instance, Jacques Derrida and Paul Ricoeur. Among major Italian philosophers, psychoanalysis was particularly important for the influential phenomenologist Enzo Paci, to whom Corrado Sinigaglia devotes his essay entitled 'Back to Freud' (Chapter 9), an exhortation which seems appropriately to lead into our volume.

21 Cf. Ludwig Wittgenstein, *Lectures and Conversations on Aesthetics, Psychology and Religious Belief*, ed. Cyril Barrett (Oxford: Blackwell, 1966), p. 44: 'Freud is constantly claiming to be scientific. But what he gives us is *speculation* – something prior even to the formation of a hypothesis.'

ELIO GIOANOLA

Psicanalisi e critica letteraria

La psicanalisi è fin dalla sua origine, secondo le definizioni datene dallo stesso padre fondatore, un metodo di indagine dei fenomeni psichici e psicopatologici, un procedimento terapeutico delle nevrosi e una teoria metapsicologica. Soltanto la compresenza delle tre componenti indicate dà vita alla psicanalisi in quanto tale e dunque, all'inverso, nessuna delle componenti può prendere isolatamente il nome di psicanalisi. A maggior ragione la critica letteraria cosiddetta psicanalitica, o freudiana nel caso di dichiarata fedeltà alle teorie del fondatore, che deriva dalla componente meta-psicologica, non è mai psicanalisi, sia pure applicata, ma soltanto, secondo le parole di Giovanni Jervis, 'esercitazione di una cultura derivata, a impronta psicanalitica'.[1] Certo la psicanalisi è stata sempre, fin dalla scoperta freudiana del complesso di Edipo come motore della dinamica psichica, una teoria delle nevrosi strettamente intrecciata con una teoria della cultura. Di qui la legittimità di un'estensione della medesima alla sfera culturale in senso lato, e ai fenomeni artistici e letterari in senso specifico, ma con l'avvertenza che, in ogni caso, vengono a mancare quegli elementi di controllo che, nella psicanalisi in quanto tale, sono forniti dal metodo d'indagine e dai procedimenti tecnico-terapeutici. Da ciò viene la pura congetturalità delle indagini a impronta psicanalitica applicate alla letteratura e agli altri fenomeni culturali: infatti tali indagini si basano soltanto sull'analogia che, per esempio, un testo poetico presenta con eventi psichici come sogni, fantasie o sintomi. Da ciò viene anche la parzialità delle spiegazioni psicanalitiche, perché il modello di riferimento rimane ancorato ad una visione economico-pulsionale dello psichismo. Se, per un verso,

1 Giovanni Jervis, *La psicoanalisi come esercizio critico* (Milano: Garzanti, 1989), p. 123.

la psicanalisi dichiara a buon diritto la sua competenza su tutto ciò che è umano, in quanto nulla sfugge alla dinamica profonda del desiderio, per un altro verso trova il suo scacco proprio nell'impossibilità di ridurre tutti i fenomeni culturali alle loro componenti arcaiche. La psicanalisi intende ricondurre tutto sotto la sua prospettiva, ma la prospettiva rimane parziale. Una critica letteraria di impronta psicanalitica, mentre adotta punti di vista e procedure della psicologia del profondo, non può dimenticarne la congetturalità e la parzialità nei confronti dei prodotti di cui si occupa, irriducibili alla pura economicità pulsionale. Se tale critica vuole essere una psicanalisi, o un equivalente della medesima, si condanna ad un duplice fallimento, mancandole insieme i tre requisiti configuranti la psicanalisi in quanto tale e la specificità necessaria ad ogni ermeneutica testuale, che deve rendere conto della qualità unica del testo analizzato. Dunque, non si tratta per tale critica di ridurre la complessità testuale al banale rinvenimento delle componenti psichiche (il solito complesso edipico, e l'angoscia di castrazione e il trauma infantile e così via), ma di mostrare l'azione attiva delle forze soggiacenti nella stoffa espressiva dell'opera, preservandone l'arcaico per non farne un feticcio formale e culturalistico, e rinunciando alle razionalizzazioni in chiave metapsicologica per non farne un mero pretesto di inerti tautologie.

Nella sua vocazione ad interessarsi di ogni forma espressiva dell'umano, la psicanalisi collega strettamente tra loro manifestazioni direttamente psichiche o psicopatologiche e manifestazioni creative, sogni, fantasie ad occhi aperti, lapsus, motti di spirito, sintomi, miti, opere d'arte e di poesia, credenze religiose, tutto riconducendo alla matrice del desiderio inibito e frustrato. In questo senso Freud ha genialmente contribuito a smascherare la presenza del principio di piacere (o dell'istinto di morte) sotto tutte le razionalizzazioni o idealizzazioni. Malgrado però la riconduzione ad un'unica economia di tutte queste produzioni, Freud ha avuto sempre ben presente la questione del valore, che separa nettamente, per esempio, un sogno da una poesia: se è vero che una poetica è sempre anche un'erotica (già Platone ne aveva più che un sospetto), la prima non è riducibile alla seconda, perché di mezzo c'è il mistero, rimasto tale anche per il grande demistificatore, della creatività. Freud, com'è noto, ha avanzato in proposito il più misterioso dei suoi concetti metapsicologici, quello di sublimazione, che intende designare il processo attraverso cui la libido abbandona le mete sessuali per investire le sue cariche energetiche in prodotti culturali. Nel celebre saggio su Leonardo leggiamo: 'Dato che il talento e la capacità artistica sono intimamente connessi con la sublimazione, dobbiamo ammettere che anche l'essenza della creazione artistica ci è inaccessibile dal punto di vista della psicoanalisi'.[2] Ciò che una critica di impianto psicanalitico può apprendere, in via preliminare, dalle parole stesse di Freud è la considerazione dell'opera d'arte e letteraria come luogo, insieme, dell'arcaico e del creativo, secondo quella dialettica di 'regressive progression',[3] indicata da Ernst Kris, che compromette decisamente un testo con la dinamica del desiderio e dell'inconscio ma che ne fa anche un progetto inedito, autonomo e innovativo. Dice in proposito Paul Ricoeur, riprendendo l'indicazione freudiana dell'omogeneità-differenza tra un puro prodotto psichico come il sogno e l'opera d'arte:

> [Le opere d'arte sono creazioni] nella misura in cui non sono semplici proiezioni dei conflitti dell'artista, ma anche l'abbozzo della loro soluzione; in quanto, nel sogno, il travestimento predomina sullo svelamento, il sogno guarda verso l'indietro, verso il passato, verso l'infanzia. Ma in quanto, nell'opera d'arte, prevale lo svelamento, essa è piuttosto il simbolo prospettivo della sintesi personale e dell'avvenire dell'uomo e non solo un sintomo regressivo dei suoi non risolti conflitti [...] mobilitando tutte le nostre infanzie, le nostre arcaicità, incarnandosi nell'onirico, il poetico preserva l'esistenza culturale dell'uomo dal non essere altro che un immenso artificio, un futile 'artefatto', un Leviatano senza natura e contro natura.[4]

A questo punto cominciano i problemi che dividono gli interpreti del freudismo, e per conseguenza i teorici e critici della letteratura che si rifanno alla psicanalisi. Infatti, a dirimere la questione dei rapporti tra inconscio e linguaggio, occorre stabilire preliminarmente cosa s'intenda

2 Sigmund Freud, *Opere*, VI, p. 274.

3 Citato da Paul Ricoeur in *Il conflitto delle interpretazioni* (*Le conflit des interprétations*), trad. Rodolfo Balzarotti, Francesco Botturi e Giuseppe Colombo (Milano: Jaca Book, 1995), p. 157.

4 Paul Ricoeur, *Dell'interpretazione. Saggio su Freud* (*De l'interprétation*) trad. Emilio Renzi (Milano: Il Saggiatore, 1967), pp. 563–5.

per inconscio, ed è qui che gli interpreti, variamente appoggiandosi alle oscillazioni del pensiero di Freud in proposito, sono andati in direzioni diverse. Ha cominciato Carl Gustav Jung, com'è noto, a offrire sul tema dell'inconscio una visione alternativa rispetto a quella del fondatore, arrivando di conseguenza, come brevemente si vedrà sotto, a una diversissima impostazione dei rapporti tra inconscio e produzione culturale. Per restare nell'ambito del freudismo (al quale si rifà la gran parte della critica psicanalitica, soprattutto italiana), c'è una netta differenziazione tra gli interpreti di impostazione storicistica e quelli di impostazione 'irrazionalistica'. I primi infatti sono portati a pensare all'inconscio in termini di pura formazione reattiva, cioè come il deposito del materiale andato sommerso per opera della rimozione, i secondi come l'*altro* in assoluto, non esauribile nei suoi contenuti rimossi. Nel primo caso, l'inconscio è un prodotto della storia privata e sociale ed è fatto di materiale culturalmente strutturato, quindi è già, in senso lato, linguaggio, dal momento che tutto ciò che è culturale non può darsi se non in termini linguistici. Nel secondo caso, l'inconscio è un'istanza psichica anteriore ad ogni determinazione storica, anche se si riempie di contenuti storicamente deposti e non può essere colto se non per gli effetti storicamente analizzabili che produce, quindi non è tutto linguisticamente organizzato. Insomma, se l'inconscio è il rimosso, allora è anche linguaggio; se non è solo il rimosso, allora non è solo linguaggio.

Più conforme all'impostazione di Freud medesimo sembra l'opinione di quanti considerano l'inconscio non come un linguaggio, ma come motore energetico che spinge verso il linguaggio, nel senso quasi aristotelico di una potenza che si fa atto, ma che non si esaurisce nell'atto in cui trova realizzazione. In effetti l'ipotesi freudiana è quella di un inconscio come energia, pulsioni, stimoli interni (*Trieb*), oltre che come rappresentanze (*Vorstellung*), per cui c'è un desiderio di per sé non simbolizzabile, in quanto pura potenzialità energetica, che tende a farsi segno, ad essere pronunciato. Così Ricoeur sintetizza il tema, che è centrale nelle sue riflessioni sul freudismo: 'La psicoanalisi è la conoscenza al margine di ciò che si presenta nell'emotività e non passa nella rappresentazione, è il desiderio in quanto desiderio. L'irriducibilità del punto di vista economico a una semplice topica delle rappresentazioni attesta che l'inconscio non è profondamente linguaggio, ma solo spinta verso il linguaggio'.[5]

Un importante contributo sul tema basilare dell'inconscio, e dei rapporti di questo con il linguaggio, è fornito da Ignacio Matte Blanco con l'ampio e rigoroso studio *L'inconscio come insiemi infiniti. Saggio sulla bi-logica*, che ha avuto molta influenza sulla critica letteraria di impianto psicanalitico. Il libro intende privilegiare l'inconscio come struttura assai più che come contenuto costituito dal rimosso, quindi ricusa il tentativo di Lacan di identificare il mondo dell'inconscio con le modalità del simbolico. Più freudiano di Freud, Matte Blanco estremizza la nozione di inconscio come mondo alternativo, in cui non valgono le categorie della coscienza, quelle di spazio, tempo e causalità. Tali categorie costituiscono il fondamento della razionalità o della logica asimmetrica, mentre quella dell'inconscio è una logica simmetrica (per la prima, se A è padre di B, non può valere il contrario, mentre per la seconda la proposizione è reversibile, per cui, appunto, gli insiemi combinatori diventano infiniti). Quanto al rapporto col linguaggio, ecco le parole dell'autore, che ricordano da vicino quelle di Ricoeur in proposito: 'Il linguaggio, che è lo strumento sviluppato dalla natura per identificare con precisione sempre maggiore tutte le sottigliezze della realtà interna ed esterna, è inconcepibile senza un uso estensivo di relazioni asimmetriche. L'emozione perciò [desiderio, pulsione, *Trieb*], in quanto simmetria, non può di per sé avere linguaggio. Ma proprio in quanto, essendo non-misurabile, è la matrice del misurabile, l'emozione è anche la matrice del linguaggio';[6] e anche: 'Ci troviamo di fronte all'impossibilità di ridurre l'essere simmetrico a linguaggio'.[7] Ovviamente nulla dell''essere simmetrico' (così è ridefinito l'inconscio) può essere detto se non in termini asimmetrici, cioè di linguaggio razionale, ma c'è linguaggio e linguaggio, a seconda del livello di immersione in uno dei due mondi della bi-logica, per cui un trattato di matematica è tutto asimmetrico e una

5 Ricoeur, *Dell'interpretazione*, p. 498.

6 Ignacio Matte Blanco, *L'inconscio come insiemi infiniti. Saggio sulla bi-logica* (*The Unconscious as Infinite Sets*) trad. Pietro Bria (Torino: Einaudi, 1975), p. 303.

7 Ibid., p. 384.

poesia, con tutto che è scritta con parole, può avere una struttura altamente simmetrica. 'Tutta l'attività artistica', conclude Matte Blanco in proposito, 'è il risultato di un leggere all'interno dell'essere simmetrico'.[8] In sostanza, l'inconscio è l'esatto opposto del linguaggio, ma ne è anche condizione necessaria e lo infiltra della propria logica alternativa, tanto più quanto più ne incarna simbolicamente le istanze e i caratteri (nel sogno, nel motto di spirito, nell'opera d'arte).

Era necessario fare un quadro sintetico dei rapporti inconscio-linguaggio perché, come si vedrà, la critica psicanalitica presenta orientamenti molto diversi a seconda che privilegi di quei rapporti la faccia rivolta verso l'arcaico del desiderio, delle pulsioni, delle nevrosi o quella rivolta verso le razionalizzazioni, sia di tipo storicistico che di tipo strutturalistico-semiologico.[9]

La deriva freudiana verso il 'regressivo' trova opposizioni all'interno stesso del movimento psicanalitico, a cominciare da quella del 'secessionista' Carl Gustav Jung, che non accetta a nessun conto l'idea dell'opera artistico-letteraria come formazione di compromesso, al pari di un sogno o di un sintomo nevrotico. Polemicamente lo psicologo svizzero, non tenendo conto del concetto di sublimazione e della compresenza nel simbolo di una prospettica creativa accanto ad un'ineliminabile archeologia, accusa Freud di essere soltanto curioso degli scantinati dell'edificio meraviglioso dell'arte, riducendo il simbolico al sintomatico: 'Se si spiega un'opera d'arte nello stesso modo con cui si spiega una nevrosi, si può concludere che l'opera d'arte è una nevrosi, o la nevrosi un'opera d'arte'.[10] Ma inevitabilmente il problema coinvolge il concetto di inconscio, che in Jung diventa qualcosa di assolutamente diverso rispetto alle indicazioni freudiane, che ne fanno il luogo d'incrocio del naturale e del culturale, della forza e del

8 Matte Blanco, *L'inconscio*, p. 390.

9 Per una più approfondita analisi dell'argomento rinvio al mio volume *Psicanalisi e interpretazione letteraria* (Milano: Jaca Book, 2005), e in particolare al saggio introduttivo. I saggi che seguono sono dedicati a Leopardi e ai maggiori poeti e romanzieri del Novecento italiano.

10 Carl G. Jung, *Il problema dell'inconscio nella psicologia moderna* (*Seelenprobleme der Gegenwart*) trad. Arrigo Vita e Giovanni Bollea (Torino: Einaudi, 1976), p. 31.

senso, dell'istinto e del rimosso. L''inconscio collettivo' di Jung non ha a che vedere col rimosso individuale, è impulso verso la cultura, depositario degli archetipi immaginativi universali, ispiratore dei miti, dei simboli, delle credenze: un inconscio dunque che assomiglia molto allo Spirito idealistico, senza più tracce del selvaggio regressivo e desiderante. Quindi, niente conflittualità patogena e formazione di compromesso nell'opera d'arte, ma attingimento fecondo delle sorgenti immaginative per la costruzione di opere ricche di invenzioni sempre positive (e per contro le opere che attingono al rimosso individuale portano le stigmate negative delle nevrosi dei loro autori).

Certo la rimonta spiritualistica junghiana ha propiziato la nascita di un'estetica psicanalitica alternativa rispetto a quella di derivazione freudiana, ma si deve dire che le prospettive demistificanti di Freud, sostenute da un lucidissimo rigore concettuale, hanno avuto molta più fortuna delle confuse alchimie misticheggianti di Jung. Del resto la rassegna dei temi archetipici e simbolici che il junghismo propone alla critica, se ha dato frutti anche cospicui, non apre prospettive metodologiche efficaci, risultando statica, ripetitiva, tautologica. I migliori risultati in questa direzione sono stati ottenuti da Gaston Bachelard, che ha individuato nell'attività mitico-poetica, e anche onirica, suggestive trafile tematiche legate ai grandi archetipi del fuoco, dell'acqua, dell'aria, dello spazio. Con più precisi obiettivi letterari segue tale linea lato sensu junghiana, interessata cioè alla tematica del profondo, Jean-Pierre Richard, in opere come *Littérature et sensation* (1954), *Poésie et profondeur* (1955), *L'univers imaginaire de Mallarmé* (1961). È una linea che mostra i suoi limiti proprio per l'esauribilità quantitativa del materiale esplorato, che in effetti può essere rimescolato in tante maniere ma rimane sempre lo stesso: se infatti l'inconscio è 'pieno', le sue figure sono limitate e la visita al sottosuolo gradevolmente cerimoniale. Un repertorio interessante di questa combinatoria di archetipi e simboli è quello offerto da Gilbert Durand, in *Le strutture antropologiche dell'immaginario*, dove significativamente si dice, contro la concezione freudiana dell'inconscio: 'Il simbolismo sorpassa di molto nella sua ricchezza il sottile settore del rimosso e non si riduce agli oggetti resi tabù dalla censura. La psicanalisi deve liberarsi dall'ossessione della rimozione, perché esiste [...] tutto un simbolismo indipendente dalla rimozione'.[11]

Ma è all'interno del freudismo medesimo che si assiste allo spostamento del rapporto psicanalisi-letteratura (e arte) dalla zona dei processi primari inconsci, verso cui tendono le analisi specifiche di Freud, a quella dei processi secondari del preconscio e dell'Io. Fin dagli anni Trenta, per esempio, Ernst Kris, studiando le differenze tra le opere di artisti psicotici e quelle degli artisti creativi, tende a una revisione delle teorie freudiane nel senso di una maggiore attenzione alle componenti conscie dell'operare artistico, e quindi all'autonomia dell'opera rispetto ai determinismi nevrotico-inconsci. Se l'opera rimane pur sempre in comunicazione coi processi dell'Es, 'tutti questi processi sono controllati dall'Io e il grado di completezza della neutralizzazione è proporzionale al grado di autonomia dell'Io'.[12] Se la lotta per la soddisfazione degli impulsi appare, nell'opera, troppo evidente, ciò pregiudica la riuscita artistica della medesima, e l'artista si aliena anche l'approvazione del pubblico, che vuole bensì essere accontentato quanto alle esigenze del desiderio, ma entro i limiti della riuscita formale, socialmente partecipabile (Freud, ne *Il poeta e la fantasia*, lega l'approvazione del pubblico alla vicinanza dell'opera al gioco e alle fantasie infantili, con la conseguenza che sono proprio gli scrittori mediocri ad avere più successo). La linea tenuta da Kris può essere sintetizzata in queste sue parole: 'La funzione integratrice dell'Io comprende la possibilità di una regressione autocontrollata e consente l'abbinamento della più audace attività intellettuale all'esperienza della recettività passiva'.[13] Ancora di più accentua questo spostamento verso i controlli dell'Io sulle istanze pulsionali e nevrotiche Ernst Gombrich, che si considera un allievo di Kris e, nelle sue ricerche sull'arte figurativa, contempera la critica psicanalitica con quella sociologica, ancora più 'addomesticando' le componenti inconscie dell'attività artistica con l'aria della storia.

11 Gilbert Durand, *Le strutture antropologiche dell'immaginario* (*Les Structures antropologiques de l'imaginaire*), trad. Ettore Catalano (Bari: Dedalo, 1972), p. 30.

12 Ernst Kris, *Ricerche psicoanalitiche sull'arte* (*Psychoanalytic Explorations in Art*) trad. Elvio Fachinelli (Torino: Einaudi, 1967), p. 57.

13 Ibid., p. 57.

Di mezzo c'è sempre la concezione dell'inconscio, dal momento che le teorie psicanalitiche dell'arte e della letteratura prendono diverse direzioni a seconda che tendano a privilegiare le funzioni del processo primario o quelle, invece, del processo secondario, centrato sull'Io e sulla coscienza. Storicamente, è stata la seconda direzione a prendere decisamente il sopravvento, in concomitanza con le revisioni della teoria freudiana proposte soprattutto dalla psicanalisi americana, diventata sempre più esplicitamente una psicanalisi dell'Io, o del Sé (Modell, Kohut, Eagle, Fairbairn, G. S. Mein). Si può avere un'idea della cosa citando le parole di Morris Eagle, che si riferisce alla teoria del Sé di Kohut, nella quale c'è:

> Un rifiuto totale della teoria freudiana delle pulsioni e l'affermazione pura e semplice che alla fin fine i temi di base dello sviluppo e della patologia non hanno prevalentemente a che vedere col conflitto tra desideri istintuali, Io e Super-io, ma con lo sviluppo di un sé intatto e coesivo, caratterizzato da un chiaro senso d'identità, dalla capacità di esprimere i propri talenti, le proprie ambizioni e aspirazioni, dalla formazione di interessi, valori, ideali e obiettivi, dalla capacità di rapportarsi agli altri nel mondo.[14]

Siamo, insomma, alla pratica eliminazione dell'inconscio, che diventa una delle funzioni dell'Io tutta versata nelle relazioni oggettuali; ma senza inconscio, non c'è più nemmeno psicanalisi. Si arriva infatti, per questa via, alla demolizione anche teoretica dell'edificio freudiano perpetrata da Adolf Grünbaum, previa indicazione dell'inconsistenza del concetto di inconscio: 'Confluire nell'inconscio occulti, misteriosi poteri di intrusione nelle azioni coscienti significa soltanto conferire alla fallacia causale un titolo onorifico'.[15]

Anche l'equazione 'inconscio = rimosso' ha contribuito alla considerazione dell'arte e della letteratura come attività sganciate dalle intrusioni del processo primario e dalle patologie nevrotiche. Per Freud, come appare dall'accennata distinzione di *Trieb* e *Vorstellung*, tutto ciò che è rimosso

14 Morris N. Eagle, *La psicoanalisi contemporanea* (*Recent Developments in Psychoanalysis*) trad. Salvatore Maddaloni (Bari: Laterza, 1988), p. 80.

15 Adolf Grünbaum, *I fondamenti della psicoanalisi* (*The Foundations of Psychoanalysis*) trad. Silvia Stefani (Milano: Il Saggiatore, 1988), p. 250.

è inconscio, ma non tutto ciò che è inconscio è rimosso, c'è un'oltranza vuota, puramente energetica, non riducibile a figure, simboli, linguaggio. Per Matte Blanco è questo vuoto, questo 'infinito', il vero inconscio, l'"essere simmetrico', e 'l'essere simmetrico non può mai, in sé, diventare asimmetrico e quindi non può mai entrare nella coscienza umana. In altre parole, non si può rendere conscio l'inconscio. Quel che, invece, possiamo fare, è diventare (asimmetricamente) consci (consapevoli) di alcuni aspetti dell'essere simmetrico'.[16] Una critica che rifiuti ogni tipo di immersione nell'alterità dell'inconscio, non tenendo conto delle pressioni della forza sotto la misurabilità 'asimmetrica' dei segni, rischia di concepire l'opera, per usare un'espressione di Starobinski, come il 'prodotto dell'immacolata concezione'.[17] Ciò non significa invito all'ineffabilità, perché se il dinamismo inconscio non è in sé misurabile, sono misurabili i suoi effetti nel tessuto espressivo dell'opera. Se, invece, l'inconscio è solo il rimosso, allora all'inizio non c'è il vuoto, ma la storia, e le figure non sono più rappresentanze degli istinti ma solo materiale mondano censurato dal Super-io e non tollerato dalla coscienza.

Originale è l'impostazione data al rapporto psicanalisi-letteratura dalla cosiddetta scuola inglese di Melanie Klein e Hanna Segal. La Klein, che ha anticipato le fasi della sessualità infantile ai primi mesi di vita, insistendo sulla grande proliferazione delle fantasie ad essa collegate nelle posizioni schizo-paranoide e depressiva, lega le potenzialità inventive dello scrittore e del poeta alla ricchezza delle fantasie inconscie originarie.

Se le fantasie arcaiche si impiantano su strutture di fondo estremamente semplici e generali, compongono però un cinematografo molto personalizzato, e ciò spiega, secondo la Klein, l'assoluta diversità che due artisti presentano nel descrivere lo stesso soggetto, dal momento che ognuno proietta in ciò che riproduce il proprio mondo interno. Siamo dunque all'estremità opposta rispetto a quella tenuta da Jung, caratterizzata da una mitografia tipicizzante e di carattere universale. Un critico letterario che mostra di tenere stretto conto delle indicazioni kleiniane in questo senso è

16 Matte Blanco, *L'inconscio*, p. 328.
17 Jean Starobinski, *L'occhio vivente* (Torino: Einaudi, 1975), p. 317.

Charles Mauron, che in *Dalle metafore ossessive al mito personale*, fonda la sua 'psicocritica' a partire dalla rete di associazioni e figure ritornanti, che costituiscono nella superficie dei costrutti consapevolmente edificati dal poeta o dallo scrittore momenti di affioramento dei fattori inconsci, per cui 'la psychocritique travaille sur les mêmes oeuvres que la critique historique, mais non sur les mêmes matériaux. Elle doit d'abord dégager des textes les structures incoscientes qui constituent ses objects propres'.[18] La rete delle figure ossessive porta alla individuazione di un mito personale, che non è da identificare con la nevrosi dell'artista ma ne è, in qualche modo, la faccia sublimata e culturalizzata: 'Siamo condotti dallo studio totalmente empirico delle reti associative, all'ipotesi d'una situazione drammatica interna, personale, incessantemente modificata per reazione agli avvenimenti interni o esterni, ma persistente e riconoscibile. A questa situazione daremo il nome di mito personale'.[19] A questo punto, diventano utili anche le indicazioni esterne all'opera, atte a convalidare sul piano biografico il quadro che si è costruito.

*

Quanto alla situazione che si è verificata in Italia nei rapporti tra psicanalisi e letteratura, ha ragione Michel David a parlare di 'antipsicologismo sistematico della critica' letteraria italiana, e non è certo solo quella che 'si richiama a Croce'[20] a nutrire simili idiosincrasie. David, ancora negli anni Sessanta, ha offerto una straordinaria mappa delle presenze freudiane nella nostra cultura novecentesca, sia come registrazione minuziosissima di tali presenze nella letteratura più o meno specialistica, nella stampa periodica, nelle opere di poeti e scrittori, sia come indicazione di fonti ispiratrici per molti autori, sia come offerta di possibili percorsi interpretativi in chiave psicanalitica (si veda il suo *La psicoanalisi nella cultura italiana*). Una mappa

18 Charles Mauron, *Psychocritique du genre comique* (Parigi: Corti, 1970). I ed. 1964, p. 16.

19 Charles Mauron, *Des Métaphores obsédantes au mythe personnel* (Parigi: Corti, 1963), p. 128 (trad. mia).

20 Michel David, *Letteratura e psicanalisi* (Milano: Mursia, 1967), p. 17.

che finisce per essere più quella dell'antifreudismo che del freudismo, dal momento che la psicanalisi ha incontrato nella nostra cultura, in contemporanea e in successione, il fuoco di sbarramento dell'idealismo, del fascismo, del cattolicesimo e del marxismo. Ci voleva uno studioso francese per un lavoro del genere, abituato a 'sentir parlare di rimozione, di transfert e di sessualità infantile perfino dai professori di liceo più timidi [...] e a considerare Freud come una tappa obbligatoria della meditazione umanistica moderna'.[21] Non per nulla quel libro capitale non fu degnato di attenzione da nessuna rivista letteraria nostrana (ma l'ostracismo dell'italianistica per tutto ciò che riguarda il rapporto psicanalisi-letteratura è durato ancora a lungo ed anche oggi è tutt'altro che estinto. Non è certo un caso che i migliori critici di indirizzo psicanalitico siano dei francesisti, come Stefano Agosti o Francesco Orlando). Prima lo storicismo idealistico e marxiano, poi il purismo strutturalistico-semiologico hanno creato altissimi sospetti nei confronti delle componenti psicologiche ma, come dice Giacomo Debenedetti, 'piaccia o no, la psicologia quando ci vuole ci vuole'.[22]

È stato proprio Debenedetti a ricorrere, ancora in piena stagione crociana, a strumenti interpretativi psicanalitici, anche se variamente combinati con altri, soprattutto sociologici, in un grande ventaglio di sollecitazioni metodologiche (i suoi primi approcci col freudismo risalgono alla fine degli anni Venti). Del freudismo il grande critico accoglie l'indicazione del ruolo decisivo delle componenti inconscie nell'attività artistica, dal momento che, come egli dice, 'è entrato in scena l'altro da sé che è nel Sé'.[23] In *Vocazione di Vittorio Alfieri*, scritto nel '43–'44 e pubblicato solo negli anni Settanta, Debenedetti non esita affatto a collegare l'immaginario tragico del poeta col suo vissuto profondo, senza alcun timore di contaminazioni biografiche: 'Alfieri fu poeta perché aveva una tragedia oscura in fondo al cuore'.[24] Con mano leggera e sapiente il critico tesse le fila che connettono i traumi

21 Michel David, *La psicoanalisi nella cultura italiana* (Torino: Boringhieri, 1966), nuova ed. 1990, p. 3.

22 Giacomo Debenedetti, *Il personaggio-uomo* (Milano: Il Saggiatore, 1970), p. 97.

23 Ibid., p. 74.

24 Giacomo Debenedetti, *Vocazione di Vittorio Alfieri* (Roma: Editori Riuniti, 1977), p. 66.

infantili alle tragedie, a partire dall'"oscuro rapporto con la madre",[25] che ha segnato l'immaginario del figlio con i tratti dell'attaccamento edipico e dell'angoscia dell'abbandono. Ma è soprattutto nelle lezioni universitarie degli anni Cinquanta e Sessanta, tutte pubblicate postume, che Debenedetti ricorre copiosamente alla psicanalisi: in quelle confluite nel volume *Il romanzo del Novecento*, uno dei capolavori della critica del Novecento, autori come Svevo, Pirandello e Tozzi sono analizzati magistralmente alla luce delle 'nuove unità psicologiche' di cui Freud è stato il codificatore:

> Tozzi vuole creare una letteratura, vuole organizzare artisticamente quelle nuove unità psicologiche, cioè quei dati che la letteratura non gli sembra ancora avere presi in considerazione, e di cui egli è vittima perché non possiede le chiavi per venire a capo razionalmente, con l'intelligenza, della loro natura irrazionale o subrazionale: perciò, senza saperlo, fa scoppiare in avvenimenti linguistici, che possono perfino apparire arbitrari e deliranti, la vecchia nomenclatura, i nessi tradizionali e rigorosi con cui cerca di captare una materia che quelli non sono nati a battezzare, ad articolare.[26]

Per Debenedetti, insomma, la psicanalisi rappresenta l'esplorazione e la teorizzazione sistematica di quella nuova mappa psichica che la letteratura presenta in termini di avvenimento linguistico e nella creazione del personaggio-uomo novecentesco (con l'ovvia conseguenza che gli strumenti critici di impianto psicanalitico servono soprattutto per l'analisi della letteratura moderna). Bisogna aggiungere che il critico osserva tutte le cautele necessarie a non creare derive in senso regressivo dall'opera all'arcaico psichico, rifacendosi alla lezione di Ernst Kris e della psicologia dell'io:

> L'arte non può essere un modo passivo di subire e registrare contenuti coatti. È sempre iniziativa, intervento, è opera dell'io nella sua totalità: se anche la spinta viene da contenuti inconsci, la volontà e la capacità di manifestarli in forma organizzata e comunicativa, valida universalmente, sono consce, passano attraverso un'operazione conscia, deliberata.[27]

25 Ibid., p. 74.
26 Giacomo Debenedetti, *Il romanzo del Novecento* (Milano: Garzanti, 1971), p. 194.
27 Ibid., p. 177.

Ma il lavoro pionieristico di Debenedetti, rimasto in gran parte sconosciuto fino agli anni Settanta, non fa proseliti. Del resto, come dice David, 'per lunghi anni, gli unici in Italia a interessarsi seriamente all'analisi psicologica dell'arte sono stati i pochi psicoanalisti ortodossi e qualche dilettante dalla rapida cultura freudiana'.[28] È interessante ricordare che fu proprio Debenedetti a richiedere per il 'Meridiano di Roma', addirittura nel 1937, un intervento sul rapporto tra psicanalisi e letteratura ad uno degli psicanalisti che più si sono interessati a tale problema, Emilio Servadio. Anche il più famoso psicanalista italiano, Cesare Musatti, è tornato più volte sul tema, intanto esponendo le teorie freudiane in proposito nel suo famoso *Trattato di psicoanalisi*, del 1949, che ha rappresentato il maggiore veicolo per la conoscenza del freudismo nel nostro paese, e poi in alcuni interventi saggistici, anche se non si è mai arrischiato ad analisi specifiche di opere, riservandosi semmai di evidenziare errori 'diagnostici' compiuti da critici letterari non abbastanza ferrati in psicanalisi. Più specificamente interessato alla psicanalisi letteraria è certamente Franco Fornari, che ha dedicato alcuni suoi lavori sia ai problemi metodologici di applicazione dell'indagine psicanalitica ai testi letterari, sia all'interpretazione dei testi stessi. Fornari, sulla linea di Melanie Klein, non intende creare collegamenti più o meno stretti tra l'opera e l'inconscio dell'autore, ma va alla ricerca, entro l'organizzazione formale dell'opera, dei contenuti simbolici, riconducibili alle strutture affettive profonde. Ciò non toglie che le sue interpretazioni si traducano per lo più in una psicanalisi dei personaggi, mentre appare molto scarsa la sensibilità per lo specifico letterario. Il fatto è che le analisi dei testi letterari realizzate dagli psicanalisti di mestiere non sono certo tali da entusiasmare i crìtici letterari, anche i più aperti alle suggestioni psicologistiche.

È da dire che in Italia è mancata quella figura di intellettuale capace di sintetizzare la competenza specialistica in campo psicanalitico e la sensibilità e preparazione specifica del vero critico: non abbiamo avuto un Jean Starobinski o una Julia Kristeva, forse perché da noi la cultura filosofico-letteraria è stata fino a ieri soltanto idealistica e storicistica e la cultura scientifica

28 David, *La psicoanalisi nella cultura italiana*, p. 271.

sempre separata dagli interessi umanistici. Se dunque gli psicanalisti si mostrano piuttosto grezzi interpreti di testi, i critici letterari che fanno ricorso a strumenti psicanalitici spesso mostrano una competenza molto scarsa del complesso universo della psicologia del profondo. Per questo si può riscontrare come, soprattutto nel campo dell'italianistica, la psicanalisi venga adoperata per lo più come repertorio di figure ornamentali o, per dirla con le parole di David, 'come condimento lessicale e allusivo'.[29]

Per trovare critici che con precisa intenzione ricorrono agli strumenti metodologici ed ermeneutici della psicologia freudiana, bisogna arrivare agli anni Settanta e andarli a cercare tra anglisti o francesisti, come Giuseppe Sertoli e Alessandro Serpieri, o i nominati Agosti e Orlando, tra liberi intellettuali, come Giuliano Gramigna, tra italianisti che lavorano all'estero, come gli 'americani' Gian Paolo Biasin, Teresa De Lauretis, Eduardo Saccone. Da noi le tradizioni accademiche nel campo dell'italianistica, che pure hanno aperto le porte allo strutturalismo e alla semiotica (ma la 'purezza' dei testi è salva), hanno mostrato una resistenza fortissima, e molto significativa, nei confronti della psicanalisi letteraria. Tra gli italianisti, il maggiore rappresentante della critica psicanalitica è Mario Lavagetto, ma non è davvero senza significato il fatto che abbia avuto come maestro Giacomo Debenedetti; poi c'è anche chi scrive queste righe, che non ha avuto nessun maestro, ma ha fatto sempre il battitore libero, non sempre con molta fortuna.

Pochi cenni basteranno per coloro che solo in parte o solo in alcune opere hanno fatto ricorso alla psicanalisi, con molte scuse per molti altri che ancora più tangenzialmente ne hanno sfruttato, magari con ottimi risultati, le sollecitazioni (penso a L. Baldacci, R. Barilli, N. Bonifazi, F. Curi, M. Pagnini, C. Segre, G. Savoca, C. Toscani). Normalmente si trova in tale critica una forte diffidenza per la psicologia in quanto tale, intesa come esplorazione del vissuto biografico, specie nei suoi risvolti psicopatologici, e del fantasmatico inconscio. L'attenzione infatti è rivolta quasi esclusivamente ai procedimenti formali dell'opera, nella quale si registrano le presenze e le funzioni di alcuni dei meccanismi individuati da Freud, la 'negazione', le formazioni di compromesso, la rimozione, la proiezione,

29 David, *La psicoanalisi nella cultura italiana*, p. 616.

tutto ciò insomma che, a partire da un inconscio depurato della sua arcaicità 'selvaggia', interviene nella strutturazione dei testi. Da noi gli interessi psicanalitici si sono incrociati per lo più con quelli semiotici, ma con netta prevalenza dei secondi sui primi, come si constata in due maestri della critica semiologica come Segre e Pagnini, per i quali l'attività inconscia, certo sulla traccia dell'equazione lacaniana inconscio-linguaggio, è fondamentalmente un principio strutturante che organizza le forme dell'espressione.

L'affermazione del linguista Fónagy che la forma sta all'inconscio come la coscienza ai contenuti[30] può fare da sigla per un tipo di critica psicanalitica che parta dall'analisi della testualità, nella persuasione che sono proprio gli aspetti formali del testo a guidare verso le determinazioni inconscie del medesimo, dal momento che i contenuti sono molto più soggetti al controllo della coscienza e alle convenzioni comunicative del linguaggio. È quanto dice Gianfranco Contini a proposito della poesia di Campana, nella quale i suoni portano cullando sotto il piano del razionale, secondo quel tragitto indicato dalla Kristeva che va dai livelli del fenotesto, cioè dei fenomeni della superficie concettuale-sonora, a quelli del genotesto, cioè degli input energetici inconsci che alimentano le sovradeterminazioni del testo stesso. Stefano Agosti si è dimostrato in Italia, fin dai saggi de *Il testo poetico*, il più intelligente e sottile interprete di questa linea critica, che indaga i prodotti letterari, e specificamente quelli poetici, come reticolo espressivo in cui si verifica, rispetto alla pura comunicazione di significati, quella eccedenza di senso che rinvia alle zone del pre-razionale, nascondendosi, e insieme manifestandosi, nel gioco peculiare dei significanti. Rifacendosi alla linguistica di matrice saussuriana, con tutti gli apporti e arricchimenti successivi di Hjelmslev, di Jakobson, di Benveniste, di Greimas, il critico costruisce un modello binario fondato sulla contrapposizione tra 'discorso' e 'testo', il primo come luogo della comunicazione convenzionata sul codice linguistico stabilito, il secondo come reticolo espressivo in cui il significante, oltre a rimandare al significato, rimanda agli altri significanti, presupponendo un 'senso' ulteriore non esauribile in termini

30 Ivan Fónagy, 'Il linguaggio poetico: forma e funzione', in AA.VV., *I problemi attuali della linguistica* (Milano: Bompiani, 1968), p. 171.

di codificazione già data. Leggiamo nel saggio *Discorso, parola analitica, linguaggio poetico*:

> Discorso è ogni manifestazione linguistica (comunicazione quotidiana, filosofica, politica, giuridica, scientifica) in cui si presuppone un Significato originario già dato, riproducibile e trasmissibile per mezzo di una catena lineare di segni, ognuno dei quali è a sua volta strutturato secondo una gerarchia assiologica prestabilita che ne pone la faccia significante al servizio di una – soltanto e sempre di quell'una – porzione di significato, in un rapporto di subordinazione analogo a quello tradizionalmente istituito nell'episteme occidentale tra materia e spirito, fra sensibile e intelligibile. Detentore del Discorso è il Soggetto, il quale, attraverso il dominio sui segni linguistici, da un lato, esercita il suo potere anche sulla realtà referenziale cui essi rinviano, e, dall'altro lato, realizza la piena appropriazione di sé, pervenendo alla coscienza della propria unità (o identità) e del proprio essere-nel-mondo.[31]

Quanto al 'testo', rifacendosi alla definizione jakobsoniana della funzione poetica come quella in cui si attua la proiezione dell'asse paradigmatico su quello sintagmatico (equivalenze e identità entro la linearità delle opposizioni e distinzioni), dice Agosti nel saggio *Significante saussuriano, significante lacaniano, significante poetico*:

> Se l'attuazione dell'asse sintagmatico rientra nei principi di base che regolano il sistema (presupposizione reciproca del significante e del significato), l'attuazione del paradigma sembra invece esorbitarne e addirittura contraddirlo nei principi di base. Il paradigma infatti si attua, sul piano formale, attraverso quei dispositivi tipici della manifestazione poetica che sono, per esempio, le rime, il ritmo, le allitterazioni e così via; e, sul piano semantico, attraverso quelle che i manuali di retorica definiscono come figure di pensiero, e di cui la figura principe è la metafora. In tutti questi casi è evidente che il rapporto si stipula tra significante e significante e, inoltre, al di fuori della dimensione della linearità [...] Per servirci dell'utilissima precisazione di Greimas, il quale distingue fra 'sens' e 'signification', diremo allora che i significanti del paradigma non rinviano a una 'signification' (a un significato o a dei significati)

31 Stefano Agosti, *Cinque analisi. Il testo della poesia* (Milano: Feltrinelli, 1975), p. 160.

> ma al 'senso', o a 'del senso'. Si tratta, insomma, di effetti di senso 'incontournables', non circoscrivibili e non codificabili.[32]

Alla categoria della testualità appartiene quella particolare tipologia espressiva che è rappresentata dal sogno e dai sintomi nevrotici. È qui che il modello di Agosti incontra la psicanalisi, con riferimento particolare alla freudiana *Interpretazione dei sogni* e attraverso la mediazione di Octave Mannoni, di Julia Kristeva e, soprattutto, di Jacques Lacan. Il sogno (e il racconto del sogno) è un 'testo' nella misura in cui non operano i principi della linearità sintagmatica e dominano, nella strategia di occultamento del desiderio, i giochi del significante, secondo i processi fondamentali dello spostamento e condensazione. Se il 'discorso' è di pertinenza del Soggetto, il sogno-sintomo è, lacaniamente, di pertinenza dell'Altro (dell'inconscio). La distinzione discorso/testo, a questo punto, permette ad Agosti di superare il rischio, implicito, come si è visto, nella teorizzazione di Lacan, della riduzione dell'inconscio a linguaggio perché, se è vero che spostamento-condensazione possono essere configurabili in termini di metafora-metonimia, è vero anche che tali configurazioni retoriche operano nel senso di un rinvio da significante a significante, presupponendo non un significato, ma un senso, mai del tutto delimitabile e attingibile. Tanto più la distinzione viene avvalorata dal ricorso, che il critico fa, alla teoria di Matte Blanco dell'inconscio come insiemi infiniti, per la quale davvero il linguaggio dell'Altro, nella sua logica simmetrica, è irriducibile al linguaggio comunicativo, cioè al 'discorso', fondato sull'asimmetria della logica canonica.

Anche Francesco Orlando è un francesista e le sue analisi vertono quasi esclusivamente su autori e opere della letteratura francese, come nel caso dei notissimi saggi *Lettura freudiana della 'Phèdre'*, *Lettura freudiana del 'Misanthrope'*, *Illuminismo e retorica freudiana*. Anche in Orlando, più ancora che in Agosti, sono dominanti gli interessi per la teorizzazione, in modo che il metodo di analisi critica adottato risulti frutto di una coerente concezione del modello psicanalitico cui si fa riferimento. Da questo punto

32 Stefano Agosti, 'Significante saussuriano, significante lacaniano, significante poetico', in *Strumenti critici*, 58 (1988), pp. 400–1. Il saggio è ripreso nel volume *Critica della testualità* (Bologna: Il Mulino, 1994).

di vista è dichiarata, fin dai titoli, l'intenzione di attenersi strettamente al sistema concettuale di Freud, anche se poi del fondatore della psicanalisi vengono trascelte in modo esclusivo alcune opere che meglio si adattano alle intenzioni del critico: resta fondamentale, in tal senso, il volumetto einaudiano del 1973, *Per una teoria freudiana della letteratura*, a cui ha fatto seguito, con integrazioni e precisazioni che non modificano l'assunto teorico del precedente lavoro, l'ampio saggio su *Letteratura e psicoanalisi*, scritto per la *Letteratura italiana* curata da Asor Rosa per Einaudi.

Della psicanalisi freudiana Orlando trascura quasi del tutto i contenuti propriamente psicologici, concentrandosi sulla nozione di inconscio come fonte di particolare modalità espressive: di qui il suo monito, un po' intimidatorio a dire il vero, allo 'studioso di letteratura', che 'può e deve ricorrere a Freud per ricavare non tanto una corretta psicologia dell'autore, del pubblico o del personaggio, quanto piuttosto modelli attinenti alla coerenza interna del linguaggio che, per ipotesi, ha qualcosa da spartire con l'inconscio',[33] in modo da evitare quello che, secondo lui, è il 'circolo vizioso' che rimanda dall'autore all'opera e dall'opera ancora all'autore. L'opera in cui l'incrocio tra inconscio e linguaggio avviene, secondo lui, nel modo più originale e ricco di prospettive è *Il motto di spirito e la sua relazione con l'inconscio*, dove, a differenza che nelle opere in cui l'inconscio è considerato nei suoi effetti non comunicativi (sogni e sintomi), se ne esaminano gli effetti in quel particolare tipo di comunicazione linguistica che è il *Witz*. Nei motti di spirito, che presuppongono la presenza di un destinatario, si realizza l'impasto più significativo delle spinte pulsionali con le convenzioni della comunicatività, in un linguaggio che risulta carico di figuralità, cioè di quegli espedienti retorici (metafore, eufemismi, antifrasi, metonimie, litoti, ironie, sineddochi ecc.) che trascendono la pura funzione referenziale. Ebbene, il linguaggio letterario è per definizione retorico-figurale, e in questo rivela, al pari del *Witz* anche se ad altri livelli, la sua parentela con l'inconscio: 'Letteratura è, secondo una definizione per così dire aperta, qualunque linguaggio verbale dell'io cosciente (scritto

33 Francesco Orlando, *Per una teoria freudiana della letteratura* (Torino: Einaudi, 1973), p. 8.

od orale) che renda in misura elevata o elevatissima all'inconscio il tributo rappresentato dalla figura'.[34]

Può sembrare, fin qui, che esistano forti affinità tra le indicazioni date da Orlando e quelle avanzate da Agosti, dal momento che per entrambi la partita sembra giocarsi sulla peculiarità linguistica dei testi letterari in rapporto ad una grammatica, o retorica, dell'inconscio. In realtà le divergenze sono profonde perché per Agosti, sulla traccia di Lacan, la figuralità propria dei testi rinvia ad una Alterità irriducibile, mentre per Orlando, che per questo rivendica la sua ortodossia freudiana (con tutto il razionalismo che essa comporterebbe), la dominanza delle figure è semplicemente una forma di mascheratura propria della comunicazione letteraria, che deve aggirare la censura dei codici sociali e delle norme vigenti per affermare le ragioni dell'inconscio, come succede, in forma non comunicativa, nei sogni, attraverso i meccanismi di spostamento e condensazione.

A questo punto diventa decisiva, come appare evidente, la nozione di inconscio che Orlando adotta, largamente influenzata dalla sua scelta ideologica di tipo storicistico e razionalistico. Egli infatti tende a far coincidere l'inconscio con il rimosso, che significativamente arriva a sostituire col termine 'represso' (e negli ultimi tempi con quello alternativo di 'superato'). Se l'inconscio è il represso, e addirittura il 'represso sociale', allora viene meno, come si è detto nella parte introduttiva, l'importanza del *Trieb*, cioè delle pulsioni primarie con la loro alterità pre-simbolica. Così l'inconscio diventa un luogo eminentemente linguistico, il giacimento di ciò che, espulso dalla coscienza, è pur sempre passato attraverso i filtri della coscienza, cacciato nel buio dalla repressione indotta dai codici culturali di un certo ambiente e di una certa epoca. Nella comunicazione letteraria si ha, dunque, un 'ritorno del represso', che non rinvia dunque a nessun Altro ma semplicemente a contenuti rimossi.

Mario Lavagetto non ha il rigore teorico e metodologico di Orlando, ma ne condivide totalmente la diffidenza assoluta per le possibili interferenze tra psicologia dell'autore e opera e per l'analisi psicanalitica dei personaggi, considerando l'inconscio (di chi?) come una struttura organica

34 Orlando, *Per una teoria freudiana*, p. 66.

della testualità, sia come materiale consapevolmente manovrato dall'autore, sia come regia interna che ne regola le procedure espressive. Non per nulla i suoi due primi importanti libri sono dedicati a Saba e a Svevo,[35] i due autori triestini che, unici al loro tempo in Italia, avevano diretta conoscenza ed esperienza della psicanalisi e se n'erano giovati, a loro modo, per l'organizzazione della loro opera. Straordinario conoscitore dell'opera di Freud, in lingua originale, Lavagetto pare più preoccupato, nel provvedutissimo lavoro dedicato al grande viennese (*Freud, la letteratura e altro*, 1985), di trasferire il teorico della psiche profonda dal suo campo di competenza a quello della letteratura che non, all'inverso, di portarne nella letteratura (nell'interpretazione dei suoi prodotti) le scoperte psicanalitiche. Vige in Lavagetto una specie di primazia narratologica, per cui nella sua stessa scrittura la brillantezza del raccontatore pareggia, quando non supera, l'acutezza del critico. In tale contesto la psicanalisi funziona spesso più come efficace tramatura narrativa che come strumento ermeneutico, anche se le suggestioni interpretative sono sempre di grande finezza. Succede nelle sue procedure critiche quello che egli stesso rileva nell'esame degli autori esaminati, e nella lettura che fa dell'opera di Freud:

> A partire da un certo punto in poi, l'analista diventa coautore in modo molto più radicale di quanto non sia previsto dalla teoria del romanzo. Non si limita a saturare il racconto e a riorganizzarlo; ma, coinvolto direttamente nel circuito della narrazione, converte la sua competenza scientifica in una competenza narrativa di secondo grado [...]. Freud, nella sua attività di 'psicoterapeuta', adotta fin dalle origini – e in modo molto deciso – le tecniche della letteratura: ricorre all'*emplotment*, alla messa in intreccio.[36]

Non dunque tanto interessa a Lavagetto fondare un'interpretazione critica sulla base della psicanalisi quanto stabilire in che modo la materia psicanalitica, direttamente o indirettamente presente, operi nell'organizzazione dei testi. C'è alla base di tale prospettiva la grande diffidenza nei

35 Mario Lavagetto, *La gallina di Saba* (Torino: Einaudi, 1974); *L'impiegato Schmitz e altri saggi su Svevo* (Torino: Einaudi, 1975).

36 Mario Lavagetto, *Freud, la letteratura e altro* (Torino: Einaudi, 1985), pp. 207–14 e passim.

confronti del diretto collegamento tra le pulsioni inconscie (e la privata psicologia dell'autore) e l'opera, con l'accento che conseguentemente viene posto sull'elaborazione cosciente e sulle strategie organizzative del testo: 'L'atto poetico, che può giovarsi di tutte le risorse dell'inconscio e che dall'inconscio attinge continuamente, è anche e soprattutto la più decisa affermazione della coscienza nel momento in cui trasforma quella materia in un prodotto finito';[37] 'L'opera d'arte, proprio perché ha il coraggio di lasciar parlare l'inconscio, e di lasciarlo parlare sotto gli occhi di tutti, non può che affidarsi a un incremento dei controlli'.[38]

I libri su Saba e Svevo sono condotti proprio come esame, riferito a testi specifici di questi autori, delle presenze e della funzione della materia freudiana all'interno dell'opera, prescindendo dichiaratamente da ogni riferimento biografico (quelli che, invece, hanno sempre sedotto un interprete come me). In *La gallina di Saba* Lavagetto esamina il lavoro di rielaborazione del *Canzoniere* alla luce degli apporti conferiti al poeta dalla diretta conoscenza delle opere di Freud. Molto interessante, da un punto di vista interpretativo, è l'analisi del tema ossessivo della 'gallina', la cui sovradeterminazione dice di una sacralità totemica e della funzione regressiva al mondo materno. Quanto a Svevo, in *L'impiegato Schmitz*, mira, intanto, a separare nettamente la persona dell'autore da quella del personaggio-narratore Zeno, e poi insiste sulla quota di 'menzogna' insita nella confessione che costituisce *La coscienza*, in cui la materia psicanalitica diventa uno strumento privilegiato nelle mani del 'vecchio bugiardo' per difendere ad ogni costo i privilegi conoscitivi della propria 'malattia'.

37 Lavagetto, *La gallina di Saba*, p. 48.
38 Lavagetto, *Freud, la letteratura e altro*, p. 325.

BRIAN MOLONEY

Neither yung nor easily freudened: Italo Svevo and Psychoanalysis

I wish I could take the credit for the outrageous puns in the title of this chapter, but I have to admit that they are the work of James Joyce. In *Finnegans Wake*, Joyce wrote of '[us] grisly old Sykos who have done our unsmiling bit on alices, when they were yung and easily freudened'.[1] Put 'Syko' with 'alices' and you have 'psychoanalysis', as well as an echo of Lewis Carroll's *Alice in Wonderland*, which one might reasonably take to indicate a degree of amused scepticism on Joyce's part towards Freud's theories and therapy. My thesis is that by the time Italo Svevo came to read Freud in about 1908 – at the same time as Joyce – he was no longer young at forty-seven years old, and given both his maturity and his wide reading in German philosophy from Kant onwards, he was not easily freudened, whether one takes that word in the sense of being over-awed or frightened by, or taken over by, over-enthusiastic about, Freud. He was naturally keenly interested in Freud's science of the mind and in the 'talking cure',[2] and he was able to use them for his artistic purposes in *La coscienza di Zeno* with both confidence and freedom, as well as a degree of scepticism. To understand why this was so, we need to go back to Svevo's earliest published writings, his articles in the Triestine newspaper *L'Indipendente*.

On 12 November 1883, an anonymous author published in *L'Indipendente* an article announcing that the Rome-based writer and journalist

1 James Joyce, *Finnegans Wake* (London: Faber and Faber, 1971), p. 115.

2 Freud himself, in an important article published in the 1926 edition of the *Encyclopaedia Britannica*, wrote that the term 'psychoanalysis' had by now 'come to have two meanings: (1) a particular method of treating nervous disorders and (2) the science of unconscious mental processes, which has also been appropriately described as "depth psychology"'.

Edoardo Scarfoglio was about to bring out an important book in which he would clearly expose the follies and mistakes of Émile Zola.[3] The book in question was *Il libro di Don Chisciotte*, in which Scarfoglio ironically presented himself as a Don Quixote figure, tilting at windmills. Zola's cardinal sin, in Scarfoglio's view, was that he had sought in the Rougon-Macquart cycle to *prove* the validity of Darwinian theories of heredity. The book's appearance was delayed and it was finally published on 16 August 1884, although the title page is dated 1885.[4]

The young Italo Svevo – or perhaps I should say, the young Ettore Schmitz, since Italo Svevo had not yet come into existence – read this article and was clearly annoyed by it. He greatly admired Zola's work and in March of that same year, 1884, he had published a very balanced and generally favourable review of his *La Joie de vivre* in which he had himself raised the question of whether this was a 'roman à thèse'. He concluded that it was, but only in the sense that: 'Zola vuole evidentemente dimostrare che la sua arte nacque dall'amore alla vita'.[5] In general, Svevo makes clear his dislike of art that is basically the 'dimostrazione di una tesi', as we can see from his articles in *L'Indipendente* on Turgenieff and Zola, but this was obviously a very different kind of thesis, one he found quite acceptable. On the other hand, he rejected Scarfoglio's view of Zola as a writer who set out to demonstrate in his novels the truth of a scientific hypothesis. He acquired a copy of *Il libro di Don Chisciotte* immediately it appeared and reviewed it in *L'Indipendente* a month later, on 18 September.

1884 was an important year for Svevo. He began to contribute to *L'Indipendente* in December 1880, just before his nineteenth birthday, but with only one article. He published another in 1882 and three more in 1883. This amounts to a trickle rather than a flood. Suddenly, in 1884,

3 Anon, 'Il libro di Don Chisciotte', *L'Indipendente*, Trieste, 12 November 1883.

4 Edoardo Scarfoglio, *Il libro di Don Chisciotte* (Rome: A. Sommaruga e C., 1885 [but 1884]). A useful recent edition is Edoardo Scarfoglio, *Il libro di Don Chisciotte* ed. Carlo Madrignani (Naples: Liguori Editore, 1990), from which details of the publication of the first edition are taken.

5 Italo Svevo, *Teatro e saggi*, ed. Federico Bertoni (Milan: Mondadori, 2004), p. 996.

he wrote a further eight articles, as well as an interesting 'Notiziario', from which we can see that he is growing in confidence and is reading very widely.[6] He is also very up to date, reviewing books sometimes within days of their publication, and, in addition, he is beginning to formulate the general principles on which his own art will be based. This, particularly in the context of this volume, is in my view the importance of his article on Scarfoglio and Zola.

Edoardo Saccone has commented – quite rightly – that Svevo's article on Scarfoglio is well informed, mature and balanced.[7] I would enter the caveat, however, that it is not balanced as a book review, since it omits even to mention a whole range of authors and topics Scarfoglio discusses, for example his view that Capuana is a much better novelist than Giovanni Verga, to say nothing of his view that Italian novelists should avoid imitating the French; but it is impressively balanced and well thought-out as a statement of Svevo's view of the relationship between current scientific theory and artistic practice.

Scarfoglio attributes to Zola a number of major errors. The first of these, according to Scarfoglio, is that Zola believes the way to use modern science in a novel is to demonstrate its truth and to treat the search for the 'documento umano' as 'una miniera di esperienza scientifica'. Scarfoglio describes this idea as 'una cosa risibile'.[8] Svevo's reply is: 'Questa sarebbe senza dubbio una idea *risibile* [...] ma non è l'idea di Emilio Zola'. He points out that Zola is an artist, not a scientist; as such, he takes the truth of the scientific theory for granted, as proved, not as something *to be* proved in a novel. His novels are therefore not *romans à thèse*, at least not in that sense. Zola, according to Svevo, simply describes life in the terms provided by modern science and philosophy because that is the way educated people

6 Svevo's *Indipendente* articles have most recently been republished in Svevo, *Teatro e saggi*, pp. 967–1090, with notes and commentary: for his 'Notiziario', see Brian Moloney and Fraser Hope, 'Italo Svevo giornalista triestino, con documenti sconosciuti', in *Quaderni Giuliani di Storia*, 37: 1 (2006), pp. 17–72 (pp. 31–3).

7 Edoardo Saccone, *Il poeta travestito. Otto scritti su Svevo* (Pisa: Pacini Editore, 1977), pp. 49–52.

8 Scarfoglio, *Il libro di Don Chisciotte*, p. 70.

now see things. Heredity has taken the place once occupied in ancient Classical tragedy by fate or destiny:

> Non scienziato ma artista, Zola descrive la vita servendosi di una teoria scientifica che gliela spiega. Se questa teoria venisse scartata da altra, i nostri posteri vedrebbero, nell'opera di Zola, una rappresentazione della vita quale la sentono i più colti dei nostri contemporanei.[9]

From this I think we can deduce two of the principles governing Svevo's artistic enterprise. The first is that the artist must always seek to be, to adapt Svevo's own words, 'uno dei più colti dei suoi contemporanei'. How else is he to represent in his writings 'la vita quale la sentono i più colti'? This imposes on the writer a heavy burden of reading and thinking if he is to keep up to date with 'i più colti', but one of the advantages of Svevo's first job, with the Union Bank of Trieste, was that, as he put it in his 'Profilo autobiografico', 'pur mi lasciava il tempo per pensare e scrivere'.[10] This first principle also, perhaps, limits the writer's reading public to those who, to some degree at least, share the very broad culture that is the basis of his work. The second principle that emerges is that the latest 'teoria scientifica' that he uses for his 'rappresentazione della vita' is by its very nature provisional and liable to be 'scartata da altra'. The artist is not necessarily committed to it on the personal level, but rather detached, as he uses it for his own purposes at a given moment in his career.

*

Svevo published his first two novels, *Una vita* and *Senilità* in 1892 and 1898 respectively, but in 1896 his career had taken a decisive turn. He married his second cousin, Livia Veneziani, and in due course he was absorbed into the Veneziani family firm, which manufactured marine paints and anti-fouling compounds. A very different life-style and pattern of work were imposed on him. He travelled a great deal, to the Veneziani Italian factory

9 Svevo, *Teatro e saggi*, p. 1012.
10 Ibid., p. 898.

on Murano, to Britain, where he helped set up a new factory in Charlton, to France and Germany. The work was heavy and the hours long. In his letters from Charlton he describes working days that often began at 7am and went on until 7pm, leaving him too tired to do anything but have dinner and retreat to bed to smoke endlessly and read newspapers. He still read what literature, history and philosophy he could, but he wrote very little. Work was probably at its heaviest in March–April 1906, when he and his Bulgarian brother-in-law, Marco Blitznakof, installed new machinery in the Charlton factory. Production was about to become much more efficient. By then, the initially very cold, uncomfortable and draughty house at 67 Church Lane, Charlton, had been turned into a comfortable base for whichever senior member of staff, accompanied by his wife, was due to supervise the key stages in the production process. Obviously expecting to have much more free time at his disposal in London in future, Svevo in 1907 hired the services of the best-known English language teacher in Trieste, James Joyce, to give him thrice-weekly tutorials in modern English literature and culture. When Svevo was in Trieste, rather than Murano or Charlton, Joyce would take the notoriously unreliable no. 2 tram to Villa Veneziani, next to the Veneziani factory in Chiarbola Superiore. Livia, who also attended these lessons, says that grammar was not dealt with and that conversations ranged freely over any number of topics.[11]

We have tantalisingly few details of these conversations, about which we would like to know much more. Some of the stories of *Dubliners* received their first public outings there. Freud must surely have cropped up at least from time to time, since in Trieste at this time it was virtually impossible to avoid the topic of psychoanalysis. As John Gatt-Rutter puts it:

> What Freud had published up to 1908 must have had an irresistible appeal for Svevo. He could read *The Interpretation of Dreams*, first published in 1900, and the briefer *On Dreams* of 1901. Burlesque and absent-minded mishaps like Svevo's own were mirrored and examined in *The Psychopathology of Everyday Life*, of 1901, and in the same year Freud published his investigations into *Jokes and their Relation to*

11 Livia Veneziani Svevo, *Vita di mio marito* (with Lina Galli) ed. Anita Pittoni (Trieste: Edizioni dello Zibaldone, 1958), p. 84.

> *the Unconscious*, putting his finger on this most striking of the strategies adopted by Svevo in his relations with existence and with those around him and baring the character of the joke as the 'impotent' man's compensation (which Svevo no doubt had already sensed).[12]

Svevo must almost at times have had a sense of *déjà vu* – or perhaps *déjà lu* – when reading Freud for the first time, not only in the sense that much of what Freud wrote must have struck him as a commentary on his own behaviour – his addiction to smoking, his defensive irony and humour – but also in the sense that characters he had already created could convincingly be interpreted in Freudian terms. He professed later to be very amused when people told him about Freud's influence on his second novel, *Senilità*:

> Ora si dice che io *Senilità* e *La coscienza di Zeno* le abbia scritte sotto la sua influenza. Per *Senilità* m'è facile di rispondere. Io pubblicai *Senilità* nel 1898 ed allora Freud non esisteva o in quanto esisteva si chiamava Charcot.[13]

In 1885, Freud had spent five months in Paris, studying under Jean-Martin Charcot, a neurologist who had demonstrated that hysterical symptoms could be cured by hypnosis. Charcot was a major influence on Freud's development – and perhaps on Svevo's as well.

Some critics have in fact read Svevo's first two novels as 'anticipations' of Freud: Alfonso Nitti in *Una vita*, for example, cannot accept that his dull father was only what he appeared to be, namely a modest country doctor, fantasising instead that he was in reality the son of a nobleman who had married a girl from a lower class out of love. Svevo thus apparently anticipates in 1892 Freud's *Der Familienroman* of 1908. Nitti is, however, dominated by his mother, and his relationship with his employer at the bank, Maller, who becomes a resented father figure, has distinctly oedipal

12 John Gatt-Rutter, *Italo Svevo: A Double Life* (Oxford: Clarendon Press, 1988), p. 246.

13 Svevo, *Teatro e saggi*, p. 894.

undertones.[14] Freud's writings came to Svevo as a codification and extension of insights and perceptions he had already formed. Svevo was right later to ask (rhetorically): 'Ma quale scrittore potrebbe rinunziare di pensare almeno la psicanalisi?'[15]

In 1968 the Triestine Giorgio Voghera wrote a fascinating essay, which also gave its title to his eventual book, 'Gli anni della psicanalisi', which he published in 1980.[16] Svevo looms large in both the essay and the book, which also includes a chapter on his language and style, inevitably seen as problematical. Voghera's account of the 'psychoanalysis years' is vividly clear, based as it is on his memories of his own youth and meetings in cafés with his father, Guido Voghera, Svevo, Saba and other Triestine intellectuals; but for that very reason it is also partly misleading.

Voghera gives a number of reasons to account for the remarkable degree of interest taken by Triestines in psychoanalysis, apart from the already strong cultural links between Trieste and Vienna. He claims that a significantly high number of people in his circle were neurotic, and that almost all Triestines who studied the new theories were Jewish or half Jewish. One can accept those arguments: Michel David and others believe that Jews were free from the particular hang-ups that made it difficult for Christians to come to terms with the new theories.[17] But Voghera's particular perspective is defined when he writes that their neurotic condition was caused or exacerbated by the fact that they had only just emerged from a terrible war, namely the First World War, and that an additional powerful stimulus to discussions about Freudian theories was provided by the presence in Trieste of Edoardo Weiss (1889–1970), a Triestine who had trained with the master in Vienna. Weiss had studied medicine and psychoanalysis in Vienna from 1908 to 1914 and served during the war with the Austrian

14 Paula Robison, '*Una vita* and the Family Romance', *Modern Fiction Studies*, 18: 1 (1972), pp. 33–44.

15 Svevo, *Teatro e saggi*, p. 897.

16 Giorgio Voghera, 'Gli anni della psicanalisi' in *Gli anni della psicanalisi* (Pordenone: Studio Tesi, 1980), pp. 3–42.

17 Michel David, *La psicanalisi nella cultura italiana* (Turin: Boringhieri, 1976), p. 379.

army, returning to his native city only in late 1919. The 'psychoanalysis years' were for Voghera essentially a post-war phenomenon. They may have been given further stimulus by Freud's *Introductory Lectures on Psychoanalysis* (1916–17), in which he expounded psychoanalytical theory in ordinary language for a lay audience.[18] The 'psychoanalysis years' began for Svevo a decade earlier. When Svevo first began to read Freud, Weiss was a first-year medical student in Vienna. That Weiss exercised considerable influence in Trieste (and then more widely in Italy) is beyond question: the poet Umberto Saba wrote to Giacomo Debenedetti: 'Forse saprai che Trieste è la sola città d'Italia la quale possieda un medico che si occupa di cure psicoanalitiche, uno dei migliori allievi di Freud ed una persona meravigliosa: il dottor Edoardo Weiss'.[19] But Weiss's belief that he introduced psychoanalysis to Svevo's circle is surely mistaken.[20] Freud's books, in the original German, were on sale in Austrian Trieste, as the copies in James Joyce's library show, with their prices marked in Crowns.[21]

This situation is reflected in the *La coscienza di Zeno*. In his 'Preambolo', Zeno records that his analyst tells him to write:

> Ma un po' di ordine pur dovrebb'esserci e per poter cominciare *ab ovo*, appena abbandonato il dottore che di questi giorni e per lungo tempo lascia Trieste, solo per

18 Freud's *Vorlesungen zu Einführung in die Psychoanalyse* were first published in three parts (Leipzig and Vienna: Heller, 1916–17) and then in one volume by the same publishers in 1917. They were subsequently translated into Italian by Weiss: *Introduzione allo studio della psicoanalisi: prima traduzione italiana autorizzata sulla terza edizione tedesca del 1920 del dott. E. Weiss* (Naples: S. Morano, 2 vols, 1922).

19 Quoted in Silvio G. Cusin, 'La psicoanalisi a Trieste', in *Shalom Trieste: gli itinerari dell'ebraismo* (Trieste: Comune di Trieste, Assessorato alla cultura, 1998), pp. 279–83 (p. 281).

20 'Conoscevo benissimo il signor Schmitz [...] ritengo che effettivamente la psicoanalisi sia entrato nel suo ambiente per mio tramite'. Quoted in Elizabeth Schächter, *Origin and Identity. Essays on Svevo and Trieste* (Leeds: Northern Universities Press, 2000), p. 137.

21 Joyce seems to have bought three works on psychoanalysis in German while in Trieste, two by Freud and one by Ernest Jones, published between 1909 and 1911. Cf. Richard Ellmann, *The Consciousness of James Joyce* (London: Faber and Faber, 1977), pp. 53–4.

> facilitargli il compito, comperai e lessi un trattato di psico-analisi. Non è difficile d'intenderlo, ma molto noioso.[22]

It is reasonable to suppose that Zeno – like Svevo, like Joyce, like other Triestines – bought a text in German. If he read an introduction to psychoanalysis, it could have been the German version of the five lectures originally given in English at Clark University, Massachusetts, and published in 1910 as *Über Psychanalyse* (Leipzig and Vienna: Deutige, 1910), or it could have been the introductory lectures given in Vienna and published as *Vorlesungen zur Einführung in die Psychoanalyse*, initially in three parts in 1916–17 and then in one volume in 1917 (Leipzig and Vienna: Heller). That Svevo habitually read Freud in German is confirmed by his statement that he and a doctor nephew, Aurelio Finzi, worked together on a translation of a work by Freud on dreams – probably *Über den Traum* – during the war. It seems to have been at about this time that Svevo experimented with self-analysis.

Of course, if Zeno did read Freud's *Vorlesungen zur Einführung in die Psychoanalyse*, that would constitute an anachronism, since in the internal chronology of the novel Zeno first contacts his analyst, Dr S., early in 1914, before the war has started. This does not seem to me to be a serious objection, unless one expects novelists – who, like dramatists, are not averse to introducing anachronisms into their works – to give impeccable historical accuracy to the settings to their plots. Is there an indication of the identity of the work in Zeno's comments on it? He says merely, as we have seen, that it was easy to understand but very boring. He may have found that there was more scope for boredom in the 545 pages of the *Vorlesungen* than in the 62 pages of the earlier *Über Psychanalyse*.

It is also worth noting that Freud specifically stated that patients were not to read about psychoanalysis. Dr S. draws the readers' attention to the unorthodox nature of his procedure in his 'Prefazione': 'Debbo scusarmi di aver indotto il mio paziente a scrivere la sua autobiografia; gli studiosi di

22 Italo Svevo, *Romanzi e 'Continuazioni'* ed. Nunzia Palmieri and Fabio Vittorini (Milan: Mondadori, 2004), p. 626.

psico-analisi arricceranno il naso a tanta novità'.[23] Freud repeatedly warned that 'It is wrong to set a patient tasks, such as collecting his memories or thinking over some particular period in his life', since he or she has 'to learn to avoid all criticism of the unconscious and its derivatives'. He thought observation of this rule particularly important in the case of patients 'who practice the art of sheering off into intellectual discussion during their treatment, who speculate a great deal and often very wisely about their condition and in that way avoid doing anything about it'[24] – patients such as Zeno, in fact. Throughout the novel one has the impression that Svevo was very familiar indeed with orthodox Freudianism and took pleasure in flouting its rules and conventions: he would have enjoyed what have come to be referred to as 'the Freud wars'. Zeno's claim that he merely wanted to be helpful ('solo per facilitargli il compito') is about as honest as his assertion that he read the lives of Jesus by Renan and Strauss to help him understand his wife's religious faith.

Svevo's interest in Freud also has to be linked with his long-standing interest in German philosophy, which from Kant onwards had devoted much attention to the study of psychology. This aspect of German philosophy has received considerable attention recently, with a conference on the subject of the unconscious in nineteenth-century German thought at the Institute of Germanic and Romance Studies in London in September 2006, and the publication of Matthew Bell's important book, *The German Tradition of Psychology in Literature and Thought, 1700–1840*,[25] which covers many of the writers and thinkers Svevo read, including Leibniz, Kant, Schopenhauer, Schiller and Goethe.

In place of Kant's 'thing in itself' (*Ding an sich*) as ultimate reality, Schopenhauer postulated the universal will to life, which desired solely to survive and procreate. Later philosophers translated Schopenhauer's will into the unconscious. Freud was familiar with Schopenhauer's works, cites

23 Svevo, *Romanzi e 'Continuazioni'*, p. 625.

24 Sigmund Freud, *Recommendations to Physicians practicing Psycho-analysis*, in *Standard Edition*, XII, pp. 119, 120.

25 Matthew Bell, *The German Tradition of Psychology in Literature and Thought, 1700–1840* (Cambridge: Cambridge University Press, 2005).

or refers to them on several occasions, but unconvincingly denied that he had been influenced by them.[26] Bell comments that: 'One of the factors that contributed to Schopenhauer's influence was his emphasis on the importance of the sex-drive'.[27] This was clearly important for Freud and for Svevo, whose characters are driven by it at crucial moments, as when in *Una vita* Alfonso Nitti without premeditation seduces his employer's daughter, Annetta. She responds rather enthusiastically, and Nitti later reflects that she too was driven by the sex urge rather than by love.

That Svevo saw Freud in this German philosophical tradition is indicated by his reference to Schopenhauer as 'il primo che seppe di noi' in the context of his comments on Freud in his correspondence with Valerio Jahier.[28] Jahier had written to him, on the basis of his authorship of *La coscienza di Zeno*, to consult him about his problems.

Svevo's return to writing narrative fiction has often been linked to his discovery of Freud. It is of course true that with the stimulus of conversations with Joyce and the Irishman's welcome appreciation of his first two novels, Svevo began to write narrative fiction again; but what he wrote were short stories in the manner of Joyce's Dublin tales, set in Murano. These tales include: 'Cimutti', 'In Serenella' and 'Marianno'.[29] They remained unfinished, however, and were not published in Svevo's lifetime. In other words, Svevo did not immediately respond creatively to the experience of reading Freud. There are three possible reasons for this. The first is that although Svevo had begun to write again, he still did not see himself as returning to the novel, or else he did not yet have in mind a subject suitable for treatment in a full-length novel. That came later with the end of the 1914–18 war. The second is that in Svevo's works there is often a significant

26 See Freud, *On the History of the Psycho-Analytical Movement* (1914), in *Standard Edition*, XIV, 1957, p. 15.

27 Matthew Bell, *The German Tradition of Psychology in Literature and Thought, 1700–1840* (Cambridge: Cambridge University Press, 2005), p. 211.

28 Italo Svevo, *Epistolario* (Milan: Dall'Oglio, 1966), p. 860.

29 See 'Epifanie sveviane' in Brian Moloney, *Italo Svevo narratore. Lezioni triestine* (Gorizia: Libreria editrice goriziana, 1998), pp. 130–9.

time lapse between experience and its expression in literature.[30] The third is that Svevo's initial interest in psychoanalysis may have been in part a purely practical one: did the therapy work?

As far as he himself was concerned, Svevo told one correspondent, Valerio Jahier, in 1927 that he had undertaken treatment in solitude, without a doctor: 'dopo aver conosciuto l'opera [del Freud], io feci la cura nella solitudine senza medico'. He goes on to say that this experience was the origin of *La coscienza di Zeno*: 'Se non altro da tale esperienza nacque il romanzo nel quale se c'è una persona fatta senz'averla conosciuta è quella del medico S.'.[31] It is of course impossible to undertake a proper course of Freudian psychoanalysis without an analyst, so it is difficult to understand exactly what Svevo had done. In his writings, however, Freud refers to his own self-analysis, which later biographers have come to regard as a creative mental illness, so it is at least possible that Svevo had attempted to follow what he thought was Freud's example.[32]

Svevo's statement that Dr S. is purely fictional is, however, very misleading, as we shall see later. Observation of the effects of treatment is another matter, however. There were four Veneziani sisters, one of whom Svevo married, and their husbands were incorporated into the family firm as senior members, entrusted with commercially confidential information about the manufacturing processes. The one Veneziani son, Bruno, the youngest of the siblings, was not so employed, even though he had a good chemistry degree from the University of Bologna. He was a very talented pianist, gave occasional concerts and occasionally wrote concert or opera reviews for *L'Indipendente*, but he neither developed his musical career nor held down a regular job. Svevo had a certain fondness for him and regularly

30 One of the most extreme examples of this kind of time lapse must be Svevo's reference to the lives of Jesus by Renan and Strauss in an article entitled 'La verità', published in *L'Indipendente* in 1884, and Zeno Cosini's reading them in *La coscienza di Zeno* (1923).

31 Svevo, *Epistolario*, p. 858.

32 See *Freud and his Self-analysis* ed. Mark Kanzer and Jules Glenn (New York; London: Jason Aronson, 1979) and Didier Anzieu, *Freud's Self-analysis* (London: Hogarth, 1986).

enquired after him. The source of his difficulties was perceived to be his homosexuality, although Weiss thought this was not in fact the root cause of his problems.[33] Bruno, who had been at school with Edoardo Weiss, inevitably undertook a lengthy course of treatment with a series of analysts, first with Freud's colleague Victor Tausk and finally with Freud himself. Writing to Valerio Jahier, Svevo's comments are scathing: 'Grande uomo quel nostro Freud ma più per i romanzieri che per gli ammalati. Un mio congiunto uscì dalla cura durata per varii anni addirittura distrutto'.[34]

There is more anger in Svevo's letter than the degree of amused scepticism towards Freud's theories and therapy that came to characterise Joyce's attitude – anger not only for wasted time and money but also for the worsening of Bruno's psychological health.

When he realised that Jahier had written to him not about literature but because he really needed help with his personal problems, Svevo was worried that he might have deterred the younger man from undertaking treatment that in his case might have been helpful and tried to modify the impact of his remarks:

> Non vorrei poi averle dato un consiglio che potrebbe attenuare la speranza ch'Ella ripone nella cura che vuole imprendere. Dio me ne guardi. Certo è ch'io non posso mentire e debbo confermare che in un caso trattato dal Freud in persona non si ebbe alcun risultato. Per esattezza debbo aggiungere che il Freud stesso, dopo anni di cura implicanti gravi spese, congedò il paziente dichiarandolo inguaribile. Anzi io ammiro il Freud, ma quel verdetto dopo tanta vita perduta mi lasciò un'impressione disgustosa.[35]

In terms of its therapeutic value, then, we find Svevo sceptical about the new treatment, with his scepticism based on his own eccentric private experiment, whatever form that may have taken, and on the outcome of Freud's treatment of Bruno Veneziani. His scepticism may have been further increased by his awareness of disagreements within psychoanalytical

33 See Weiss's letter to Freud of 3 October 1920, quoted in Fulvio Anzellotti, *Il segreto di Svevo* (Pordenone: Edizioni Studio Tesi, 1985), pp. 150–1.

34 Svevo, *Epistolario*, pp. 857–8.

35 Ibid., p. 859.

circles and of the differing methods used by different practitioners. He read widely in this subject as in others. He also went with Bruno's parents to meet Georg Groddeck in Baden-Baden and met Wilhelm Stekel while on holiday in Bad Ischl, where they walked their dogs together. In Trieste, of course, he knew Edoardo Weiss, who at one stage feared that in the character of Dr S. Svevo might have been making fun of him.

Dr S., of course, is a brilliant creation, the character who never appears in person. Elizabeth Schächter has shown, with a wealth of illustrative quotations, that Dr S.'s highly unorthodox methods correspond to those of Stekel – getting the patient to write his memoirs, then and springing an unexpected diagnosis on him – the Oedipus complex – at a relatively early stage in the proceedings, for example.[36] In publishing his patient's memoirs, of course, Dr S. is extremely unprofessional, and in today's litigation-prone society I am sure that a real-life Zeno would sue him for every penny he could. The effect of Dr S.'s 'Prefazione' on Zeno's other readers, however, is to draw them into an extraordinarily dynamic relationship with Zeno's memoirs, since we can hardly fail to read them without having in mind the analyst's final comment: 'Se sapesse quante sorprese potrebbero risultargli dal commento delle tante verità e bugie ch'egli ha qui accumulate ...'[37] especially as the question of the truth or falsehood of what Zeno writes occurs at key points in the novel.

Svevo is using the 'talking cure' situation – patient and therapist – to give a startlingly modern air to what is in fact a very traditional narrative device. A fictional character writes his memoirs, which then, for some reason come into the hands of another character, who then publishes them with some introductory comments. Scholars have naturally looked for literary precedents. In their recent edition of the *Romanzi e 'Continuazioni'*, Nunzia Palmieri and Fabio Vittorini cite the example of Ugo Foscolo's *Le ultime lettere di Jacopo Ortis*:

36 Cf. '*La coscienza di Zeno*: A Parody of Psychoanalysis' in Schächter, *Origin and Identity*, pp. 135–55. On Svevo and Groddeck, cf. Anna Laura Lepschy, '*La coscienza di Zeno* e *Lo scrutatore di anime*' in *Narrativa e teatro fra due secoli: Verga, Invernizio, Svevo, Pirandello* (Florence: Olschki, 1984), pp. 147–56.

37 Svevo, *Romanzi e 'Continuazioni'*, p. 625.

> Si pensi, ad esempio, alle *Ultime lettere di Jacopo Ortis* di Foscolo, in cui Lorenzo (narratore esterno) sottopone all'attenzione del lettore (narratario esterno) le lettere di Jacopo (narratore interno), delle quali è stato in precedenza destinatario (narratario interno).[38]

The parallel is satisfying only up to a certain point: Dr S. (narratore esterno) brings to the attention of the reader (narratario esterno) the memoirs of Zeno (narratore interno) that were originally written for him (narratario interno). The key difference is that Ortis is painfully honest with his trusted friend Lorenzo, whereas Zeno is far from honest with the analyst, whom he sees as far from being his friend. I suspect that we need to go even further back in the history of the novel to find another precedent that Svevo may have had in mind. It is very likely that Svevo brings to *La coscienza di Zeno* some of the elements of Daniel Defoe's *Moll Flanders* of 1722, the 'Preface' to which presents Moll's memoirs as incomplete and unreliable. Moll's memoirs go from her early childhood to contented and prosperous old age, in which repentance for past sins may or may not be genuine but is certainly considerably attenuated by financial success, just as financial success is a key factor in Zeno's 'cure'.

Svevo's mature works are surprisingly 'English', thanks in part, no doubt, to his conversations with Joyce as well as to the time he spent in this country. Joyce lectured on Defoe's *Robinson Crusoe* in a lecture given in Trieste in 1912. Svevo attended the lecture, and it is more than likely that the Irishman got his mature student to read other works by Defoe. Also typical of Svevo's later work is a blend of the old and the new, Defoe and Freud. Another case is that of what has been referred to as 'Zeno's last bomb'.[39] The idea of a final destructive explosion is a *topos* in the novel from Zola to Henry James: but Svevo in *La coscienza* combines it with what I see as an allusion to what may well be the first account of atomic warfare. This may seem anachronistic on my part, but I am referring to H. G. Wells's

38 Ibid., p. 1553.

39 The phrase was used by G. P. Biasin, 'Zeno's Last Bomb', *Modern Fiction Studies*, 18: 1 (1972), pp. 17–32, then in Italian as 'L'ultima bomba di Zeno' in *Malattie letterarie* (Milan: Bompiani, 1976), pp. 81–124.

science fiction novel, *The World Set Free* (1914), one of his less well known and less successful works. Zeno's use of the phrase 'il mondo liberato' in the final paragraph of *La coscienza di Zeno* could well be a coded allusion to the English novel. The blend of old and new is in many ways characteristic of certain kinds of modernism: the new materials of which some buildings by modernist architects are made almost prevent us from seeing how elements of their design echo Renaissance sources.

Svevo, no longer young, about forty-six or forty-seven when he first reads Freud, fifty-eight when he starts to write *La coscienza di Zeno*, is sceptical about the efficacy of psychoanalysis as a form of therapy, but can see the possibilities it offers for narrative form, especially if treated freely. Is it possible, one wonders, that Svevo's use of the psychoanalytic framework, with an analyst publishing his patient's memoirs, was in part also suggested by the way in which Freud was publishing accounts of cases he had treated? Freud began to publish case histories with Joseph Breuer in medical journals in 1893–5: their appearance in book form in *Studien über Hysterie* (Leipzig and Vienna: Denticke, 1895) attracted considerable attention. In these and subsequent case histories, patients were often referred to merely as 'Frau' or 'Fräulein', plus first name, followed by an initial – 'Fräulein Anna O.', 'Frau Emmy von N.', for example. In *La coscienza di Zeno*, of course, it is the analyst who is introduced in this way, whereas the patient's name is openly used. Svevo seems to be parodying the professional conventions.

On another level, Freudianism seems to confirm and develop the kind of character analysis Svevo had already engaged in, as well as meshing in with the philosophies of conflict with which he was already familiar. In Svevo's cultural tradition, Freud follows on naturally from Schopenhauer and Nietzsche.

But what, if anything, does Svevo believe in, and what has 'cured' Zeno? We have a clear indication in that often quoted letter from Svevo to Valerio Jahier:

> Perché non prova la cura dell'autosuggestione con qualche dottore della scuola di Nancy? Ella probabilmente l'avrà conosciuta per ridere. Io non ne rido. E provarla non costerebbe che la perdita di pochi giorni.[40]

Giovanni Palmieri has argued that Dr S.'s methods are those of the second *école de Nancy* and autosuggestion, and particularly of the 'mixed method' suggested by Charles Baudouin, pointing out that one of the few books from Svevo's library to have survived the disastrous air raid of 20 February 1945 was precisely a copy of Baudouin's *Suggestion et autosuggestion. Étude psychologique et pédagogique d'après les résultats de la nouvelle école de Nancy* (Neuchâtel and Paris: Delachaux et Niestlé, 1921). At some point, according to his daughter, Svevo had gone to Nancy for 'motivi personali', which certainly suggests treatment.[41] It is true that treatment by autosuggestion has some elements in common with treatment as practised by Stekel, such as writing, which Freud specifically rules out, but Dr S., with his diagnosis of an Oedipus complex, seems to be operating within a basically Freudian framework, even though his is what Freud would undoubtedly have called 'wild psychoanalysis'. Giovanni Palmieri is able to draw certain parallels between what Zeno does in private and without reference to Dr S., and what Baudouin recommends – for example, withdrawing into a quiet and peaceful setting, trying to relax, writing letters that may never be sent; but I suggest that autosuggestion is the basis not of the framework of the novel, which derives mainly from Stekel, but of Zeno's late and unexpected 'cure'. Zeno claims that he has been cured by work, by his 'commercio', but in reality he seems to have been cured because he thinks he has, which leaves open the possibility that one day, in changed circumstances, he might stop thinking he is well.

Svevo is a complex author who writes on the basis of an extremely broad culture. In *La coscienza di Zeno* he has knowingly and ironically used contrasting and sometimes unorthodox forms of psychotherapy, with

40 Svevo, *Epistolario*, p. 859.

41 Giovanni Palmieri, *Schmitz, Svevo, Zeno. Storia di due 'biblioteche'* (Milan: Bompiani, 1994), pp. 35–51. Letizia was not sure whether this visit took place before or after the 1914–18 war.

the result that, in Elizabeth Schächter's words, 'his parodic treatment of psychoanalysis [...] evolved into a satire of the medical profession as a whole'.[42]

Who then, is Dr S., the principal, albeit not the only, representative of the medical profession in the novel? In general terms, it is often a mistake, when dealing with an author as complex and as widely read as Svevo, to look for only one source, reference or allusion. We could see 'S.' as indicating Schmitz, or perhaps Svevo, the ironic narrator and alias – to use John Gatt-Rutter's metaphor – Schmitz chose to create. He signed many of his newspaper articles 'E. S.', and on one occasion simply 'S.'.[43] 'S.' could also suggest Sigmund and, behind him, Schopenhauer – with the shadow of Sophocles, author of the archetypal Oedipus, after all, over them all.

**

I began by referring to Svevo's 1884 contribution to a debate about Zola's use of science and whether the French novelist did or did not see himself as a scientist. Svevo's view was that novelists must use science and philosophy to present an up-to-date view of life as the cultured reading public saw it. This was most emphatically not the view taken by very influential militant critics writing for the Italian Sunday literary reviews such as *La Domenica Letteraria*. Carlo Madrignani believes that the critics' hostility to the authorial quest for impersonality or detachment, as well as their hostility towards the use of French models of novel-writing, reduced Giovanni Verga to silence and compelled Giuseppe De Roberto's 'traviamento', a change in his manner and technique.[44] Svevo, who in 1889 wrote one of the relatively few positive reviews of Verga's *Mastro-Don Gesualdo*[45] to appear in Italian

42 Schächter, *Origin and Identity*, p. 155. Other doctors in the novel also fare badly.

43 This was 'Mezzo secolo di letteratura italiana', published in *Il Popolo di Trieste*, 20 May 1928.

44 Carlo Madrignani, *'La Domenica Letteraria' di F. Martini e A. Sommaruga* (Rome: Bulzoni, 1978), pp. 54–5.

45 See '"Mastro-Don Gesualdo" di Giovanni Verga', in Svevo, *Teatro e saggi*, pp. 1079–82.

in the nineteenth century, was knowingly working against the current of contemporary Italian criticism and public taste. His concept of art as an informed 'representation' of life derives from his favourite philosopher, Arthur Schopenhauer, who wrote in *Life as Will and Representation*:

> [T]he intention with which the poet sets our imagination in motion is to reveal to us the Ideas, in other words, to show us in an example what life is, what the world is. For this the first condition is that he himself should have known it; according as this has been the case profoundly or superficially, so will his poem turn out. Therefore, just as there are innumerable degrees of depth and clearness in the comprehension of things, so there are of poets.[46]

This insistence on using contemporary science and philosophy to provide an intellectual or cultural framework for his work was undoubtedly one of the reasons why his first two novels met with so little success. In spite of this, however, Svevo stuck to his system and incorporated Freud into his view of life and the working of human relationships, just as he had earlier incorporated Schopenhauer and Darwin.

By the time *La coscienza di Zeno* came out in 1923, however, Italy was becoming Fascist and chauvinistic. Svevo's masterpiece was appreciated first of all in Paris, mainly as the result of lobbying by James Joyce, and only then in Milan, in avant-garde circles. His fame was short-lived and silence soon descended. The very qualities of the novel that made it so innovative also made it unacceptable in Italy, which did not discover Svevo until it belatedly discovered modernism in the early 1960s.[47]

46 Arthur Schopenhauer, *The World as Will and Representation* (*Die Welt als Wille und Vorstellung*) trans. E. F. J. Payne (New York: Dover, 1966, 2 vols), I, p. 425.

47 Edoardo Saccone wrote in 1967: 'Senza tema di smentita si può affermare che, rumorosamente e confusamente, l'avanguardia letteraria europea ha fatto irruzione in Italia solo in questi ultimi anni. Non è infatti casuale che la traduzione dell'*Ulisse* di Joyce sia apparsa soltanto nel 1960'. Saccone, *Il poeta travestito*, p. 135.

EDUARDO SACCONE

Ripetizioni: Freud, Svevo e *La coscienza di Zeno*

Comincio dicendo qualcosa sul mio titolo; la prima parola del quale dovrebbe forse essere seguita da un punto interrogativo, dato che, piuttosto che di una dichiarazione, si tratta di una questione, la questione infatti della ripetizione. Ciò in più sensi. Un primo mi riguarda personalmente, perché della questione del rapporto tra Freud (e più generalmente della psicanalisi) e Svevo mi sono già occupato (a lungo e ripetutamente) in anni ormai lontani. E dunque per me si tratta di una rivisitazione, di una vera e propria ripresa del problema. Un secondo senso riguarda ovviamente il modo in cui sarà da intendere la ripetizione, la ripresa del testo di Freud da parte di Svevo, dunque la sua lettura di Freud. Inoltre – e questo costituisce il terzo senso o punto di vista sulla questione – non si può fare a meno di ricordare che quello della ripetizione è un tema importante nella *Coscienza di Zeno:* in particolare l'articolazione dello stesso alla luce (o all'ombra) di Freud. È dunque su questo nodo problematico che cercherò di tornare a riflettere, nella speranza o nell'illusione di poter aggiungere qualcosa al già detto.

In effetti la vicenda dei rapporti intrattenuti da Italo Svevo con la psicanalisi è stata ripercorsa egregiamente, e soprattutto negli ultimi anni con contributi nuovi e interessanti da parte proprio di alcuni dei contributori a questo volume: ricordo solo Anna Laura Lepschy[1] ed Elizabeth Schächter.[2] Si è cosi chiarita o complicata anche la questione cui Alberto Cavaglion, in un suo recente volume dedicato a Svevo,[3] faceva riferimento

1 Cf. Anna Laura Lepschy, '*La coscienza di Zeno* e *Lo scrutatore d'anime*' in *Narrativa e teatro fra due secoli* (Firenze: Olschki, 1984).

2 Cf. Elizabeth Schächter, *Origin and Identity: Essays on Svevo and Trieste* (Leeds: Northern Universities Press, 2000).

3 Alberto Cavaglion, *Italo Svevo* (Milano: Mondadori, 2000).

parlando di 'psicoanalisi al plurale': non solo Freud, dunque, ma Wilhelm Steckel, Georg Groddeck, gli psichiatri della scuola di Nancy, Eugenio Tanzi, e naturalmente Edoardo Weiss, il discepolo triestino di Freud, dal 1913 membro della Società psicoanalitica di Vienna, il primo vero psicoanalista italiano, che proprio a Trieste esercitò fino al 1931, autore in quello stesso anno degli *Elementi di psicoanalisi*, e più tardi anche editore della *Rivista italiana di psicoanalisi*. Mi pare che la trattazione più ampia e articolata resti quella offerta da Mario Lavagetto in un lungo capitolo del suo libro del 1975 *L'impiegato Schmitz e altri saggi su Svevo*[4] (cui va aggiunta la ripresa nelle pagine del saggio introduttivo alla recentissima edizione dei *Romanzi e 'continuazioni'* nei Meridiani di Mondadori),[5] dove pressocché tutti i rilevanti elementi documentari sono adunati e discussi. Io mi limiterò, per il mio proposito, solo ad alcuni di questi, privilegiando nel dossier le dichiarazioni di Svevo: le quali sono ricavabili principalmente da tre testi (il cosiddetto *Soggiorno londinese*, il *Profilo autobiografico*, e l'epistolario con Valerio Jahier) e, naturalmente con le cautele raddoppiate richieste dal caso, dallo stesso romanzo.

Soggiorno londinese, inedito alla morte dello scrittore, 'era stato progettato come una conferenza da tenere presso "Il Convegno", il circolo culturale Milanese fondato e animato da Enzo Ferrieri.'[6] Inizialmente doveva essere un discorso su Freud; ma, cominciato nel settembre 1926, proseguito per qualche giorno in ottobre, a un certo punto viene abbandonato 'su una parola lasciata in tronco', e Ferrieri a metà ottobre viene informato che il soggetto della conferenza sarà invece Joyce, la chiacchierata che in effetti fu fatta a Milano il 5 marzo 1927. Nonostante il sospetto o addirittura la certezza avanzata da alcuni lettori, che hanno parlato, senza grande fondamento a mio parere, di 'una tardiva, esemplare leggenda d'artista' architettata in questo testo da Svevo, come d'altra parte, a proposito del *Profilo*

4 Mario Lavagetto, *L'impiegato Schmitz e altri saggi su Svevo* (Torino: Einaudi, 1975).

5 Italo Svevo, *Romanzi e 'continuazioni'*, a cura di Nunzia Palmieri e Fabio Vittorini (Milano: Mondadori, 2004).

6 Italo Svevo, *Teatro e saggi*, a cura di Federico Bertoni (Milano: Mondadori, 2004), p. 1681.

autobiografico, di canonizzazione della 'versione ufficiale della sua vicenda umana e letteraria',[7] a me sembra che sia da leggere in maniera non diversa da qualsiasi altra sua scrittura, e in primo luogo tenendo presente l'interrelazione e la sostanziale convergenza con gli altri due (*Profilo* e lettere a Jahier del 1927), a conferma e chiarimento vicendevole dei temi trattati.

È interessante soprattutto l'inizio di *Soggiorno londinese*, che stabilisce subito, direi, più che il contesto il quadro problematico in cui si situa il discorso di Svevo: che riguarda, ci viene annunciato, espressamente lo studio di se stesso: 'Il Dr Ferrieri mi disse: Parli di quello che vuole, parli di quello che sa. Ora io credo di sapere qualche cosa a questo mondo: Su me stesso.' [8] Prosegue cautelandosi con la citazione degli 'antichi [che] facevano un gran caso del fatto che anche il proprio io è un mistero', e ricordando che 'anche ogni altra cosa vivente è misteriosa e l'accesso ad essa è ben più difficile che al proprio essere [al proprio pensiero]': senza, d'altra parte, dimenticare l'ulteriore complicazione del riso che si mescola all'osservazione apparentemente più elementare del proprio viso in uno specchio. Il riso, ch'"è un'espressione che cela invece che rivelare il pensiero. Quando si studia non bisogna ridere perché il riso cela troppe cose.' (ibid.) Il riso: ma altrove, anche più radicalmente, saranno le parole ad essere imputate: accusate, come dal Malagrida citato da Stendhal in *Le Rouge et le noir*, di mentire. E questo, come si vedrà, sarà il punto dolente, ovvero, più propriamente, il pernio intorno a cui girerà tutto il discorso di Svevo, quello sulla letteratura come pure, per il momento, quello sulla psicanalisi.

Eccola subito evocata, infatti, immediatamente dopo l'osservazione sul riso: 'Ma c'è la scienza per aiutare a studiare se stesso. Precisiamo anche subito: La psicanalisi'.[9] Già; ma eccolo anche pronto a mettere le mani avanti: 'Io con la psicanalisi non c'entro e ve ne darò la prova'. La prova, quanto a *Senilità*, è nelle date: questo romanzo fu pubblicato nel 1898, quando 'Freud non esisteva o in quanto esisteva si chiamava Charcot'. Per la *Coscienza* le cose stanno diversamente: 'io per lungo tempo credetti

7 Ibid., p. 1683.
8 Svevo, *Teatro e saggi*, p. 893.
9 Ibid., pp. 893–4.

di doverla al Freud ma pare mi sia ingannato'.[10] Ovviamente non si può negare – e lo scrittore si premura di ricordarlo – la presenza di 'due o tre idee nel romanzo che sono addirittura prese di peso dal Freud' (e cita il famoso atto mancato dello scambio di funerale, come pure lo spostamento operato da Zeno quando 'sogna di avvenimenti lontani e nel sogno li altera come avrebbe voluto fossero stati', ibid.). Ed è comunque ribadita la sua convinzione: 'io credetti per qualche tempo di aver fatto opera di psicanalista'. Questa fede doveva essere scossa, per non dire distrutta, quando l'esperto, 'l'unico medico psicanalista di Trieste e mio ottimo amico il Dr Weiss,' rasserenatosi in seguito al chiarimento ottenuto dallo scrittore di non essere lui certamente il Dr S. 'di cui m'ero burlato nel mio romanzo', prima fa felice l'autore accettando il dono del volume 'con tanto di dedica' e promettendo 'una relazione in una rivista psicanalitica di Vienna', ma qualche giorno dopo lo delude annunciandogli di non poter parlare del suo libro: 'perché con la psicanalisi non aveva nulla a vedere'.[11] Una diagnosi non diversa sarà enunciata, una cinquantina d'anni dopo, da un altro esperto, l'illustre psicanalista italiano Cesare Musatti, il quale, in un articolo su *Belfagor*[12] che prendeva lo spunto dal mio *Commento a Zeno*,[13] negava l'importanza 'della psicoanalisi per la storia di Zeno Cosini' e giudicava inessenziale la cornice, 'la finzione [della] cura psicoanalitica'; insistendo invece sul 'racconto autobiografico', 'l'autobiografia di Zeno', che possiederebbe 'una propria autonoma verità'. 'Storia psicoanalitica' la *Coscienza di Zeno*, 'non per il cappello riguardante il Dottor S., o comunque per il riferimento ad una cura psicoanalitica del protagonista, ma circa nel senso stesso per cui è un racconto psicoanalitico la *Gradiva* di Jensen'.[14] Cioè a dire, 'per la capacità che il poeta ha di cogliere per proprio conto, e senza

10 Svevo, *Teatro e saggi*, p. 894.
11 Ibid., p. 895.
12 Cesare Musatti, 'Svevo e la psicoanalisi', *Belfagor*, 29: 2 (1974), poi in *Riflessioni sul pensiero psicoanalitico e incursioni nel mondo delle immagini* (Torino: Boringhieri, 1976). I riferimenti sono alle pagine dell'articolo.
13 Eduardo Saccone, *Commento a Zeno: saggio sul testo di Svevo* (Bologna: Il Mulino, 1973).
14 Musatti, 'Svevo e la psicoanalisi', p. 133.

neppur esserne del tutto consapevole, quanto la psicoanalisi viene, attraverso la propria tecnica, individuando nella psiche umana'. 'Questo scoprire poeticamente – concedeva Musatti sulle orme di Freud – la medesima realtà che è oggetto della scienza psicologica [...] è maggiormente visibile là dove [...] la creazione artistica si sviluppa su una base più scopertamente autobiografica'.[15] Saremmo infatti in presenza di 'una sorta di autoanalisi': 'In Zeno dovremmo dunque vedere, sia pure sotto incrostazioni che ne alterano molto l'aspetto, lo stesso Svevo'.[16]

È evidente che in questa prospettiva risulterebbe irrilevante, o conserverebbe tutt'al più un interesse solo aneddotico, la questione della conoscenza da parte di Svevo della pratica e della teoria freudiana, per non dire della sua importanza per lo scrittore. Il quale invece, nello stesso testo da cui siamo partiti, insiste: 'Ma quale scrittore potrebbe rinunziare di pensare almeno la psicanalisi?'.[17] E, qualche paragrafo più in là: 'Ma la psicanalisi non m'abbandonò più'.[18] E allora? Come bisognerà intendere l'innegabile ed evidentemente qui confermato fascino esercitato sullo scrittore dalle teorie di Freud? Sempre da *Soggiorno londinese* (integrabile senza contraddizioni con quanto è anche affermato nel *Profilo autobiografico* e nelle lettere del 1927–8 a Valerio Jahier) apprendiamo dell'origine dell'interesse alla nuova scienza. Preferisco citare dal *Profilo*:

> Il secondo avvenimento letterario [il primo era stato l'incontro casuale con Joyce] e che allo Svevo parve allora scientifico fu l'incontro con le opere del Freud. Dapprima le affrontò solo per giudicare delle possibilità di una cura che veniva offerta a un suo congiunto. Per vario tempo lo Svevo lesse libri di psicanalisi. Lo preoccupava d'intendere che cosa fosse una perfetta salute morale. Nient'altro. Durante la guerra, nel 1918, per compiacere un suo nipote medico che, ammalato, abitava da lui, si mise in sua compagnia a tradurre l'opera del Freud sul sogno. [Si tratterà, piuttosto che della voluminosa *Traumdeutung* – anch'essa certamente conosciuta dallo scrittore – del ben più maneggevole *Über den Traum*]. La compagnia del dotto medico (che però non praticava la psicanalisi) rese quella traduzione più interessante. Fu allora

15 Musatti, 'Svevo e la psicoanalisi', p. 134.
16 Ibid., p. 135.
17 Svevo, *Teatro e saggi*, p. 897.
18 Ibid., p. 898.

> che lo Svevo talora si dedicò (solitario, ciò ch'è in perfetta contraddizione alla teoria e alla pratica del Freud) a qualche prova di psicanalisi su se stesso. Tutta la tecnica del procedimento gli restò sconosciuta, cosa della quale tutti possono accorgersi leggendo il suo romanzo.[19]

Queste ultime ammissioni sono particolarmente interessanti, in quanto rivelano nello scrittore la consapevolezza chiara dell'importanza, anzi dell'essenzialità del transfert nell'esperienza analitica; come, d'altra parte, un'ulteriore ammissione in *Soggiorno londinese* ci rende avvertiti della sua conoscenza e perfetto intendimento dei fenomeni di resistenza. Avendo dichiarato, infatti, la sua (per noi e per molti) sorprendente antipatia per lo stile degli scritti di Freud, confessa che essa 'fu interpretata da un Freudiano cui mi confidai come un colpo di denti dato dall'animale primitivo che c'è anche in me per proteggere la propria malattia'.[20] A proposito di quest'ultima, ecco però che cosa ha da aggiungere Svevo – Svevo, non Zeno: 'Come cura a me [la psicanalisi] non importava. Io ero sano o almeno amavo tanto la mia malattia (se c'è) da preservarmela con intero spirito di autodifesa'.[21] Questo disinteresse per la cura – ma forse la parola dovrebbe essere diversa, più forte, addirittura avversione e rifiuto – è giustificato in *Soggiorno londinese* (e ribadito con un'elaborazione curiosa che non cessa di sorprendere nelle lettere a Jahier) con l'esperienza fallimentare del congiunto Bruno Veneziani (qui, per discrezione, 'un mio amico nevrotico' ch'era corso 'a Vienna per intraprenderla'), psicanalizzato da Freud e ritornato 'dalla cura addirittura distrutto: Abulico come prima ma con la sua abulia aggravata dalla convinzione ch'egli, essendo fatto così, non potesse agire altrimenti. È lui che mi diede la convinzione che fosse pericoloso di spiegare ad un uomo com'era fatto'.[22] Ciò nella stessa pagina in cui si ricorda che, vivendo anche lui in Austria, come l'inventore della psicanalisi, Italo Svevo era ben informato: 'Le cure del Freud si moltiplicavano e alcune con risultati

19 Che cito da Italo Svevo, *Racconti e scritti autobiografici*, a cura di Clotilde Bertoni (Milano: Mondadori, 2004), pp. 797–813 (pp. 809–10).

20 *Teatro e saggi*, pp. 897–8.

21 Ibid., p. 897.

22 Ibid., p. 897.

meravigliosi' (ibid.). A Valerio Jahier, che nella lettera del 7 dicembre 1927 gli aveva accennato alla cura che voleva intraprendere e gli chiedeva delle *sue* 'esperienze con la psicanalisi', lo scrittore triestino comincia la risposta del 10 dicembre con l'esclamazione: 'Grande uomo quel nostro Freud ma più per i romanzieri che per gli ammalati'.[23] E continua riferendo del 'congiunto [che] uscí dalla cura durata per varii anni addirittura distrutto': congiunto per cui una quindicina d'anni prima 'conobbi l'opera del Freud. E conobbi alcuni di quei medici che lo circondano.' Della sua esperienza con la psicanalisi, però, di cui preferirebbe parlare a voce, 'perché è lunga', dirà 'solo che dopo aver conosciuta l'opera, *lui fece* la cura nella solitudine senza medico'.[24] Nella lettera successiva, del 27 dicembre, Svevo ritorna sull''impressione disgustosa' lasciatagli dal verdetto d'inguaribilità pronunciato da Freud, 'dopo anni di cure implicanti gravi spese', 'dopo tanta vita perduta', e suggerisce al suo corrispondente di provare 'la cura dell'autosuggestione con qualche dottore della scuola di Nancy'. 'Provarla non costerebbe che la perdita di pochi giorni'.[25]

Forse Svevo, rispondendo a un letterato lettore dei suoi romanzi che entusiasticamente riconosce in particolare in Zeno (e, sembrerebbe, anche nel suo autore identificato frettolosamente col personaggio) una sorta di *alter ego*, s'è persuaso di aver a che fare con un 'malato' di specie particolare, uno che non ha propriamente bisogno di medici – s'ingannava probabilmente: qualche anno dopo Valerio Jahier infatti si suiciderà – ma di accettarsi, e di accettare quella che chiamava la sua malattia. Un po' come Zeno, in effetti, alla fine del romanzo. Ma ecco come continua la lettera:

> E perché voler curare la nostra malattia? Davvero dobbiamo togliere all'umanità quello ch'essa ha di meglio? Io credo sicuramente che il vero successo che mi ha dato la pace è consistito in questa convinzione. Noi siamo una vivente protesta contro la ridicola concezione del superuomo come ci è stata gabellata (soprattutto a noi italiani). Io rileggo la Sua lettera come lessi molte volte le precedenti. Ma rispondendo alle precedenti credevo davvero di *parlare letteratura*. Invece da questa Sua ultima risulta

23 Italo Svevo, *Epistolario*, a cura di Bruno Maier (Milano: Dall'Oglio, 1966), p. 857.

24 Ibid., p. 858.

25 Ibid., p. 859.

> proprio un'ansiosa speranza di guarigione. E questa deve esserci; è parte della nostra vita. Ed anche la speranza di ottenerla deve esserci. Solo la meta è oscura.[26]

Sono parole che per essere intese bene andrebbero commentate con altri testi sveviani, essenziali per l'interpretazione anche della conclusione del romanzo: *L'uomo e la teoria darwiniana*, *La corruzione dell'anima*, *Ottimismo e pessimismo*. L'ho fatto altrove,[27] e non mi ripeterò qui. Basti solo rilevare che il malcontento, la 'malattia' di cui soffre Zeno è precisamente caratterizzata da questa 'ansiosa speranza di guarigione', da quello ch'è 'sempre stato – forse la mia massima sventura – un impetuoso conato al meglio',[28] dalla rinascita, dopo ogni naufragio, di desiderio e illusione, 'nel sogno di membra, di voci, di atteggiamenti più perfetti'.[29] Ma che c'entra il superuomo? Che c'entra Nietzsche? E Schopenhauer, e Freud? I tre nomi compaiono tutti in questa lettera a Jahier. Di Freud si parla nella prima parte della lettera, dove al rifiuto della sua cura succede la sorprendente ammissione: '*Letterariamente* Freud è certo più interessante'.[30] Dei due filosofi più innanzi: 'Ma intanto – con qualche dolore – spesso ci avviene di ridere dei sani. Il primo che seppe di noi è anteriore al Nietzsche: Schopenhauer, e considerò il contemplatore come un prodotto della natura, finito quanto il lottatore. Non c'è cura che valga'.[31] Gli stessi nomi sono evocati del resto dallo stesso Freud nella *Selbstdarstellung* del 1925: sono espressamente nominate le 'grandi coincidenze delle dottrine psicoanalitiche con la filosofia di Schopenhauer', letto in 'una epoca già molto avanzata della mia vita', e di Nietzsche – che confessa 'per molto tempo' di aver 'evitato di leggere' per 'conservar*si* libero da ogni influenza' – sono ammessi 'presentimenti' e 'intuizioni' che 'coincidono frequentemente, in modo sorprendente,

26 Svevo, *Epistolario*, p. 860.

27 Nel citato *Commento a Zeno*, nell'altro volume, *Il poeta travestito. Otto scritti su Svevo* (Pisa: Pacini, 1977), e nella Presentazione della *Coscienza di Zeno* nell'edizione dei Grandi Libri Garzanti (Milano, 1985).

28 *La coscienza di Zeno*, in *Romanzi e 'continuazioni'*, p. 655.

29 Ibid., p. 1066.

30 Svevo, *Epistolario*, p. 859.

31 Ibid., p. 860.

con i laboriosi risultati della psicoanalisi.'[32] Ai nostri fini, e come minimo promemoria, basti qui solo ricordare, di Schopenhauer la definizione della coscienza come 'visibilità dell'inesplicabile': il solo luogo, dunque, dove sia possibile fare esperienza della propria volontà, che diventa pertanto accessibile, visibile: ciò che non vuol dire chiara; e di Nietzsche l'aforisma 119 di *Aurora*, nel quale si legge: 'Tutta la nostra cosiddetta coscienza è un più o meno fantastico commento di un testo inconscio, forse inconoscibile, e tuttavia sentito'.[33] L'osservazione che si legge nel *Profilo autobiografico* sulla 'nostra personalità piuttosto oscurata che chiarita dalle nostre intenzioni che non arrivano ad atteggiare la nostra vita' è certamente su questa linea: collegabile in particolare a un altro aforisma di *Aurora*, il 116, intitolato significativamente 'Il mondo sconosciuto del "soggetto"' (pp. 85–6).

Mario Lavagetto riassume rapidamente la situazione così: 'La sfiducia nella terapia [...] non comporta il rifiuto programmatico delle scoperte e delle sistemazioni teoriche.'[34] Aggiungendo, a fare aggio, la dichiarazione dello stesso Freud, nella conclusione di *Die Frage der Laienanalyse* (1926): 'Probabilmente il futuro stabilirà che il significato della psicoanalisi come scienza dell'inconscio oltrepassa di gran lunga il suo significato terapeutico.'[35] In effetti, quali che siano i dubbi e l'interesse di Svevo per la cura, ciò che sembra indubitabile è l'attenzione da lui dimostrata a quanto Freud ha scoperto, vale a dire teorizzato, a proposito dell'inconscio: è il pensiero di questa teoria (e della pratica cui ovviamente essa si applica) ad essere ritenuto dal triestino irrinunciabile per l'esercizio della scrittura. '*Letterariamente* Freud è certo più interessante', aveva scritto a Jahier, come si vide. Affermazione subito seguita dalla menzione della 'finitezza' dell'uomo scoperta dai predecessori Schopenhauer e Nietzsche, e confermata da Freud: 'e considerò il contemplatore come un prodotto della natura, finito quanto

32 Cito dalla traduzione di Joachim Flescher nel volume curato da Cesare L. Musatti (che comprende anche *Die Frage der Laienanalyse* del 1926 tradotto dallo stesso Musatti), Sigmund Freud, *La mia vita e la psicoanalisi* (Milano: Mursia, 1956), pp. 97–8.

33 Friedrich Nietzsche, *Aurora e scelta di frammenti postumi 1879–1881*, a cura di Giorgio Colli e Mazzino Montinari (Milano: Mondadori, 1971), p. 89.

34 Lavagetto, *L'impiegato Schmitz*, p. 47.

35 Freud, *La mia vita e la psicoanalisi*, p. 230.

il lottatore. Non c'è cura che valga'. Questo mi pare implicare per Svevo, e più in generale per la letteratura, che l'interesse vada ben oltre l'utilizzazione di un nuovo armamentario linguistico e concettuale, e l'elaborazione o rielaborazione di una nuova o rinnovata mitologia: in altri termini la funzione attribuita, sulle orme di Francesco De Sanctis, dal giovane Ettore Schmitz alle teorie naturalistiche ispiratrici dei romanzi di Émile Zola in un articolo del 1884:

> Non scienziato ma artista, Zola descrive la vita servendosi di una teoria scientifica che gliela spiega. Se questa teoria venisse scartata da altra, i nostri posteri vedrebbero, nell'opera di Zola, una rappresentazione della vita quale la sentono i più colti dei nostri contemporanei.[36]

Non mi pare che sia questa storicizzazione (o relativizzazione che si voglia) a interessare tanto qui Svevo. Piuttosto, al di là dei possibili dubbi – espressi del resto senza ambage dallo stesso scrittore – sul proprio perfetto intendimento di Freud (come di Nietzsche e Schopenhauer), quel che conta è l'individuazione del problema che Zeno all'inizio delle sue confessioni enuncia in forma stringata col suo: 'Ricordo tutto, ma non intendo niente'.[37] Frase che registra lo scompenso affiorante tra storia e segni da una parte, e significato degli stessi dall'altra: una differenza che reclama inauguralmente, e per dir così metodologicamente, un'integrazione – che si rivelerà asintotica – dalla psicanalisi se non proprio dallo psicanalista Dr. S. È dunque la scoperta dell'inconscio, che Svevo prende sul serio, ciò che ha per conseguenza l'altra affermazione di Zeno: 'Io sto raccontando una storia che non conosco bene',[38] e fa parlare Svevo, nel *Profilo autobiografico* – si è visto – della 'nostra personalità piuttosto oscurata che chiarita dalle nostre intenzioni' (p. 812). Donde la diffidenza se non addirittura la sfiducia nell'introspezione, e il sospetto – lo sguardo obliquo, non diretto – rivolto alle evidenze della coscienza, i travestimenti, le finzioni – piuttosto che menzogne – che la costituiscono, destinandole necessariamente

36 Cf. Svevo, '*Il libro di don Chisciotte* di Edoardo Scarfoglio', in *Teatro e saggi*, p. 1012.

37 Svevo, *La coscienza di Zeno*, in *Romanzi e 'continuazioni'*, p. 654.

38 Ibid., pp. 695–6.

all'interpretazione. All'interpretazione di interpretazioni. All'interpretazione ch'è anche – necessariamente e costituzionalmente, per via appunto dell'inconscio – fraintendimento: come ogni lettura, come ogni confronto con l'altro. Ciò ch'è indicato chiaramento da Svevo proprio in *Soggiorno londinese* quando elabora alla sua maniera una teoria della lettura, che potrebbe farlo iscrivere a giusto titolo in quella scuola del sospetto di cui parleranno in tempi più vicini a noi Michel Foucault e Paul Ricoeur. Lo fa discorrendo del rapporto tra il filosofo (o lo scienziato: sono evocati con Freud, Schopenhauer, Nietzsche e anche Einstein) e l'artista, il 'letterato, e l'illetterato' il quale, 'dopo qualche vano tentativo di avvicinarvisi' – alla teoria – prima 'la mette in un cantuccio di dove essa lo turba e l'inquieta, un nuovo fondamento di scetticismo, una parte misteriosa del mondo, senza della quale non si sa più pensare'. Procedendo tuttavia il corteggiamento, in qualche modo pur si perviene a quello che Svevo chiama un 'rapporto intimo': rapporto, prosegue, 'che somiglia al matrimonio legale perchè' i due 'non s'intendono fra di loro proprio come il marito e la moglie e tuttavia come il marito e la moglie producono dei bellissimi figliuoli'.[39] Ed è probabilmente da questa stessa teoria della lettura come fraintendimento, anche se produttivo, che dipende anche – logicamente direi – più che da qualsiasi altra considerazione quel rifiuto della cura di cui già s'è detto: ripetuto sia da Svevo, in *Soggiorno londinese* come nelle lettere a Jahier, sia dal suo personaggio nella *Coscienza di Zeno*. 'Non Le cambieranno l'intimo Suo io': leggiamo nella lettera a Jahier. 'E non disperi perciò. Io dispererei se vi riuscissero.'[40] Quel che preoccupa Svevo, qui come in tanti altri luoghi che ho ricordato altrove,[41] è il pericolo, ben reale, dell'assolutizzazione dogmatica e della prevaricazione ideologica, che si traduce in manipolazione e assoggettamento, nell'ennesima alienazione da parte del *sujet supposé savoir*. Colpa di cui non va certo immune lo stesso fondatore della psicanalisi, 'un grande maestro' – riconosce Svevo – proprio perché 'conferisc*e* la debita

39 Svevo, *Teatro e saggi*, pp. 895–6.
40 Svevo, *Epistolario*, p. 860.
41 Cf. Saccone, *Il poeta travestito*, pp. 254–5.

importanza alle nostre esperienze,'[42] e che certamente egli non oserebbe mai assimilare al Dr. S. del romanzo, 'quell'uomo ridicolo, con quel suo occhio che vuole essere scrutatore e quella sua presunzione che gli permette di aggruppare tutti i fenomeni di questo mondo intorno alla sua grande, nuova teoria.'[43] Tuttavia, si pensi solo a un caso famoso come quello di Dora, che tra l'altro presenta non poche analogie con la relazione tra analista e paziente com'è delineata nel romanzo, compreso l'abbandono dell'analisi da parte di quest'ultimo. L'insufficiente attenzione prestata, come lo stesso Freud doveva riconoscere più tardi, ai fenomeni trasferenziali operanti nella paziente, ma soprattttutto il mancato riconoscimento dell'importanza di quello che successivamente sarà chiamato da lui, *Gegenübertragung* – il controtransfert divenuto oggetto di attenzione crescente da parte degli analisti solo in anni più vicini ai nostri – giustificano i giudizi di un'attenta storica del caso,[44] che parla infatti del 'permanent harm' (p. 199) causato a Dora dalla psicoanalisi; di 'a compound of psychoanalytic immaturity and dogmatism leading to a dismal end' (p. 129); e dell''unconscious exploitation' da parte di un Freud, il cui 'primary interest in her predicament lay in using her psychoanalysis to support his theories and his reputation' (p. 199). Di qui il suo 'disappointment', 'rage' e addirittura 'fury' che le sue parole rivelano, quando accusa Dora di 'breaking off ... just when my hopes of a successful termination of the treatment were at their highest' (p. 123). Analogamente al Dr. S. del romanzo, che non solo decide di vendicarsi del paziente che si è 'sottratto alla cura truffando*lo* del frutto della *sua* lunga paziente analisi',[45] ma – piu ominosamente – pretende di dedicarsi al pericoloso esercizio, com'è detto in *Soggiorno londinese*, 'di spiegare ad un uomo com'era fatto': detto altrimenti, di dire la 'verità' su Zeno.

A vaccinare contro questa tentazione, e rivendicare per i lettori i diritti (e i doveri) della letteratura doveva servire invece, come ha capito benissimo uno psicanalista assai intelligente, Octave Mannoni, in un bel saggio

42 Svevo, *Epistolario*, p. 863.

43 Svevo, *La coscienza di Zeno*, in *Romanzi e 'continuazioni'*, p. 1049.

44 Hannah S. Decker, *Freud, Dora, and Vienna 1900* (New York: The Free Press, 1991).

45 Svevo, *La coscienza di Zeno*, in *Romanzi e 'continuazioni'*, p. 625.

dedicato alla scrittura della psicanalisi, proprio la strategia di piazzare 'un Dr. S. à l'entrée de son récit, comme un épouvantail à analystes'.[46] Uno spauracchio contro gli analisti, che dovrebbe dunque cautelare anche contro ogni interpretazione di scuola dei sogni e degli atti mancati, che si incontrano nel romanzo, dipendenti in un modo o nell'altro dalla lettura del maestro viennese, per i quali tutti non può valere altro criterio d'interpretazione che lo stesso che vale per ogni altra parte del testo. Dunque anche e soprattutto dei *pattern* ripetitivi (a cominciare da quello dell'ultima sigaretta, ch'è solo il più eclatante) che danno consistenza al personaggio: ne fissano appunto la maschera. Alla stessa lettura sospettosa andrà assoggettato ogni contenuto e tema della coscienza: struttura fittizia, artificiale, costruita, largamente immaginaria, come il lacaniano *moi* paradossalmente tanto rigido, unificato e fisso nell'immaginario quanto instabile e fluttuante nel reale: principio di resistenza che si manifesta nell'affettività del linguaggio e delle relazioni, divenendo riconoscibile come un oggetto principalmente nei termini di ripetuti temi identitari.[47]

Anche il rifiuto della cura, per Zeno e oltre Zeno, rivela indubbiamente una resistenza: ma, radicalmente, della vita contro la morte, del desiderio contro la sua assenza o sparizione. Il rifiuto della cura, della guarigione – considerate dall'io, secondo il Freud di *Die endliche und die unendliche Analyse*[48] 'come un nuovo pericolo' – è rifiuto della fine, della conclusione: delle conclusioni. Fine della storia: che 'termina quando si fa ciò che si deve senza esitazioni e proteste',[49] mentre 'finché la vita non è finita tutte le possi-

46 Oscar Mannoni, 'Faux en écriture', *Nouvelle Revue de Psychanalyse*, 16 (1977), pp. 247–60 (p. 258).

47 Cf. in particolare Jacques Lacan, *Le Séminaire*, XI, *Les Quatre Concepts Fondamentaux de la Psychanalyse* (Parigi: Seuil, 1973).

48 Pubblicato per la prima volta nell'*Int. Z. Psychoanal.*, 23 (1937), 209, fu ristampato nelle *Gesammelte Werke*, XVI.

49 Italo Svevo, *Saggi e pagine sparse*, a cura di Umbro Apollonio (Milano: Mondadori, 1954), p. 325. Nella nuova sistemazione ricevuta da questo materiale nell'edizione in tre volumi dei Meridiani non mi è riuscito finora di localizzare il brevissimo frammento, di cui questo è il testo integrale: 'La storia termina quando si fa ciò che si deve senz'esitazioni e proteste'.

bilità continuano'.[50] Terminato *Zeno*, il vecchio personaggio, sopravvissuto alla guerra e alla psicanalisi non si arrende. L'uomo degli ossimori, il vecchio giovane non ha più tempo (e voglia) per dedicarsi ai 'giocattoli' della malattia e della cura, e neppure al lusso o al piacere dei ricordi. Scopre invece che se 'la cura non riuscì [...] le carte restarono'[51]: le carte che costituivano, come dice, 'una pratica d'igiene perché quell'esercizio doveva prepararmi ad una cura psicanalitica'. E ora quella pratica riprende, la pratica di una scrittura non più finalizzata a quel futuro: un compito che si accinge ad affrontare 'una seconda volta, tremando come se accostassi una cosa sacra.'[52] Di nuovo non è la verità a preoccuparlo, ma la ripetizione: per la necessità di intensificare la vita. La scrittura in quanto racconto e ripetizione della vita: ripetizione e correzione, letteraturizzazione della vita:

> Oh! l'unica parte importante della vita è il raccoglimento. Quando tutti lo comprenderanno con la chiarezza ch'io ho tutti scriveranno. La vita sarà letteraturizzata. Metà dell'umanità sarà dedicata a leggere e studiare quello che l'altra metà avrà annotato. E il raccoglimento occuperà il massimo tempo che così sarà sottratto alla vita orrida vera [...] Ognuno leggerà se stesso. E la propria vita risulterà più chiara o più oscura ma si ripeterà, si correggerà, si cristallizzerà. Almeno non resterà quale è priva di rilievo, sepolta non appena nata, con quei giorni che vanno via e s'accumulano uno eguale all'altro a formare gli anni, i decenni, la vita tanto vuota, capace soltanto di figurare quale un numero di una tabella statistica del movimento demografico. Io voglio scrivere ancora.[53]

50 Svevo, *Saggi e pagine sparse*, p. 318; *Romanzi e 'continuazioni'*, p. 1660.

51 Svevo, *Romanzi e 'continuazioni'*, p. 1227.

52 Ibid., p. 1228.

53 Svevo, *Le confessioni del vegliardo*, in *Romanzi e 'continuazioni'*, pp. 1116–17.

ELIZABETH SCHÄCHTER

The Anguish of Assimilation: The Case of Italo Svevo

Until its annexation to Italy in 1918, Trieste, Svevo's place of birth, was a thriving international sea port, industrial and financial centre, which played a pivotal role in the economy of the Austro-Hungarian Empire. Educated Triestines were trilingual, speaking German, Italian and Triestine dialect; those wishing to further their studies enrolled at the universities of Vienna or Graz. No doubt, returning graduates from the capital would have brought back word of the 'new' science of Freud and his circle. Indeed, Michel David suggests that the Triestine Jewish community was especially responsive to Freudian psychoanalysis: 'senza quell'ambiente ebraico e in ogni caso triestino non avremmo forse il Bloom di Joyce, e non avremmo certamente Zeno Cosini'.[1] Giorgio Voghera concurs with this view, stating that nearly everyone in Trieste who was interested in psychoanalysis was Jewish, describing the intensity of their involvement as 'quella corrente [...] quel ciclone [...] fra i fanatici triestini [...] era un continuo scambiarsi di racconti ed interpretazioni di sogni e di lapsus'.[2] Voghera recalls seeing Svevo several times at the Caffè Municipio where these discussions took place.[3] Edoardo Weiss (1889–1970) was the first practising analyst in Trieste, having studied in Vienna between 1908 and 1914; he was a respected member of Freud's scientific group.[4] Svevo knew Weiss well, referring to

1 Michel David, *La psicanalisi nella cultura italiana* (Turin: Boringhieri, 1976), p. 379.

2 Giorgio Voghera, *Gli anni della psicanalisi* (Pordenone: Studio Tesi, 1980), p. 10.

3 Ibid., p. 18.

4 Cf. Edoardo Weiss, *Sigmund Freud as a Consultant: Recollections of a Pioneer in Psychoanalysis* (New York: Intercontinental Medical Book Corporation, 1970).

him as 'mio ottimo amico il Dr. Weiss'; the friendship was reciprocated.[5] Svevo's debt to Freudian psychoanalysis is well documented; however it is worth mentioning that in his *saggio*, *Soggiorno londinese* (1927), he recounts with irony that at the time of writing *La coscienza di Zeno* 'io credetti per qualche tempo di aver fatto opera di psicanalisi [...] sarebbe stato un bel successo se il Freud m'avesse telegrafato: "Grazie di aver introdotto nell'estetica italiana la psicanalisi"'[6] a testimony he was denied, but which a few years earlier (1922) Freud had fulsomely accorded to the Viennese writer and physician Arthur Schnitzler (1862–1931), their contemporary.[7]

One of the many affinities that links these three major exponents of *mitteleuropäisches Kultur* is their Jewishness, and it is this aspect that forms the focus of my contribution. 1867 is the year in which Austrian Jews achieved complete civil and political equality. In Yosef Hayim Yerushalmi's words, 'as a result of emancipation [...] Jews fully re-entered the mainstream of history'.[8] The process, over several generations, of moving from segregated Judaism to integration with society at large was complex and problematic, and it was pivotal to the experiences of central and western European Jews in the second half of the nineteenth century. They found themselves placed between the new and liberating opportunities of gentile society and the traditional security of their own communities. Migration to the cities – Freud's family moved from Freiburg in Moravia to Vienna when he was four years old – and upward social mobility led the sons of Jewish businessmen to no longer wish to follow in their fathers' footsteps, but to strive to achieve intellectual and professional status, Freud and Svevo

5 Italo Svevo, *Opera Omnia. Racconti, Saggi, Pagine Sparse* (Milan: dall'Oglio, 1968), III, p. 686.

6 Ibid., p. 686.

7 See Peter Gay, *Freud. A Life for Our Time* (London and Melbourne: Dent, 1988), p. 130; and Robert S. Wistrich, *The Jews of Vienna in the Age of Franz Joseph* (Oxford: Oxford University Press, 1989), pp. 584–5: 'Whenever I get deeply absorbed in your beautiful creations I invariably seem to find beneath their poetic surface the very presuppositions, interests, and conclusions which I know to be my own' (p. 585). In the same letter Freud calls Schnitzler his double (*Doppelgänger*).

8 Yosef Hayim Yerushalmi, *Zakhor. Jewish History and Jewish Memory* (Seattle and London: University of Washington Press, 1982), p. 99.

being two emblematic examples of this progression.[9] They encountered tensions and pressures arising from the struggle for acceptance in the host society and retention of Jewish identity; active participation in public life often resulted in the irreversible weakening of the bonds with Judaism, and in some cases led to the abandonment of religious practices, culminating in mixed marriages and conversion. The American scholar David Sorkin calls these complex processes 'the anguish of assimilation'.[10] Svevo and Freud both faced this anguish but in differing ways.

By the end of the nineteenth century, Trieste's Jewish community constituted the most numerous single religious-ethnic minority, 3.23 per cent of the city's total population (in the 1900 census they numbered 4,939). Although a small group compared to the Jews of Vienna (8.6 per cent), they contributed immeasurably to the intellectual, social and economic life of the city.[11] Svevo, or Ettore Schmitz to use his real name, had a Jewish upbringing: between the ages of six and seventeen (1867–78) he and his brothers attended private Jewish schools, two in Trieste, the first run by the deputy rabbi, and one in Germany. This was at a time when Jews had access to state education, thus the choice made by Ettore's father was to privilege the Judaic dimensions of his sons' education. From the pages of his brother's diary, it is clear that Svevo's family observed the Jewish festivals. Indeed, his father performed the significant role of *hadàn berescìd* during *Succoth*.[12] The religious education Svevo received and the participation of

9 Cf., for example, Stefan Zweig, *The World of Yesterday* (Lincoln and London: University of Nebraska Press, 1964), p. 12.

10 David Sorkin, 'Emancipation and Assimilation: Two Concepts and their Application to German-Jewish History', *Leo Baeck Institute Year Book*, 35 (1990), 17–33 (p. 28).

11 Cf., for example, Elio Apih, *Trieste* (Rome and Bari: Laterza, 1988); Tullia Catalan, *La comunità ebriaca di Trieste (1791–1914). Politica, società e cultura* (Trieste: Lint, 2000); and Elizabeth Schächter, *Origin and Identity: Essays on Svevo and Trieste* (Leeds: Northern Universities Press, 2000), chapters one and two.

12 Bruno Maier (ed.), *Lettere a Svevo. Diario di Elio Schmitz* (Milan: dall'Oglio, 1973), pp. 202, 221, 237. *Succoth* is the autumn thanks-giving festival commemorating sheltering in the wildnerness. *Hadan Berescìd* means 'sposo di *berescìd* [...] è la parola con cui incomincia la Torà e significa: al principio'. Israel Zoller, *La vita religiosa ebraica* (Trieste: Tipografia Sociale, 1932), p. 66.

his father in this important ceremony attest to the fact that the Schmitz family were committed members of the Jewish community with a sound knowledge of Hebrew.

A distinctive facet of emancipated Jewry was the development of a periodical press edited by Jews for a specifically Jewish readership, and Trieste was no exception: from 1862 with a liberal municipal government and less stringent censorship, there occurred a veritable boom in journalistic initiatives, one of these being the monthly *Corriere Israelitico* (1862–1915), considered the most important Jewish journal in the Italian language.[13] Its principal aim was to disseminate Jewish culture and religion, particularly among those who were gradually distancing themselves from their heritage. To a great extent, it was the official organ of Trieste's Jewish community, and each issue contained a section devoted solely to its activities. A primary responsibility was philanthropy; there are detailed reports of the charities and those who supported them, including several references to the Schmitz family's various donations: for example, Ettore Schmitz contributed towards 'l'acquisto di terreno ad uso cimitero', a characteristic gesture from a man much preoccupied with his own mortality; his sister Natalia was elected to be a patron of the 'asilo infantile israelitico'.[14] One of the leading members of the community was Barone Fortunato Vivante, Director of the Triestine branch of the Vienna Unionbank, Ettore's employer and relation through marriage; his sister Natalia married Fortunato's brother in 1881. Vivante is frequently mentioned in the pages of the journal, as a prominent businessman and generous benefactor: accorded fulsome praise when he became *Cavaliere della Corona d'Italia*; his twenty-five years as Director of the bank were also celebrated.[15]

The Jewish aspects of Freud's upbringing have been the subject of much scholarly scrutiny. According to his biographer Peter Gay, Freud did not grow up in a religious household and may never have attended synagogue.

13 Cf., for example, Giorgio Voghera, *Anni di Trieste* (Gorizia: Editrice Goriziana, 1989), p. 165.

14 *Il Corriere Israelitico*, 1897, p. 43; 1905, p. 23.

15 *Corriere Israelitico*, 1880, p. 99; 1895, pp. 44–5.

His father, although familiar with Jewish ritual – Freud's paternal grandfather was a Hasidic rabbi in Austrian Galicia – had abandoned much of it by the time Freud was born.[16] Later Freud stated that his father had let him grow up in complete ignorance of everything that concerned Judaism, which suggests a deprivation he regretted.[17] And yet, in his early letters he made fun of the Jewish festivals and prayers.[18] Freud, like many secular emancipated Jews, distanced himself from the ties with unassimilated Jews of Eastern Europe (*Ostjuden*) from whose stock he originated, and while a student at medical school in Vienna, he aspired to identify with German *Kultur*.[19] As a well-educated Western Jew, Freud perceived himself to be superior, replacing Yiddish, the 'Jewish jargon' of the shtetl, with German, the language of high culture.[20]

Svevo moved beyond the confines of the Triestine Jewish community to a different social and religious group when he married in 1896. He was the only member of his family to contract an exogamous marriage. *Il Corriere Israelitico* reported all births, deaths and marriages of the local community; thus the history of the Schmitzes is recorded in its pages: for example, the nuptials between Ettore's sister Noemi to Samuele Salmona in 1878, and her tragic death the following year through childbirth, aged twenty-two.[21] However, the union between Svevo and his bride, his second cousin Livia Veneziani, does not feature: although of partly Jewish origin, Livia's parents had both been baptised at birth and Livia had received a strict Catholic convent education. In her memoirs, Livia deliberately repressed any reference to her husband's Jewish origins. Furbank, in his introduction to the

16 Gay, *Freud*, p. 6.

17 Cf. Ritchie Robertson, *The 'Jewish Question' in German Literature 1749–1939* (Oxford: Oxford University Press, 1999), p. 130; and Gay, *Freud*, p. 600.

18 Cf. Wistrich, *The Jews of Vienna*, p. 550.

19 Cf. Gay, *Freud*, p. 19.

20 Cf. Sander L. Gilman, *Freud, Race and Gender* (Princeton, New Jersey: Princeton University Press, 1993), pp. 13–16: 'This tension between the perception of belonging and not belonging to any given culture mirrors the position of the acculturated Jew in late nineteenth-century Europe' (p. 15).

21 *Il Corriere Israelitico*, 1878, p. 69; 1879, p. 119.

English edition, recounts that although Svevo was buried in the Jewish cemetery, a year or so later Livia had his remains exhumed and placed in the Veneziani family tomb in the Catholic cemetery of Sant'Anna.[22] Livia was also eager to forget her own Jewish antecedents. However, through an ironic twist of fate, Livia herself suffered: with the promulgation of the Racial Laws in 1938, she was expelled from the Fascist party and, despite amassing seventy-two documents to prove her Aryan credentials, she and her daughter Letizia were declared to be of the Jewish race on 22 July 1943. They were forced to flee Trieste and live in hiding.[23]

Mixed marriages were a prevalent phenomenon among professional Viennese and Triestine Jews in the latter part of the nineteenth century; they constituted a significant step towards assimilation; in David Vital's words they were 'the most acute of all modern indicators of social and cultural breakdown in Jewry'.[24] Until 1867, marriage between a Jew and a Catholic had been forbidden by law in Hapsburg Austria, but with the new legislation of 1868 such unions were permitted if the couple did not profess different religious faiths. Therefore, at least one of the partners had to renounce their faith and declare themselves to be *konfessionslos*, that is without a confessional affiliation. The Jewish press waged a sustained campaign against mixed marriages: 'un vero pericolo per la nostra razza e per la nostra fede'; 'la piaga dei matrimoni misti, la quale va ogni giorno più corrodendo il corpo dell'Ebraismo'.[25] The passionate and forceful nature of the many articles on this subject reflects that exogamy was on the increase within Jewish communities.[26] One of the complications was

22 Livia Veneziani Svevo, *Memoir of Italo Svevo* (*Vita di mio marito*) trans. Isabel Quigly, preface P. N. Furbank (London: Libris, 1989), p. xii.

23 Cf. Fulvio Anzellotti, *La villa di Zeno* (Pordenone: Studio Tesi, 1991), p. 65.

24 David Vital, *A People Apart: The Jews in Europe 1789–1939* (Oxford: Oxford University Press, 1999), p. 262. He provides statistics for German Jews.

25 *Il Corriere Israelitico*, 1881, pp. 221–2; 1900, p. 161. Between 1875 and 1902, the journal published forty-seven articles on the subject. Cf. also Chiara Foà, *Gli ebrei e i matrimoni misti. L'esogamia nella comunità torinese (1866–1898)* (Turin: Zamorani, 2001).

26 On the figures for Trieste, see Catalan, *La comunità ebraica di Trieste*, pp. 241–4.

the religious education of the children which often caused acute dissension within the family. This was to be the case for Livia and Ettore, but even during their engagement there were anguished discussions about religion, and the marriage was delayed as a result.[27] Two months before their civil wedding, in May 1896, within four days of each other, Livia, then Ettore officially renounced their respective religions for no other, writing *senza* in the column of the religion to be embraced in its place. Livia had thus demonstrated a deep commitment to her Jewish fiancé, devout Catholic that she was. However, she bitterly regretted this decision and in August of the same year returned to the Catholic fold. Ettore, in his turn, having witnessed his bride's albeit fleeting gesture of religious renunciation, declared that since she had been willing to marry a Jew, he would be baptized a Catholic (the baptism took place in August 1897).[28] Religious conversion was the final step towards complete assimilation and abandonment of Judaism. Vital estimates the total number of conversions in the nineteenth century among the Jews of Western and Central Europe to be 100,000 in a population that rose from 0.4 million to approximately 1.3 million by the close of the century. Paradoxically, among the Jews of Eastern Europe and South-Eastern Europe – two million rising to 7.4 million – the number of conversions has been calculated as 85,000. He cites an English observer in 1900 who remarked that it was amid the most wretched and persecuted Jews that religious faith remained steadfast.[29] Among the emancipated Jews of Western Europe it was ambition – social, political and professional – and access to a wider, culturally richer world that drove them to embrace Christianity. Ettore Schmitz was one of many converts in Trieste at the end of the nineteenth century.[30]

27 Cf. Anita Pittoni's note in her edition of Livia Veneziani Svevo, *Vita di mio marito* (Trieste: Lo Zibaldone, 1958), p. 231; and John Gatt-Rutter, *Italo Svevo. A Double Life* (Oxford: Clarendon Press, 1988), pp. 130–7.

28 Cf. Gatt-Rutter, p. 143; Schächter, *Origin and Identity*, pp. 50–1.

29 Vital, David, *A People Apart*, p. 124. Vital provides conversion figures for Germany and Austria-Hungary, pp. 124–5.

30 Cf. Catalan, *La comunità ebraica di Trieste*, pp. 241–4.

By converting, Ettore was following the familiar path of assimilation taken by many eminent German and Austrian Jews: 'the ticket of admission to European culture' as Heine called the baptismal certificate, usually Protestant in northern Germany (for Heine, Marx, Felix Mendelssohn and many others), but Catholic in Bavaria and the Hapsburg Empire (Mahler, the Wittgensteins, and the von Hofmannsthals).[31] In Ettore's case the conversion may have been for personal reasons, but it signifies a desire for the disappearance of difference and a denial of Jewish origins. The judgement of *Il Corriere Israelitico* was severe: the editors, *inter alia*, pointed out the futility of apostasy as a protection against anti-semitic attacks: 'gli antisemiti li [converted Jews] considerano sempre ebrei, e gli ebrei non li riconoscono più, ma così continuano tuttavia ad essere ispiratori di odio e di lotta'.[32] 'One can convert, but one cannot hide': the sense of difference could be felt for generations.[33] Gilman cites the case of the Viennese poet Hugo von Hofmannsthal's conflict between his Aryan and Jewish ancestry; his paternal great-grandfather had been Jewish.[34] Freud had also considered conversion, to Protestantism, in 1886, but instead he had to agree to a Jewish wedding.[35] His wife, Martha Bernays, came from an observant Orthodox background, and during their lengthy engagement, 'probably the gravest area of tension was religion'.[36] In *The Interpretation of Dreams*, he reports four of his Rome dreams which convey a sense of fulfilment that is not wholly achieved. Schorske suggests an interpretation, not mentioned by Freud, of one of the dream images where Rome appears 'as the promised land seen from afar' that 'seems to express a forbidden wish: a longing for assimilation to the gentile world that his strong waking conscience – and

31 Cf. Frederic V. Grunfeld, *Prophets without Honour: A Background to Freud, Kafka, Einstein and Their World* (New York: Holt, Rinehart and Winston, 1979), p. 2.

32 *Il Corriere Israelitico*, 1899, p. 157.

33 Gilman, *Freud, Race and Gender*, p. 21.

34 Ibid., p. 21.

35 Cf. Robertson, *The 'Jewish Question'*, p. 131; Gay, *Freud*, p. 54.

36 Gay, *Freud*, p. 38.

even his dream-censor – would deny him'.[37] Freud travelled to Italy five times between 1895 and 1898, but he never reached Rome; he did not enter the city until 1901.

Although Svevo lived in a Catholic household, he most reluctantly acquiesced to the convent education of their only daughter, Letizia, as his letter to Livia of 30 November 1910 reveals:

> È meglio capire ch'è un dissidio e non un malinteso. È lo stesso dissidio che a momenti c'impediva di unirci [...] Io credo che la nostra famiglia [...] è abbastanza cattolica e che di più non occorra. Naturalmente che se tu credessi non lo sia mai abbastanza io finirei col piegarmi [...] ma intimamente resterei sempre persuaso che hai commessa un'ingiustizia.[38]

Freud's wife was permitted to keep a kosher kitchen and to fast on Yom Kippur, but their children were not brought up according to Jewish ritual and never went to a synagogue: they celebrated Christmas and Easter.[39] Moreover, perhaps in revenge for being forced to recite Hebrew responses during the wedding ceremony, Freud did not allow Martha to light the Sabbath candles on the first Friday evening of their marriage, 'one of the more upsetting experiences of her life', according to a cousin of hers.[40] In later published writings, Freud stated that he stood apart from the Jewish religion as from all other religions, but declared his solidarity with 'my fellow people', which he also encouraged in his children: 'We have all remained in the Jewish denomination'.[41] In the same letter, he explicitly expresses regret at his lack of a Jewish education, recalling Kafka's 'bitter reproaches to his father, partly from the anguished sense of having no firm

37 Carl E. Schorske, *Fin-de-Siècle Vienna : Politics and Culture* (Cambridge: Cambridge University Press, 1981), p. 190.

38 Svevo, *Opera Omnia*, vol. 1, pp. 562–3.

39 Cf. Gay, *Freud*, p. 600; Robertson, *The 'Jewish Question'*, p. 131.

40 Cf. Gay, *Freud*, p. 54.

41 Sigmund Freud, *Standard Edition*, XIX, p. 291, Letter to the editor of the Jewish Press Centre in Zurich, 26 February 1925.

Jewish ground under his feet'.[42] In 1926, in an address to the Jewish society B'nai B'rith on the occasion of his seventieth birthday, Freud declared that it had always seemed to him not only unworthy but positively senseless to deny the fact that he was a Jew.[43] It seems he had forgotten his earlier thoughts of conversion.

Did Svevo regret his baptism and denial of his Jewish identity? His daughter recalls that he wished to be buried according to Jewish ritual, which strongly suggests that he did.[44] Giorgio Voghera, in *Gli anni della psicanalisi*, writes that in Saba's opinion, 'Svevo aveva incontrato più difficoltà di quante volesse far vedere quando era entrato, lui psicologicamente un ebreo fino alla midolla delle ossa (anche se non credente), in una famiglia di cattolici intransigenti'.[45]

For Svevo, as for many others, his Jewishness was problematic and complex. Unlike Freud and Schnitzler, for example, who were able to articulate their ideas about Jews and Judaism in their published writings, Svevo confined his thoughts on this matter to the secrecy of his private correspondence. He had, perhaps, neither the inclination nor the courage to treat the Jewish question in his literary works. Apart from his first article for the newspaper *L'Indipendente* entitled 'Shylock' – there was to be a performance of *The Merchant of Venice* in Trieste – no Jewish theme ever again appears in an explicit way in his *oeuvre*. In the first lines of his sympathetic portrayal of Shakespeare's protagonist, written in 1880, there is a retrospective irony in his critical reference to Heine's apostasy, a path he was also to take many years later: 'Quel rinnegato di Heine non sapendo altrimenti accoppiare il suo entusiasmo per Shakespeare colla venerazione

42 Robert Wistrich, *Between Redemption and Perdition: Modern Antisemitism and Jewish Identity* (London and New York: Routledge, 1990), p. 98.

43 Cf. Ernst L. Freud (ed.), *Letters of Sigmund Freud 1873–1939* (London: The Hogarth Press, 1961), p. 367. B'nai B'rith ('Sons of the Convenant') is the oldest Jewish international organization, founded in New York City in 1843. It is still in existence (see its website: http://bnaibrith.org/).

44 Cf. Schächter, *Origin and Identity*, p. 53.

45 Voghera, *Gli anni della psicanalisi*, p. 16.

rimastagli per le credenze dei suoi avi [...]'.[46] Indeed, Svevo even eliminated a reference to Emilio's Jewishness from the definitive preface to his second novel *Senilità*. The omitted lines read as follows: 'Io non so neppure l'origine di esso [the title], non so se attribuii un carattere senile al protagonista, alla sua razza (a proposito: mi accorgo di non aver mai trovato il modo di dire che era un ebreo), o all'ambiente in cui si moveva'.[47] In *Cronaca di famiglia*, an account of the first year of his marriage, published posthumously, he fails to mention the issue of religion, and in his 'official' *Profilo autobiografico*, published in the last year of his life (1928), Italo Svevo did not disclose the religious-ethnic origins of the man Ettore Schmitz. He reconstructed himself, editing out those aspects of his life that did not sit well with the public image he wished to project at the time of Italian Fascism.[48] Freud, on the other hand, in his own autobiographical account (1925), opens with the statement: 'I was born on May 6th 1856, at Freiberg in Moravia, a small town in what is now Czechoslovakia. My parents were Jews; I have remained a Jew myself'.[49] As Gilman observes, 'Freud acknowledges [...] that he is not only a Jew, but a specific subspecies of Jew, an Eastern Jew'.[50] And yet with regard to Svevo, in spite of himself, the question of his Jewishness emerges as a leitmotif throughout his *epistolario*, not at any great length, but in telling phrases which reveal its constancy in the mind of the writer. Beneath the self-deprecatory and jocular tone, there lies a sense of anguish at his own denial of Jewish identity, exemplifying Freud's theory of jokes which permit the expression of material that is normally repressed. Most of Svevo's letters are to his wife and recount the daily events of his life while working away from home for his parents-in-law's firm; frequently a remark about his Jewishness is inserted. For example: 'hai fatto una bestialità di cui

46 Svevo, *Opera Omnia*, III, p. 557.

47 The earlier version of the preface is published in *Senilità*, edizione critica, ed. Bruno Maier (Pordenone: Studio Tesi, 1986).

48 Cf. Gatt-Rutter, pp. 7, 16, 28, 38, 48–9, 113, 159, 161, 164, 287, and 313, on the fictions, untruths and ironies of the *Profilo autobiografico* which was initially written by Svevo's friend Giulio Cesari, a nationalist, and revised by Svevo.

49 Freud, *An Autobiographical Study* in *Standard Edition*, XX, pp. 7–74 (p. 7).

50 Gilman, *Freud, Race and Gender*, p. 14.

sei pentita come un ebreo che si battezza'; 'ne ero pentito come un ebreo che si battezza'; 'Bacia la mia Titina (his daughter) e ricordale suo padre che non sia più ebreo ma che è più che mai errante'; 'Capisco che da quella parte come diciamo noi ebrei non viene il Messia'; 'Faccio alcune altre scale [...] con quella prudenza che Marco attribuisce alla mia razza'; 'Tenci è una bellezza con marcatissimo tipo giudaico'. He is also often disparaging in his comments about his adopted religion.[51] In only one letter to Livia, of 15 September 1910, does he relate details of his family background, and this was after a visit to his aunt Marietta (his father's sister), in the company of his brother Ottavio who wanted to know something about their ancestors: 'a un dato punto [she] descrisse [...] della vita del nonno [...] l'avevano fatto soldato ma lui da quell furbo ebreo ch'era era diventato vivandiere [...]'.[52] Towards the end of his life in April 1928 when Giacomo Debenedetti visited him, he is reported to have remarked, 'Certo quella dell'ebreo non è una posizione comoda'.[53]

As a citizen of Austria-Hungary, Ettore was only too aware of the growing anti-semitism, particularly in Vienna. Elio Schmitz, after a visit to the Imperial city in 1885, where his youngest brother Ottavio lived, noted in his diary, 'non vidi altro che antisemiti'.[54] Anti-semitism as a social and political phenomenon pervaded the capital's politics when Karl Lueger, a notorious anti-semite, was elected its mayor. His victory in the municipal elections of September 1895 transformed Vienna into the only city with an anti-semitic administration. Theodor Herzl recorded that '[there was] wild cheering. A man next to me said with loving fervour, but softly, "That is our Leader" (*Das ist unser Führer*). More than all the declamation and abuse, these few words told me how deeply anti-Semitism is rooted in the heart of the people'.[55] The Jewish question thus became central to the

51 Italo Svevo, *Opera Omnia, Epistolario*, I, pp. 348, 243, 357, 115, 543, 446, 229.

52 Ibid., p. 552.

53 Cited in Enrico Ghidetti, *Italo Svevo. La coscienza di un borghese triestino* (Rome: Editori Riuniti, 1980), p. 275.

54 *Diario di Elio Schmitz*, p. 290.

55 Marvin Lowenthal (ed., trans.), *The Diaries of Theodor Herzl* (New York: The Dial Press, 1956), p. 69 (diary entry of 20 September 1895).

political agenda of the Empire until Lueger's death in 1910. Among his policies, he advocated denominational education, restrictions on Jewish immigrants, a boycott of Jewish businesses, and a diminution of Jewish influence in the public sphere. He employed rabble-rousing demagogues and neo-feudalist aristocrats to appeal to all social strata. There was an increase of anti-semitic abuse at the university where even philo-semitic Christian academics were considered legitimate targets, and Jewish students who were, in Freud's words, 'expected to feel [...] inferior and [...] alien', faced physical violence.[56] A generally hostile atmosphere prevailed. In the foreword to his autobiography, *My Youth in Vienna*, Schnitzler wrote: 'in these pages a lot will be said about Judaism and anti-Semitism [...] It was not possible, especially not for a Jew in public life, to ignore the fact that he was a Jew; nobody else was doing so, not the Gentiles and even less the Jews [...] it was impossible to remain completely untouched'.[57] In his only novel, *Der Weg ins Freie* (*Road to the Open*, 1908), many of the characters are Jewish who articulate varied responses to racial prejudice, from conversion to Zionism.[58] There was even greater discrimination against Jews for jobs, contracts and advancement: Freud had to wait seventeen years to be promoted in the medical faculty of the university in 1902; the norm was eight.[59]

Trieste had a taste of the anti-semitism emanating from Vienna when Lueger made an official visit in 1898, during which anti-Italian demonstrations took place accompanied by shouts of 'Death to the Jews'.[60]

56 Cited in Gilman, *Freud, Race and Gender*, p. 16. On Lueger, cf. for example, Wistrich, *The Jews of Vienna*, pp. 219–59; by the same author, *Anti-Semitism. The Longest Hatred* (London: Thames Mandarin, 1992), pp. 63–5: Lueger 'was the first political role model for the young Adolf Hitler' (p. 63).

57 Arthur Schnitzler, *My Youth in Vienna* (*Jugend in Wien*), trans. Catherine Hutter (London: Weidenfeld and Nicolson, 1971), pp. 6–7.

58 On Schnitzler's novel, cf., for example, Wistrich, *The Jews of Vienna*, chapter seventeen.

59 Cf. Gay, *Freud*, p. 139.

60 Cf. Anna Millo, 'Elites politiche ed elites economiche ebraiche a Trieste alla fine del XIX secolo', in Giacomo Todeschini and Pier Ioly Zorattini (eds), *Il mondo ebraico* (Pordenone: Edizioni Studio Tesi, 1991), pp. 381–401 (p. 397).

Anti-semitism also intensified in Trieste with the formation of several associations, some of which were closely linked to Lueger's Christian Social party: the Lega cristiano-sociale of 1897, the Lega delle donne cristiano-sociali of 1899, and a youth section. There were also pan-German student societies which excluded Jews, and Slovene Catholic anti-semitic factions. The anti-semitic press was also very active in this period: for example, newspapers of the Lueger alliance such as *L'Amico* (1896) and *L'Avvenire* (1897), which disseminated the usual shibboleths such as Jewish domination in every sphere. *L'Amico* exhorted its readers not to frequent Jewish shops or buy Jewish goods and avoid all social contact; in this way 'la nostra città andrà libera in breve tempo delle sopruserie giudaiche, e l'aria sarà di nuovo libera da quei microbi, *Judenrein*, direbbe Lueger'.[61]

Freud and Svevo responded to anti-semitism in opposing ways. Svevo deliberately eradicated all traces of his Jewish background from his published writings, and he attempted to do so from official records as well. In a letter to Livia of 7 June 1913 he wrote: 'Farò del mio meglio per cancellare l'Aron (his middle name) dalle liste elettorali'.[62] Svevo emerges as the kind of Jew who wishes to remain hidden. The spread of anti-semitism in Trieste, of which Svevo was a victim, could be seen as a contributory factor which discouraged him from publicly disclosing his Jewish origins. He first experienced discrimination when he was nineteen and refused employment 'perché [...] è un israelita', as his brother noted in his diary.[63] He was insulted by an Austrian army officer: 'gli capitò di camminare troppo accostato all'ufficiale [...] "*Du, schmutziger Jude, leck mich am Arsh*". L'invito fu respinto con una motivazione precisa, ineccipibile: "Ignorante, non posso leccarti un bel niente, sai che gli ebrei non devono toccare la carne di maiale"'.[64] He was denounced as 'un lurido ebreo, irredentista per la pelle',

61 Cited in Ellen Ginzburg Migliorino, 'L'antisemitismo e la comunità ebraica a Trieste nei primi anni del Novecento', in *Il mondo ebraico*, pp. 433–55 (p. 437). Cf. also Catalan, *La comunità ebraica di Trieste*, chapter eleven.

62 Svevo, *Epistolario*, p. 639.

63 *Diario di Elio Schmitz*, p. 236.

64 Fulvio Anzellotto, *Il segreto di Svevo* (Pordenone: Studio Tesi, 1985), p. 28.

by an anonymous informer,[65] and was the subject of anti-semitic remarks in the Italian fascist press.[66] Even his future son-in-law appeared to express some measure of prejudice: 'mi scrisse', wrote Svevo to Livia on 7 June 1913, 'che non sono nato in nessun luogo. Non ammise probabilmente ch'io sia Aron. Si trova ancora nell'età in cui tutti gli sembrano cristiani'.[67] Indeed, he suffered posthumous anti-semitism when the bronze statue erected in 1931 in Trieste's Giardino Pubblico was removed by Fascist thugs, and in its place were scrawled the words: 'Giudeo, il bronzo sia dato alla patria'.[68] Svevo numbered among those Jews who 'per paura o per viltà', renounced their Jewishness. 'Non c'è via di mezzo', wrote Rabbi Dante Lattes of *Il Corriere Israelitico*, 'o esser ebrei apertamente e virilmente, od abbandonare il Giudaismo'.[69]

While Svevo opted for the latter course, Freud chose the former: anti-semitism strengthened his Jewish identity and his capacity to withstand hostility. In 1926 he told a nationalistic German-American journalist that his language and culture were German; he considered himself to be 'German intellectually, until I noticed the growth of anti-Semitic prejudices [...] Since that time, I prefer to call myself a Jew'.[70] Freud himself highlighted key episodes that shaped his attitude: when a boy of ten or twelve years old, his father took him on regular walks, and during one of them, to illustrate how times had changed for the better, he recounted how as a young man, smartly dressed with a new fur cap, a Christian had knocked it off and shouted at him to get off the pavement. His father's subservient reaction – he had obeyed and picked up his cap – was recalled by Freud as unheroic,[71] in contrast to his own courageous assertiveness when faced with anti-semitic abuse on a train journey, an incident he recounted to Martha 'with obvious

65 Stelio Crise, *Epiphanies and Phadographs: Joyce e Trieste*, 2nd edn (Milan: All'Insegna del Pesce D'Oro, 1994), p. 42.
66 Cf. Gatt-Rutter, p. 328; Anzellotti, *La villa di Zeno*, pp. 50–2.
67 Svevo, *Epistolario*, p. 639.
68 Anzellotti, *Il segreto di Svevo*, p. 279.
69 *Il Corriere Israelitico*, 1899, p. 156; 1901, p. 30.
70 Cited in Gilman, *Freud, Race and Gender*, p. 16.
71 Freud, *The Interpretation of Dreams*, in *Standard Edition*, IV, p. 197.

pride'.[72] At high school Freud noted 'what it meant to belong to an alien race, and anti-Semitic feelings among the other boys warned me that I must take up a definite position';[73] also at university, he was expected to feel inferior because he was a Jew, which he resolutely refused to do: 'I have never been able to see why I should feel ashamed of my descent [...] I put up, without much regret, with my non-acceptance into the community [...] I was made familiar with the fate of being in the Opposition and of being under the ban of the "compact majority"',[74] a statement he reiterated in his address to the B'nai B'rith: 'as a Jew, I was prepared to be in the opposition and to renounce agreement with the "compact majority"'. He also recalled that this association of 'my Jewish brethren', of which he had been a member since 1897, was his first sympathetic audience when no one else in Vienna or Europe was listening.[75] Freud, unlike Italo Svevo, defiantly asserted his Jewish identity. In 1939 he told the London branch of the Yiddish Research Institute: 'You no doubt know that I gladly and proudly acknowledge my Jewishness'.[76]

What is this Jewish identity to which Freud refers? What is left, asks Stuart Hughes, when language and religion are gone? To which he answers, 'some submerged thread [...] a shared sensibility'; or in Freud's words, 'many dark emotional powers (*viele dunkle Gefühlsmächte*), as well as the clear consciousness of an inner identity, the familiarity of the same psychological structure' (*die Heimlichkeit der gleichen seelischen Konstruktion*).[77] It was an ethnic affinity which repeatedly found expression in his correspondence:

72 Cf. Wistrich, *The Jews of Vienna*, pp. 558–9.

73 Freud, *The Interpretation of Dreams*, p. 196.

74 Freud, *An Autobiographical Study*, p. 9.

75 *Letters of Sigmund Freud*, p. 368. See also Wistrich, *The Jews of Vienna*, pp. 565–6 on Freud and the B'nai B'rith lodge of Vienna.

76 Cited in Marsha L. Rozenblit, *The Jews of Vienna, 1867–1914: Assimilation and Identity* (Albany: State University of New York Press), p. 10. See also Gay, *Freud*, p. 597: 'In the late 1920s and 1930s he did more than refuse to deny his Jewish origins. He trumpeted them'.

77 H. Stuart Hughes, *Prisoners of Hope. The Silver Age of the Italian Jews 1924–1974* (Cambridge, MA, and London: Harvard University Press, 1983), pp. 9, 28; *Letters of Sigmund Freud*, his address to the B'nai B'rith, pp. 367–8.

in 1908, he wrote to Karl Abraham that 'you are closer to my intellectual constitution because of racial kinship' which Abraham reciprocated; to Sándor Ferenczi (1922), he articulated 'strange secret longings [...] from the heritage of my ancestors'; to the Italian psychiatrist Enrico Morselli (1926), he stated: 'I have a feeling of solidarity with my people (*mit meinem Volk*) and think with pleasure of the fact that you are a student of a man of my race, the great Lombroso'; to Arnold Zweig (1932), who had just returned from Palestine: 'we hail from there [...] our ancestors have [...] lived there [...] it is impossible to say what we have taken along in the blood and nerves [...] as a heritage from life in that country'.[78] Was it these Jewish qualities, these primordial feelings of solidarity, this common psychic structure that drew Svevo to Kafka's writings towards the end of his life?[79] Had he lived longer, would Svevo, like Freud, have acknowledged the disavowed part of himself, the Jew Ettore Schmitz?

78 Hilda C. Abraham and Ernst L. Freud, (trans. Bernard Marsh and Hilda C. Abraham), *A Psycho-Analytic Dialogue: The Letters of Sigmund Freud and Karl Abraham* (London: The Hogarth Press, 1965), pp. 34, 36; Gilman, *Freud, Race and Gender*, p. 35; Gay, *Freud*, pp. 601–2.

79 Cf. Ghidetti, p. 275.

ANNA MARIA ACCERBONI PAVANELLO

Poesia, arte e letteratura negli 'anni della psicanalisi' a Trieste: l'esperienza di Arturo Nathan[1]

Gli 'anni della psicanalisi'[2] costituirono una stagione culturale irripetibile per Trieste.

Trieste è stata la città che vide soggiornare Sigmund Freud, giovane studente di medicina per la sua prima ricerca,[3] la città che diede i natali a Edoardo Weiss, allievo diretto di Freud e fondatore del movimento psicoanalitico italiano, la città in cui, con grande anticipo rispetto al resto d'Italia, si praticarono trattamenti freudiani e che assistette tra il 1920 e il 1930 ad un infervorarsi quasi maniacale per tutto quello che sapeva di psicoanalisi, la città infine in cui l'intreccio tra psicoanalisi e letteratura e psicoanalisi e arte è testimoniato dall'opera di scrittori e artisti di riconosciuta grandezza.

Al problema dell'arte Freud aveva prestato sin dall'inizio molta attenzione, avendo maturato la convinzione che per la psicoanalisi 'artisti e poeti sono

1 Questa versione è basata dall'autrice su i suoi capitoli usciti in *Arte e Psicoanalisi nella Trieste del Novecento*, a cura di Anna Maria Accerboni Pavanello e Maria Masau Dan (Trieste: Museo Revoltella, 2004).

2 È stato Giorgio Voghera a denominare così gli anni tra il 1920 e il 1930 a Trieste, essendo stato testimone, da ragazzo, dell'interesse quasi travolgente che la psicoanalisi produsse nell'intellettualità triestina, paragonabile per l'intensità ad una sorta di 'ciclone'. Voghera preferisce la dizione francesizzata di 'psicanalisi' alla dizione più corretta di derivazione tedesca 'psicoanalisi'. Cf. *Gli anni della psicanalisi* (Pordenone: Studio Tesi, 1980).

3 Nel 1876 Freud, studente di Medicina, vinse una borsa di studio e fu mandato a Trieste per condurre una ricerca di biologia marina sull'anatomia delle anguille nella I. R. Stazione Zoologica sperimentale.

alleati preziosi', da prendere in attenta considerazione nella loro testimonianza, giacché 'nelle conoscenze dello spirito essi sorpassano di gran lunga noi comuni mortali ..., poiché attingono a fonti che non sono ancora state aperte alla scienza'.[4]

L'interesse della psicoanalisi per le opere degli artisti e dei poeti non poteva rimanere a senso unico, e molte avanguardie culturali in effetti, più o meno in tutta Europa, reagirono abbastanza presto dinanzi alle teorie di Freud, trasponendo, come nel caso del Surrealismo, con una sorta di presa in diretta, l'inconscio nell'arte, oppure, passando agli scrittori, lasciandosi più o meno influenzare, come, tra i primi, il triestino Italo Svevo in *La coscienza di Zeno*,[5] dalle concezioni psicoanalitiche.

Tra i poeti italiani un caso a sé fu Umberto Saba. Esponente di spicco di quella intellettualità ebraica triestina che fu coinvolta dal 'ciclone psicoanalitico', Saba, incalzato sin da giovane dalla nevrosi, decise, in seguito a una crisi depressiva più forte delle altre, di entrare in analisi alla fine degli anni venti con Edoardo Weiss. L'esperienza dell'analisi costituì, a detta di Saba, una svolta più che nella sua vita nella sua poesia, che celebrò con la raccolta *Il piccolo Berto*,[6] dedicandola a Weiss, per il cui tramite aveva ritrovato in analisi il proprio Io infantile.

Ma se Saba, tra i poeti, fu senza dubbio uno dei primi in Italia a sperimentare l'analisi, altrettanto avvenne per un altro artista triestino, la cui vicenda in rapporto a tale esperienza è molto meno nota ma non per questo meno significativa.

Si tratta del pittore Arturo Nathan: iniziò l'analisi con Weiss alla fine del 1921, prima dunque di Saba, e la concluse intorno al 1925. Per Nathan fu un'esperienza, più risolutiva che per Saba, un'esperienza che anch' egli registrò attraverso la sua arte. E quale migliore sismografo degli stati della propria interiorità per un pittore che ricorrere all'autoritratto?

4 Sigmund Freud, *Il delirio e i sogni nella 'Gradiva' di Wilhelm Jensen* (1907), in *Opere complete*, V, p. 264.

5 Italo Svevo, *La coscienza di Zeno*, 1 ed. (Bologna: Cappelli, 1923).

6 Umberto Saba, 'Il piccolo Berto' (1929–31) in *Il Canzoniere* (Torino: Einaudi, 1956).

Tra il 1923 e il 1926 Nathan si cimentò in una serie di autoritratti di grande suggestione, che testimoniano un percorso progressivamente chiarificatore e liberatorio.

Se non sono mancate le testimonianze di poeti e scrittori triestini che hanno vissuto, come protagonisti o interpreti indiretti, la stagione de 'gli anni della psicanalisi', la contemporanea arte figurativa triestina è stata molto meno considerata da questa particolare visuale.

Si tratta di una proposta di lettura che non intende naturalmente escludere tutte le altre possibili.

L'impiego dell'autoritratto in Arturo Nathan, collegato alla sua analisi e al suo percorso interiore e artistico, è, in quanto proposta interpretativa, il filo conduttore di questo capitolo.

La cultura triestina e la psicoanalisi

Svevo, Saba e 'la compagnia del caffè Garibaldi'

L'interesse per la psicoanalisi, che avrebbe prodotto un capolavoro della letteratura del '900 come *La coscienza di Zeno* di Italo Svevo e un tangibile rinnovamento nel *Canzoniere* di Umberto Saba, con dei risvolti meno evidenti ma altrettanto sottili e importanti per la pittura triestina a loro contemporanea, vanno contestualizzati all'interno di un ambiente e di un momento storico preciso, che è quello della Trieste tra gli anni venti e gli anni trenta. La città diventa in quegli anni l'avamposto delle teorie freudiane in Italia per la presenza di Edoardo Weiss, il primo a praticarvi in Italia con l'avallo diretto di Freud la psicoanalisi come terapia.

Sono anni di lento declino economico della città, perché il distacco dopo sette secoli di Trieste dall'Impero asburgico con l'annessione all'Italia, vissuta dalla maggioranza della popolazione italiana con entusiasmo irredentista, trasforma in maniera radicale e irreversibile la posizione e il ruolo storico della città.

Sono anni in cui, come testimonia Giorgio Voghera, la psicoanalisi diventa una sorta di 'coscienza infelice' di una generazione di intellettuali,[7] nella maggior parte ebrei, che per la loro formazione liberale e mitteleuropea non potevano riconoscersi nell' ideologia fascista e nella sua visione dell'uomo. Sono anche anni che Trieste, crogiuolo di razze e religioni nell'800, per essere stata emporio mistilingue di commerci e di traffici 'senza tradizioni di cultura',[8] produce, come 'un'araba fenice' sorgente per ultima dalle ceneri di un'epoca storica definitivamente tramontata, una ricca fioritura culturale.

Letteratura e arti visive vengono praticate in una sorta di rimando, che costituisce un sottile, reciproco rispecchiamento.

Giani Stuparich propone in *Trieste nei miei ricordi* e in *Giochi di fisionomie*,[9] servendosi della scrittura, ritratti di un'evidenza visiva, molto vicina alla pittura, di scrittori come Italo Svevo, di poeti come Virgilio Giotti e di artisti, quali Vittorio Bolaffio, Ruggero Rovan, Marcello Mascherini.

7 Tra gli intellettuali triestini più noti interessati direttamente alla psicoanalisi vanno annoverati, oltre che Italo Svevo, Umberto Saba e la figlia Linuccia, Bobi Bazlen, Guido Voghera e lo sloveno Vladimir Bartol. Altri uomini di cultura come Virgilio Giotti e Giani Stuparich, pur essendo testimoni di tale interesse, furono più tiepidi nei confronti della scienza di Freud, se non addirittura contrari come il filosofo Giorgio Fano. Stuparich ha immortalato in *Trieste nei miei ricordi* questo gruppo di intellettuali amici come la 'compagnia del caffè Garibaldi', di cui fecero parte anche tra gli artisti lo scultore Ruggero Rovan e i pittori Vittorio Bolaffio, Tullio Silvestri e Vito Timmel. Di Timmel, definito 'pittore klimtiano e fantasioso decoratore', Stuparich scrive: 'Si sedeva spesso al nostro tavolo, sfoderando violenti paradossi nel suo gergo colorito e sboccato.' Giani Stuparich, *Trieste nei miei ricordi* (Milano: Garzanti, 1948), p. 14.

8 Cf. Scipio Slataper, 'Trieste non ha tradizioni di cultura', in *Scritti politici* (Roma: Alberto Stock Editore, 1925). Autore de *Il mio Carso* (Firenze: Libreria della Voce, 1918) e una delle promesse della letteratura triestina, prematuramente scomparso, immolatosi per l'italianità nella prima guerra mondiale, Slataper afferma nel 1912: 'Prima di tutto io sono un uomo. Poi sono un poeta (e non letterato). Poi sono triestino, cioè senza una tradizione letteraria, ma devo fare tutto da me e sopra un materiale storico ed etnico molto più intenso che per lo più.' Lettera a Gigetta, 28.01.1912, in *Alle tre amiche: lettere* (Milano; Verona: A. Mondadori, 1958).

9 Giani Stuparich, *Giochi di fisionomie* (Milano: Garzanti, 1942).

A loro volta alcuni pittori triestini ritraggono scrittori loro contemporanei, come nei casi più celebri, Umberto Saba da parte di Vittorio Bolaffio e Italo Svevo da parte di Leonor Fini.

Fino ad arrivare da parte di uno scultore come Rovan a proporre un busto dell'amico pittore Bolaffio, che lo ritrae sulla tela proprio nella postura abituale, con cui accoglieva i visitatori nel suo studio, descrittaci puntualmente da Stuparich.

Saba, legato da amicizia fraterna a Bolaffio, in *La brama*, dedicata 'alla venerata memoria' dell'amico da poco scomparso, proporrà a sua volta ricorrendo ai versi un ritratto del pittore di toccante visività:

> Con gli amici talvolta / di te gioco mi prendo, assidua brama. / E v'ha tra questi uno a me caro, triste / fra i tristi, e nell'aspetto / della vita il più domo. / Gioie non ha, ch'io sappia, / da te, ma lutto d'uomo. / Devotamente egli la mano stende, / che d'ansia trema, a colorir sue tele. / Sopra vi pinge vele / nel sole, accesi incontri / di figure, tramonti sulle rive / del mare e a bordo, e su ogni cosa un lume / di santità, che dal suo cuore viene / e in lui si riflette.[10]

E sarà sempre un amico, il pittore Carlo Sbisà, a fissare in un ritratto Arturo Nathan, nell'insolita veste di motociclista, per sottolineare l'unica passione cui era dedito e disposto a concedersi. Tutto questo sullo sfondo di un ambiente esogamico, ben rappresentato da 'la compagnia del Caffè Garibaldi', fissato a imperitura memoria nelle pagine di Stuparich, che produce, percependosi al margine e come frustrato per la sua estraniazione dalla cultura italiana dominante, scrittori di notevole grandezza e pittori originali e creativi.

In pittura la figura più significativa de 'gli anni della psicanalisi' è Arturo Nathan,[11] mentre gli esponenti molto più noti e conosciuti di

10 Saba, 'La brama' in 'Cuor morituro' (1925–30) in *Il Canzoniere*.

11 Malgrado la sua tendenza ad appartarsi, Nathan fu molto legato a Bobi Bazlen, giovane critico letterario e futuro 'maître à penser' dell'editoria italiana, frequentò Umberto Saba e conobbe Italo Svevo. Tra i critici triestini lo apprezzarono, interessandosi alla sua pittura, Silvio Benco e Umberto Apollonio. Cf. 'Testimonianza della sorella Daisy' in *Arturo Nathan. Illusione e destino*, a cura di Vittorio Sgarbi (Milano: Fabbri Editore 1992).

questo ambiente sul versante letterario sono per l'appunto Italo Svevo e Umberto Saba, entrambi profondamente influenzati anche se in maniera diversa dalla scienza di Freud.

Italo Svevo afferma di aver conosciuto e di essersi interessato alla psicoanalisi molto presto. L'occasione di una conoscenza di prima mano gli si offerse infatti già nel 1910, quando 'un amico nevrotico corse a Vienna per intraprenderla', aggiungendo che 'l'avviso dato a me fu l'unico buon effetto della cura', perché dopo due anni di analisi con lo stesso Freud, 'ritornò [...] distrutto: abulico come prima ma con la sua abulia aggravata dalla convinzione ch'egli essendo fatto così, non potesse agire altrimenti'.[12]

L'amico nevrotico in realtà era un parente: si trattava di Bruno Veneziani, unico figlio maschio e ultimo rampollo di quella dinastia familiare in cui Italo Svevo entrò con il suo matrimonio, trasformandosi nel facoltoso imprenditore, fabbricante di vernici, Ettore Schmitz.[13] Bruno Veneziani era coetaneo e amico di Weiss sin dall'epoca del ginnasio ed era stato proprio Weiss ad indirizzarlo a Freud.

Svevo peraltro conosceva bene Weiss e a lui si rivolgerà nel 1923 per una recensione 'psicoanalitica' del suo romanzo, subendo una risposta negativa, gentile ma ferma, perché lo psicoanalista triestino non vi aveva ravvisato elementi di un qualche interesse analitico.[14]

L'esperienza fallita del cognato pesò più di quanto Svevo faccia intendere sulle sue sostanziali riserve nei confronti della psicoanalisi e sul modo in cui ne *La coscienza di Zeno* la cura psicoanalitica viene maliziosamente impiegata come stratagemma letterario o come 'mezzo ottico di rifrazione',

12 Italo Svevo, 'Soggiorno londinese' in *Teatro e saggi*, a cura di Nunzia Palmieri e Fabio Vittorini (Milano: Mondadori, 2004), p. 897.

13 Sulla singolare figura di Bruno Veneziani, che mise in crisi il perbenismo borghese della sua famiglia, si sofferma a lungo Fulvio Anzellotti, pronipote di Svevo, in *La villa di Zeno* (Pordenone: Studio Tesi, 1991).

14 Sui rapporti intercorsi tra Svevo e Weiss, molto più rilevanti di quanto si è supposto: Cf. Anna Maria Accerboni, 'Psicoanalisi e scrittura. La sfida di Italo Svevo', in *Origini e sviluppi della psicoanalisi applicata*, a cura di Anna Maria Accerboni (Lavarone: Edizioni Centro Studi Gradiva, 1992), e Anna Maria Accerboni, *Trieste nella psicoanalisi. Prigionieri in riva al mare* (Trieste: Lint, 2002).

che, pur costituendo il filo conduttore delle vicissitudini della coscienza o non coscienza del personaggio sveviano, viene alla fine depotenziata e liquidata. Una conferma della convinzione profonda, maturata da Svevo nel corso degli anni, che spiega le sue sottili ma non per questo meno incisive resistenze per le pretese della psicoanalisi come terapia: 'E perché voler curare la nostra malattia? Davvero dobbiamo togliere all'umanità quello che essa ha di meglio?'[15]

Molto diverso il percorso che portò Umberto Saba alla psicoanalisi e molto più coinvolgente il suo interesse per Freud. Perseguitato sin dalla giovinezza dalla nevrosi, nel 1929, in seguito ad una crisi più grave delle altre, con una disperazione che l'aveva portato vicino al suicidio, iniziò un'analisi con Weiss.[16] Fu un'esperienza determinante, vissuta come una svolta, che Saba non si stancò mai, prima di magnificare, poi di rimpiangere, quando nel 1931 per il trasferimento di Weiss a Roma, la sua analisi s'interruppe.

Più che la sua vita, la psicoanalisi trasformò, illimpidendo e rasserenando, la sua poesia. Con questa convinzione Saba si servì difensivamente dell'esperienza analitica come esplicitamente ammise, mettendo in bocca a Freud questo giudizio espresso al suo analista su di lui: 'Non credo che il suo paziente potrà mai guarire del tutto. Al più uscirà dalla cura più illuminato su se stesso e gli altri. Ma se è un vero poeta, la poesia rappresenta per lui un compenso troppo forte alla nevrosi, perché possa interamente rinunciare ai benefici della malattia'.[17]

Gli apporti della psicoanalisi in effetti si limiteranno in Saba a puntellare un progetto onnipotente quanto illusorio di autoguarigione.

La partenza di Weiss da Trieste e il suo successivo trasferimento nel 1938 in America, che riacutizzerà nel poeta il trauma della precedente

15 Italo Svevo, 'Lettera a V. Jahier', in *Carteggio* (Milano: Dall'Oglio, 1965), p. 239.

16 Per un approfondimento dell'analisi di Saba e dei suoi rapporti con Weiss: Cf. *Trieste, Saba e la psicoanalisi*, a cura di Anna Maria Accerboni Pavanello (Catalogo Mostra, Comune di Trieste 1983); Anna Maria Accerboni Pavanello, 'Il mito personale di Umberto Saba tra poesia e psicoanalisi', in *Rivista di Psicoanalisi*, 30: 4 (1984); Anna Maria Accerboni, *Trieste nella psicoanalisi*, cit.

17 Umberto Saba, *Storia e Cronistoria del Canzoniere* (Milano: Mondadori, 1948), p. 204.

separazione, porterà Saba ad un' idealizzazione nostalgica del suo analista e della psicoanalisi per sentirsi ancora sostenuto nelle periodiche, cicliche crisi della sua nevrosi.

Nell'occhio del 'ciclone': Edoardo Weiss

'Ma quella corrente che, nei primi anni dell'altro dopoguerra' – scrive Giorgio Voghera – 'è discesa da Vienna a conquistare l'Italia passando per Trieste, la psicanalisi intendo dire, più che una corrente è stata un ciclone [...] Tutti gli adulti che vivevano attorno a me: genitori, congiunti, amici, conoscenti ne sono stati letteralmente travolti.'[18] Ma il fattore che più degli altri 'ebbe a determinare l'estrema violenza del piccolo ciclone psicanalitico triestino fu la personalità di chi aveva portato la psicanalisi a Trieste: di Edoardo Weiss'.[19]

Lo psicoanalista triestino, da poco ritornato in città da Vienna, dove si era laureato in Medicina e aveva contemporaneamente acquisito una

18 Voghera, *Gli anni della psicanalisi*, p. 3.

19 Ibid., p. 6. Edoardo Weiss (1889–1970) nasce a Trieste da madre triestina e da padre ebreo boemo, trasferitosi da giovane in città per iniziare un'attivita di industriale oleario. Finiti gli studi ginnasiali si reca nel 1908 a Vienna, per avvicinare Freud con l'intenzione di dedicarsi alla psicoanalisi. Terminata la sua analisi personale con Paul Federn, si laurea in Medicina, specializzandosi in Psichiatria. Ritornato nella sua città natale, vi rimane fino al 1930. Nel 1931, dopo aver dato nel 1927 le dimissioni dall'Ospedale psichiatrico per non aver italianizzato il suo cognome e per non essersi iscritto al Partito Nazionale Fascista, si trasferisce a Roma. Nel 1932 fonda la Società Psicoanalitica Italiana, insieme alla *Rivista italiana di psicoanalisi*, e forma intorno a lui un primo gruppo di seguaci e allievi, tra cui si annoverano Emilio Servadio, Nicola Perrotti e Cesare Musatti. Nel 1938 a causa delle leggi razziali, Weiss si trasferisce in America, dove diventerà uno dei decani dell'Istituto di psicoanalisi di Chicago. Muore nel 1970 dopo aver dato alle stampe il suo importante carteggio con Freud, *Sigmund Freud as a Consultant*. Della sua vasta produzione scientifica, vanno almeno menzionati, in lingua italiana, *Elementi di psicoanalisi* (1931) e *Agorafobia, isterismo d'angoscia* (1936); in lingua inglese, i *Principles of Psychodynamics* (1950), *Structure and Dynamics* of *the Human Mind* (1960), e *Agoraphobia in the light of Ego Psychology* (1964).

formazione psicoanalitica, avvalorata da Freud con la sua ammissione già nel 1913 nella Società Psicoanalitica Viennese, si trovò per l'appunto ad essere, suo malgrado, proprio nell' occhio di quel ciclone.

Nella sua pratica di psicoanalista si trovò ad essere letteralmente perseguitato da un interesse quasi morboso per la scienza di Freud, che, se lasciava freddi i colleghi psichiatri, infiammò per l'appunto gli intellettuali triestini, soprattutto di origine ebraica.

Per Weiss – come ci spiega Voghera – fu tutt'altro che facile, se non impossibile, far rispettare ai 'patiti' della psicoanalisi, che erano quasi tutti 'amici e conoscenti personali, o per lo meno amici di amici e conoscenti di conoscenti', le condizioni di 'neutralità', indispensabili ad un proficuo lavoro analitico, visto che 'nelle loro relazioni con lui passavano continuamente dal ruolo di amici a quello di discepoli o studiosi dilettanti ed a quello di pazienti'.[20]

Si trattava, sottolinea sempre Voghera, almeno nella maggioranza dei casi, 'non di "neurotici comuni", come lo sono quasi tutti gli umani su questa terra, ma di neurotici gravemente tormentati dalla propria nevrosi',[21] come fu sicuramente il caso di Umberto Saba.

Nel carteggio intercorso tra Freud e Weiss, un corpo di lettere a suo modo unico di consulenza e di supervisione clinica, pubblicato in America appena nel 1970, appare come in controluce questo inquieto, a volte ineffabile, ambiente triestino, attraverso la descrizione dei pazienti per i quali Weiss si rivolse a Freud per un consiglio professionale.[22]

A proposito invece della ricezione della scienza di Freud a Trieste, avvenuta con grande anticipo rispetto al resto d'Italia, si è tanto insistito sulla mediazione dell'opera di Svevo e di Saba, privilegiando il canale letterario di tale ricezione, con l'intento di assicurarne l'autonomia, ma trascurando, in una vera e propria inversione di priorità, la diretta matrice analitica, rappresentata da Edoardo Weiss.

20 Voghera, *Gli anni della psicanalisi*, p. 9.

21 Ibid., p. 4.

22 Edoardo Weiss, *Sigmund Freud as a Consultant* (New York: Intercontinental Medical Book Corporation, 1970).

Se tanti intellettuali triestini tra il 1920 e il 1930, tra cui oltre Saba va per lo meno menzionato Bobi Bazlen,[23] furono così presi dalla scienza dell'Inconscio, lo si deve alla presenza di Weiss in città e all'interesse in loro destato dal suo operare. Un interesse però che certamente non fu incoraggiato dallo psicoanalista triestino, perché intralciava la sua pratica professionale.

Weiss, in cuor suo, probabilmente non riteneva opportuno, per il compito di cui si sentiva investito di introdurre la scienza di Freud in Italia, favorire una contaminazione tra ciò che competeva in senso stretto alla psicoanalisi e forme letterarie di appropriazione. Questo spiega anche il giudizio da lui espresso su *La coscienza di Zeno*, sollecitato peraltro da una richiesta di recensione da parte dello stesso Svevo.

Svevo d'altronde pur avendo, nella sua conoscenza diretta della psicoanalisi, un qualche debito nei confronti di Weiss, almeno per quanto riguarda la storia del cognato, si colloca, con il suo interesse non privo di riserve, in una posizione autonoma nel panorama triestino dei 'patiti' della scienza di Freud.

Ma in questo panorama è proprio il caso di Arturo Nathan e della sua pittura ad essere, anche se meno noto,[24] il più emblematico: l'esperienza dell'analisi con Weiss fu da tutti considerata importante e fondamentale per il pittore, ma rimase però al margine per la comprensione dei suoi autoritratti e della sua produzione pittorica.

L'incontro con la psicoanalisi fu per Nathan invece ancora più importante che per Svevo e che per lo stesso Saba, perché fu un'esperienza

23 Voghera a proposito di Bazlen racconta : 'Pareva egli non prendesse troppo sul serio la psicanalisi o almeno non volesse confondersi coi fanatici ammiratori di Freud e di Weiss. Ma egli si procurava tutti i libri sull'argomento che uscivano allora ed era informatissimo di tutto. Solo dopo la sua morte seppi con certezza (benchè lo sospettassi da tempo) che Weiss era stato anche il suo medico analista per un lungo periodo.' (*Gli anni della psicanalisi*, p. 25).

24 Voghera non nomina Nathan tra i triestini che s'interessarono alla psicoanalisi o furono pazienti di Weiss, limitandosi nella sua descrizione all'ambiente di intellettuali e letterati. Solo con la pubblicazione nel 1970 del carteggio *Sigmund Freud as a Consultant* si vennero a sapere elementi più precisi e determinanti sull'analisi di Nathan.

esistenziale più profonda e incisiva. Un'esperienza esistenziale in grado di sbloccare in lui quella creatività, che fece sì sbocciare 'il fiore della desolazione fantastica',[25] ma lo rese unico e assolutamente originale non solo nel panorama della pittura triestina ma anche in quella italiana.

Weiss quando nel 1931 se ne andò da Trieste per trasferirsi a Roma, attuando quella che Voghera definisce 'una fuga per legittima – e quanto legittima difesa', non immaginava certo il debito che la cultura triestina gli doveva per quei dieci anni trascorsi nella sua città operando come psicoanalista esperto e fedele seguace di Freud.

L'autoritratto come cifra della pittura e della vita

> L'artista, il suo volto, il suo io: molto spesso un autoritratto vale più di tanti quadri e molto di più delle parole per comprendere gli intenti di un'artista. Può comunicare quello che l'artista confessa di essere. Può dirci come l'artista vuole che gli altri lo vedano. Può rivelare quello che l'artista nel momento in cui si è visto riflesso, inconsciamente pensava di se stesso [...] L'autoritratto è il sublime ricordo del mito di Narciso[26] [...] È allegoria e emblema, racconto e menzogna. Può essere finzione assoluta o verità inconscia.[27]

25 Cf. G. Montenero, 'Nella città del realismo borghese il fiore della desolazione fantastica', in *Quassù Trieste*, a cura di Libero Mazzi (Bologna: Cappelli, 1968).

26 Narciso è il fondatore mitico dell'autoritratto, come scrive cogliendo nel segno Alberto Boatto: 'Quale personaggio intravvediamo venirci incontro dal fondo dello specchio e affiorare in sovrapposizione sui volti che ci guardano dalle pareti bianche dei musei di tutto il mondo? Non sarà forse la figura carica di seduzione di Narciso? Certo l'adolescente ha compiuto la mossa capitale, ha aperto il cammino, sporgendosi sulla limpida fonte. In tal caso il riquadro della tela acquista il medesimo valore della pozza d'acqua su cui si è trattenuto a lungo il giovinetto sdegnoso per poi sparirvi'. *Narciso infranto: l'autoritratto moderno da Goya a Warhol* (Bari: Laterza, 2002), p. 13.

27 Maurizio Fagiolo dell'Arco, 'Teoria dell'autoritratto', in *Narciso '900* (Catalogo Mostra, Ferrara, 1995), p. 17. Nella tradizione dell'autoritratto come genere pittorico 'l'azione più semplice ed esteriore, istitutiva dell'identità, consiste nel fatto che l'autore stesso chiami la sua opera "autoritratto"'. L'artista però è solito ricorrere spesso, nell'ambito

Un punto di vista molto simile, in grado di giustificare la fortuna di un genere particolarmente praticato nella tradizione iconografica, è stato anche quello che ha guidato la scelta dei tre pittori triestini de 'gli anni della psicanalisi'.

Arturo Nathan, Vito Timmel e Cesare Sofianopulo sono stati accostati non solo per documentare attraverso l' impiego diversificato dell'autoritratto, che proprio in tale confronto diventa maggiormente significativo, il modo di percepirsi inconsciamente e proporsi consciamente, ma anche per cercare di cogliere le determinanti consce e inconsce di uno 'Zeitgeist', di un momento particolare della cultura triestina, sia letteraria che pittorica.

L'atmosfera culturale, sottesa alla pittura triestina degli anni trenta, portò alcuni tra i suoi più significativi esponenti a viversi come emarginati dalle correnti della contemporanea pittura italiana ed estraniati in rapporto a certi specifici orientamenti ideologici, legati anche nel campo dell'arte al fascismo. Un disorientamento quasi inevitabile si verifica quando gli ideali di comportamento sono posti in dubbio o quando i valori precedenti si trovano in una fase di transizione.

È stato proprio questo tipo di clima culturale, eclettico e poco prescrittivo in pittura, perché in bilico tra tradizione e nuovi orientamenti, a produrre, a mio avviso, un artista come Arturo Nathan. Una personalità retta e schiva, una sensibilità umbratile, un artista solitario che attinge quasi completamente dalla propria esperienza e sofferenza interiore il materiale della sua arte. Dopo aver fatto un'analisi e averla descritta servendosi di una serie di autoritratti,[28] approda alla rappresentazione del proprio mondo

---

della tradizione autorappresentativa, ad altri tipici stratagemmi come: 'dipingere se stesso nell'atto di dipingere o dipingersi; il raffigurare nel quadro lo strumento principe dell'autoriflessione, lo specchio, nel quale l'artista si è guardato per potersi ritrarre; oppure la rappresentazione dell'ombra portata, che va considerata, per una tradizione antichissima, un tipico simbolo dell'autorappresentazione e della duplicazione che la caratterizza'. F. Petrella, 'Autorappresentazione con o senza autoritratto', presentato al International Symposium, *The Self-Representation in Psychoanalysis and Art*, Firenze 27–9 aprile 2001, inedito, p. 2.

28 Nel caso di Nathan, abbiamo conferma di quella che è considerata una svolta nella pratica dell'autoritratto, tipica del '900, rinunciare, cioè, alla fedeltà dell'immagine speculare. La nuova posizione l'esprimeva già nel 1904 Paul Klee nei suoi *Diari*:

interiore, con una coerenza e fedeltà che riflette una forte tensione etica. Tutto raccolto in se stesso, si lascia guidare nella sua arte dall'autopercezione, raffinata attraverso l'analisi, dei propri stati d'animo, che produce un' autoscopia di grande coerenza rappresentativo-simbolica.

Gli 'anni della psicanalisi' a Trieste, nei suoi riflessi tanto letterari che figurativi lascerebbero riconoscere insomma precise particolarità strutturali; ed è questa l'ipotesi che avanziamo nella nostra proposta interpretativa, centrata su Arturo Nathan, con l'impiego anche di quegli strumenti che la psicoanalisi dell'arte,[29] da Freud a oggi, ha approntato per la comprensione psicologica dell'artista e della sua opera.

Arturo Nathan: il paesaggio dell'interiorità

'Caro Dottore, dalla eccellente descrizione teorica del suo paziente, posso solo dedurre che può trattarsi di una "depressione semplice". Questa affezione è stata poco studiata, ma deve essere accessibile all'analisi. Provi a

---

'Compito scherzoso: ritrai te stesso senza specchio, senza le illazioni che riceveresti dalla tua immagine riflessa ... Esattamente come ti vedi con l'occhio della mente, senza guardarti' (pp. 189–90) cit. da Petrella in 'Autorappresentazione con o senza autoritratto'.

29 Simona Argentieri ha giustamente rilevato come, facendo ricorso agli strumenti interpretativi della psicoanalisi, sia fin 'troppo invitante' e apparentemente 'facile' misurarsi con l'autoritratto. Ma non si deve dimenticare che, tra il momento del rispecchiamento e il momento dell' autorappresentazione sulla tela da parte dell'artista, intercorre un lasso di tempo, in cui è la mente che interviene a fissare, conservare, elaborare l'immagine del sé. Nel caso dell'autoritratto quindi 'ci dobbiamo confrontare con qualche insidia in più'. Questo perché già 'nel caso di un sogno, di un discorso, di un romanzo – ed anche di un ritratto – si dovrebbe sospettare che la parte che esplicitamente dice "io" sia una sorta di specchietto per le allodole; e che gli ingenui uccellini siano tanto chi guarda, legge, ascolta quanto chi scrive, parla, sogna, si dipinge'. Simona Argentieri, 'Autoritratto, Io narrante e rappresentazione di sé', presentato all'International Symposium, *The Self-Representation in Psychoanalysis and Art*, Firenze 27–29 aprile 2001, inedito, p. 5.

continuare con pazienza!'[30] Così Sigmund Freud scriveva nell'aprile del 1922 al suo seguace ed allievo Edoardo Weiss, che aveva da alcuni mesi preso in analisi a Trieste un giovane pittore. Si trattava di Arturo Nathan, la cui 'depressione non melanconica' – come sottolinea Weiss – 'si esprimeva anche nei soggetti dei suoi quadri: rovine e cadaveri di animali', aggiungendo che in occasione di una sua visita a Vienna aveva fatto anche vedere a Freud 'le riproduzioni di questi bellissimi quadri'.

Secondo Freud il nodo conflittuale del giovane, promettente pittore consisteva 'in una semplice fissazione materna, molto pronunciata', per cui la difficoltà maggiore nel proseguire e nell'evolversi del trattamento Weiss l'avrebbe incontrata 'nel fatto che il paziente deve tenere nascosta questa relazione a Lei, in quanto uomo, figura paterna'.[31]

Freud insomma aveva subito centrato il caso su un irrisolto conflitto edipico col padre, facendo derivare dalla rivalità edipica anche la fissazione inconscia alla madre, pure all'origine delle resistenze di transfert[32] con Weiss, che aveva nei primi tempi reso poco produttive le sedute del giovane pittore.

Nelle lettere scambiate con Freud, Weiss accenna anche alla storia famigliare del suo paziente, al fatto che viveva con la madre privo di una figura paterna di riferimento, insistendo sul fatto che il miglioramento in Nathan cominciò a prodursi quando venne reso gradualmente consapevole della sua fissazione, permettendo allo stesso tempo di scoprire in maniera sempre più evidente che aveva sentito la mancanza del padre.

La rimozione del suo attaccamento alla madre era all'origine della sua vita infelice – ebbe modo di spiegargli Weiss – servendosi di un' analogia

30 Weiss, *Sigmund Freud as a Consultant*, p. 30; edizione italiana, *Sigmund Freud come consulente* (Roma: Astrolabio, 1970), p. 52.

31 Ibid., p. 52.

32 Freud, nel mettere a punto il metodo da impiegare nella terapia delle nevrosi, scoprì il transfert o traslazione, cioè la tendenza inconscia dei pazienti a rivivere più che a ricordare il conflitto rimosso, trasferendolo nella relazione con l'analista. Il transfert nel trattamento psicoanalitico è la resistenza più difficile da superare ma insieme lo strumento indispensabile, più importante, della cura. Cf. Sigmund Freud, *La dinamica della traslazione*, in *Opere complete*, VI.

economica: 'se uno mette in banca il suo denaro e poi si dimentica dove l'ha messo, non può più spenderlo'.[33] Nathan cioè avrebbe avuto a disposizione poca energia pulsionale, poca 'libido' da investire nel mondo esterno perché tutta investita inconsciamente nella sua fissazione edipica alla madre.

Nel suo primo quadro, *Fiume tropicale* del 1921, anno in cui entra in analisi con Weiss, Nathan rappresenta puntualmente questo stato interiore, questa 'depressione semplice', questa bonaccia pulsionale, con l'immagine di un natante statico su un fiume esotico dalla calma devitalizzante ed inquietante. Da quel momento in poi, risolvendo gradualmente il blocco che gli impediva di dipingere, egli registrerà e presenterà, dedicandosi esclusivamente per alcuni anni all'autoritratto, le tappe di un percorso verso un' autoconsapevolezza dolorosa ma liberatoria che, con l'ausilio dell'analisi, lo porterà ad accettare un destino, per cui l'arte diventerà la sua scelta di vita.

I momenti di maggiore crisi in tale presa di coscienza, man mano che l'analisi procedeva, sono rivelati da due autoritratti, *L'evocatore* del 1923 e *L'asceta* del 1924. Sempre al 1924 risale anche un altro *Autoritratto*, in cui Nathan, il volto un po' di profilo, si propone quasi ammiccante in un'immagine realistica di sè. È l'unico dei suoi autoritratti che ha queste caratteristiche di realtà e si differenzia da tutti gli altri proprio per la postura.

Ma anche questo autoritratto è significativo per la sua esperienza analitica in corso, perché traduce la capacità di Nathan, requisito indispensabile per il lavoro analitico, di conservare il senso di realtà pur confrontandosi con i fantasmi del proprio Inconscio, per collaborare a livello di Io con l'analista nel mantenere quella alleanza terapeutica, che sola permette di superare le insidie delle vicissitudini del transfert.

Il primo frutto di questa collaborazione fu la pronta accettazione, da parte di Nathan, del consiglio di Weiss di impegnarsi in una attività pratica[34]

33 Weiss, *Sigmund Freud as a Consultant*, p. 31, edizione italiana, p. 53.

34 Nathan accettò l'offerta di un amico di tenere la corrispondenza commerciale della sua ditta. Nathan ebbe due sorelle, una morta molto giovane, l'altra Daisy, da cui lo separava una grande differenza di età, che si allontanò da Trieste molto presto in seguito al matrimonio, andando a vivere a Roma. Weiss accennando alla situazione famigliare di Nathan, probabilmente per ragioni di discrezione nei confronti del

oltre che di liberare la sua passione per la pittura, per uscire dall'immobilità della sua depressione.

Nathan, nella sua natura schiva non esibirà mai la sua analisi né se ne compiacerà come tanti personaggi dell'intellettualità ebraica triestina, primo fra tutti il poeta Umberto Saba, che ne parlerà fin troppo anche se per magnificarla. Egli visse l'analisi come un'esperienza troppo preziosa, intima, autentica per indulgere a questi aspetti esteriori, delegando alla sua pittura di tradurla.

In *L'evocatore* del 1923, che già nella scelta del titolo è il preannuncio di un confronto con parti di sé estremamente dolorose da fronteggiare, Nathan si rappresenta su uno sfondo paesaggistico corrusco ed inquietante che, nei colori bui e rossastri e nella luce livida, fa pensare alla landa inesplorata dell'inconscio. Dallo sfondo emerge un'autorappresentazione molto significativa delle difficoltà in cui egli si dibatteva: la parte bassa del corpo, che quasi fuoriesce da una cavità della terra, è fasciata fino a metà vita, nella maniera in cui si usava fasciare i neonati fino ai primi anni del secolo scorso, per immobilizzarli; mentre il busto è libero e teso verso il movimento del braccio e della mano che impugna una sorta di frusta, con cui evocare ma forse anche allo stesso tempo cercare di controllare una pulsionalità eccessiva.

L'immagine della fasciatura ottocentesca, bloccante nei movimenti il neonato, indica in che misura la fissazione inconscia alla madre aveva originato in Nathan l'impossibilità di accedere alle proprie pulsioni, tanto più minacciose nella loro urgenza e, quindi da domare, nel momento in cui le si evocava. Ma la frusta dell'evocatore potrebbe anche rappresentare la severità del padre, di cui il pittore sperimentò la forza inibitrice dei divieti. Un padre dalle origini ebraico – orientali, proveniente dall'India e di nazionalità inglese, che durante la prima guerra mondiale sparirà,[35] abbandonando

---

paziente, mai nominato peraltro con il suo nome, lo descrive come figlio unico di madre vedova.

35 Il padre di Nathan, la cui famiglia ebraica era originaria di Bagdad, era nato in India e come tale aveva la cittadinanza inglese. Fatta fortuna con il commercio, in occasione di una visita alla sorella, sposatasi con un triestino, incontrò la futura moglie, l'ebrea triestina Alice Luzzato, decidendo di restare a Trieste. Durante la prima guerra

la famiglia e la madre, dopo averlo condizionato nella scelta professionale e non avergli permesso di seguire la sua vocazione filosofica.

La sofferenza derivante da un' identificazione impossibile, legata ad un bisogno frustrato di una figura paterna su cui modellarsi, è pienamente espressa nell'autoritratto successivo. In *L'asceta* del 1924 Nathan si autorappresenta con un'espressione sul volto di estrema sofferenza, le mani incrociate in primo piano, vestito di una casacca e di un copricapo indiano, sullo sfondo di una città irreale, circondata da mura con una doppia via di accesso alle porte, che riprende nella luce livida e nei colori l' autoritratto precedente.

Che l'identità maschile si giochi in una riuscita identificazione con il padre nella costruzione del proprio Ideale dell' Io,[36] come era peraltro emerso ad un certo punto nell'analisi con Weiss, che per Nathan rappresentò molto probabilmente non solo una figura non autoritaria e passivizzante, contrariamente al padre reale, ma anche narcisisticamente supportiva, è confermato dal più famoso dei suoi autoritratti del 1925, *L'uomo con gli occhi chiusi.*

Il pittore, che sceglie non a caso come tecnica la matita su carta, proponendoci un autoritratto in bianco e nero, si rappresenta di fronte con gli occhi chiusi e vestito di tre strati: Il primo strato, la sua prima pelle, è un camice, il suo camice di pittore, da cui emerge il collo degli abiti di ogni giorno, ma l'ultima pelle, il vestito che sta più sotto, è la casacca indiana con cui si era presentato in *L'asceta* del 1924, rivelando la sua sofferenza

---

mondiale, dovette allontanarsi dalla città, come cittadino di una nazione nemica dell' Impero asburgico, e vennero perse le sue tracce. Cf. 'Testimonianza della sorella' in *Arturo Nathan. Illusione e destino.*

36 Il superamento del complesso edipico, il suo 'tramonto' fisiologico, avviene secondo Freud intorno ai quattro, cinque anni, concludendo il primo periodo di evoluzione della 'libido'. Nel caso il complesso edipico sia stato ben superato, il bambino, rinunciando alla rivalità col padre nel suo amore per la madre, s'identifica con la figura paterna, su cui fonderà la propria normatività interna o Super Io e insieme il proprio modello di riferimento narcisistico o Ideale dell'Io. Cf. Sigmund Freud, *Il tramonto del complesso edipico* (1924), in *Opere complete*, X.

ma insieme il suo bisogno di identificazione con quella figura paterna che di quella sofferenza era stata all'origine.

L'uomo dagli occhi chiusi rappresenta certamente una svolta nella sua analisi, perché con questo presentarsi ad occhi chiusi, con un'espressione di riconciliazione rilassata sul volto, sullo sfondo di una città metafisica con in primo piano un viadotto su cui passa il trenino della vita che fuori scorre, egli ci comunica di privilegiare la visione interiore, di essere approdato al proprio mondo interno di cui sarà espressione la sua arte e da cui lascerà praticamente fuori la realtà.

Egli diventerà '*L'asceta*' dell'arte, e così si rappresenta appunto in un altro famoso autoritratto del 1926, sempre una matita su carta ma con l'impiego del colore: le mani incrociate, ieratiche in primo piano, aggiunge alla casacca indiana, sua prima pelle, un velario da monaco, che circonda il viso, in cui gli occhi, dall'iride incredibilmente azzurra, fissano penetranti.

Questo ascetismo avrà un alto prezzo, lo esilierà dalla vita. Ed è così che Nathan si propone in un altro autoritratto dalle suggestioni metafisiche del 1928, *L'esiliato*: seduto in primo piano, come sospeso su di un cubo verde posato su una spiaggia, il volto abbassato e contrito rivolto verso terra, il corpo costretto in una specie di sudario-camicia di forza, ha alle sue spalle, oltre la linea dell'arenile animato da oggetti inquietanti, due strisce di mare, da cui emergono guizzando delle balene: il mare dell'Inconscio insieme alla rappresentazione simbolica del materno primigenio, verso una regressione simbiotica che protegga e metta al riparo, come il Giona biblico nel ventre della balena.

Questo suo rivolgersi al simbolico[37] come espressione privilegiata e fisiologica della sua interiorità, ci viene rivelato e confermato ancora da

37 Freud descrisse il simbolismo come una risorsa arcaica della psiche, come un linguaggio per immagini ereditato dalla filogenesi, fissato nel suo potenziale rappresentativo e saturo di significato, a cui si ricorre sopratutto nella formazione del sogno. Carl G. Jung vi vide l'espressione dell'Inconscio collettivo. La psicoanalisi contemporanea ritiene il simbolo più che un travestimento, di cui si serve il rimosso, o una rivelazione dell' 'Archetipo', un modo di funzionare della mente legato ad un esito relazionale. Un approfondimento del significato etimologico della parola simbolo chiarisce la sua natura: 'sumballein' in greco era una modalità di riconoscimento, per cui chi

un altro autoritratto precedente di qualche anno, *Scogliera incantata* del 1925.[38]

In un paesaggio marino, che ha del fiabesco e in cui le tonalità di colore pastello[39] ricordano *L'esiliato*, Nathan è seduto in riva al mare, con indosso il camice di pittore. Questa volta si propone di spalle con il viso leggermente di profilo e lo guardo indirizzato alla scogliera di destra, su cui sporge, su uno spuntone di roccia, un drago. A sinistra un'altra scogliera fa da quinta al mare e da essa sporgono più in alto una colonna, più in basso una statua, una specie di fallico atleta greco, mentre dal mare sullo sfondo, quasi sommerso, emerge un natante-boa, che ricorda quello del *Fiume tropicale*.

Il pittore ci rappresenta visivamente così la sua propensione, il suo approccio al simbolico, descrivendoci, nella messa in scena di *Scogliera*

---

possedeva la metà di una moneta spezzata poteva riconoscere in chi possedeva l'altra metà la persona o il messaggio atteso. L'idea di simbolo si lega allora a quella di unioni di parti diverse, che insieme generano un significato nuovo e trasmettono un messaggio. Umberto Boccioni scriveva nel 1982, considerando il simbolo il prodotto di un'unione creativa: 'Bisogna considerare l'opera d'arte come costruzione di una realtà nuova interna che gli elementi della realtà esterna concorrono a costruire per una legge di analogia plastica quasi completamente sconosciuta prima', cit. in A. Ferro, 'Note sul processo di simbolizzazione', *Rivista di psicoanalisi*, 32: 4 (1986), p. 535.

38 Un altro autoritratto sempre del 1925, intitolato *Il pomeriggio d'autunno*, potrebbe essere considerato l'antecedente di *Scogliera incantata*: Nathan si propone di spalle sopra una specie di terrapieno erboso, che divide due sentieri che portano ad un muro. Davanti al muro si trova il pittore che scruta un qualcosa di non ben definito oltre l'orizzonte; mentre del mondo che si trova più in basso, al di là del muro, si intravedono i profili di due cipressi che a destra e a sinistra tagliano i tetti assolutamente simmetrici di due case. In *Il pomeriggio d'autunno* si potrebbe ipotizzare che Nathan abbia rappresentato il suo desiderio e insieme la sua difficoltà di arrivare a vedere quello che sta metaforicamente oltre il muro, quello che si staglia nel suo orizzonte interiore che ci verrà presentato in *Scogliera incantata*.

39 L'impiego di colori pastello accomuna i tre autoritratti, *Il pomeriggio d'autunno*, *Scogliera incantata*, *L'esiliato*, in cui Nathan coglie se stesso nella contemplazione della propria interiorità. Questo fa pensare che la scelta del colore non sia stata casuale, perché trasporta in una atmosfera onirica, da fiaba, consona ad una dimensione intrapsichica.

incantata,[40] un passaggio simile a quello di *Alice nel paese delle meraviglie* di Lewis Carroll, quando s'inoltra oltre lo specchio: Il drago è l'incarnazione dell'Es, la minaccia rappresentata dalla pulsionalità primaria, l'atleta e il natante boa sono immagini conflittuali del Sé, la colonna è dove per tutta la vita verrà innalzata, metaforicamente, la madre dalla sua stessa dedizione e attaccamento.

Dal 1930 al 1940 si aprirà per Nathan una fervida stagione pittorica che lascerà alle spalle il periodo degli autoritratti, per cui bisognerà aspettare l'ultimo suo quadro per ritrovare un'autorappresentazione piena di pathos.

La sua pittura decollerà ma egli continuerà ad essere fedele con grande tensione etica al suo paesaggio interiore, scoperto anche attraverso l'analisi. Un paesaggio interiore animato dalla rappresentazione simbolica del Sé, popolato ancora dai fantasmi della sua costellazione familiare, di una storia di cui non sono rimaste che rovine, che, come un paziente archeologo della psiche, scruta e rappresenta insieme all'alternarsi dei suoi stati d'animo in cui la depressione, inverno dell'anima, è sempre in agguato.[41]

40 Quando Nathan mette in scena in *Scogliera incantata* – e si tratta di una messa in scena simile a quella che, secondo Freud, caratterizza il sogno – il momento in cui riesce a rappresentare attraverso la sua arte il passaggio tra il dentro e il fuori e a depositare sulla tela ciò che preme nel suo Inconscio, ci indica anche i diversi livelli mentali a cui è ricorso per visualizzare la propria interiorità. La psicoanalisi contemporanea, approfondendo la natura della creatività, ha precisato che la sublimazione di cui è capace l'artista (cf. A. Di Benedetto, 1992), non riguarda solo la trasformazione della meta pulsionale ma anche e soprattutto le modalità attraverso cui l'Inconscio diventa sede dei processi creativi. Nella fattispecie Nathan in *Scogliera incantata* indicherebbe, non intenzionalmente ma attraverso un momento creativo, come sia possibile per l'artista la presenza contemporanea nella mente del livello conscio e di quello inconscio. Sulla copresenza di due logiche alternative nella creatività artistica, che non si escludono ma convivono integrandosi, cf. Ignacio Matte Blanco, *L'inconscio come sistemi infiniti* (Torino: Einaudi, 1980).

41 L'elemento autobiografico, man mano che l'opera d'arte prende corpo, più che denunciare, secondo il modello patografico freudiano, una elaborazione non completa del nodo conflittuale, contribuirebbe piuttosto, seguendo i dettami attuali della psicoanalisi, a dare senso e a rendere pensabili le emozioni soverchianti dell'autopercezione del Sé.

Fig. 1: Arturo Nathan, *Autoritratto ad occhi chiusi* (1925)

Fig. 2: Arturo Nathan, *L'Asceta* (1927)

Fig. 3: Arturo Nathan, *Scoglio incantato* (1931)

Fig. 4: Arturo Nathan, *L'attesa* (1940)

Così nel 1930 propone in *Spiaggia abbandonata*, un Galata morente,[42] forse appena approdato da un naufragio su quella spiaggia metafisica, ingombra di colonne infrante e rovine, mentre su uno spuntone di roccia si erge un faro fallico. Il corpo nudo di schiena con un movimento a spirale si appoggia a una piattaforma circolare, immagine del nucleo del Sé.[43]

Un'appercezione simbolica che era stata anche di Umberto Saba, il quale incalzato dalla sua nevrosi, si descrisse come 'il prigioniero in riva al mare / cui l'acqua entrava nella tonda cella, / che per non affogare / senza posa doveva lavorare / per ricacciarla onde torna in eterno'.[44]

Sempre del 1930 è *Statua naufragata* e *Statua solitaria*. Nel primo quadro il torso di una Venere di Milo a causa di un mare impetuoso è depositata su una spiaggia; accanto la scialuppa di salvataggio e la ruota del timone della nave infrantasi contro la scogliera, di cui si vede la prua. In fondo sulla battigia poche vestigia di un tempio e una colonna con una statua in cima.

La statua nel quadro successivo è in piedi su una spiaggia digradante di acciottolato: è una statua di donna incinta, i capelli fasciati, avvolta da una specie di peplo, con la mano posata sul ventre. Sullo sfondo a bloccare la visuale del mare aperto la sagoma di un vulcano in eruzione e la poppa di un battello che si sta inabissando; dietro alla statua un faro fallico che getta la sua ombra verso un muretto da cui spunta un cespuglio.

Questi due quadri traducono il legame di Nathan alla madre, ad una madre sofferente, pietrificata dalla depressione, colpita nel suo amore materno dal lutto della perdita di una giovane figlia, sorella di Nathan, forse però già depressa mentre era incinta del suo primogenito.

42 Denominato così da Maurizio Fagiolo dell'Arco in *Arturo Nathan 1891–1944* (Roma: Catalogo Mostra, 1990), ripreso da Vittorio Sgarbi in *Arturo Nathan. Illusione e destino*, p. 17.

43 La prima immagine del Sé il bambino molto piccolo, come il primitivo, la propone rappresentando un cerchio o un tondo, a cui successivamente vengono aggiunte testa e arti. Cf. Eugenio Gaddini, 'La maschera e il cerchio' in *Scritti*, a cura di Maria Lucia Mascagni (Milano: R. Cortina, 1989).

44 Saba, 'Nuovi versi alla Lina', 6, (1910–12) in *Il Canzoniere*.

È per questa madre sofferente, che egli, in un quadro del 1931, ci presenterà come *L'abbandonata*, con in primo piano, senza alcun altro particolare, una testa di donna greca, una specie di sfinge dagli occhi chiusi su un paesaggio all'imbrunire, che Nathan lasciò naufragare per rinuncia volontaria l'Eros, rappresentato nel primo quadro dal torso della Venere di Milo. Ma come avrebbe potuto lasciare 'una madre così dolce e comprensiva', segnata da tanta sofferenza e a cui 'era attaccatissimo'?[45]

La dolcezza della madre aveva probabilmente bilanciato da bambino la severità e l'intransigenza del padre, la cui testa in effige viene proposta in quello che è uno dei quadri più famosi di Nathan, *Scoglio incantato* del 1931: su un mare in tempesta con sullo sfondo il vulcano in eruzione della pulsionalità, dell'aggressività bloccata e non praticabile per il pittore, una nave in difficoltà si allontana, mentre in primo piano emerge su uno scoglio tra i flutti tempestosi una testa di uomo barbuto, come un medaglione, che nell'immagine richiama le ascendenze ebraico babilonesi del padre.

Dello *Scoglio incantato* è stata proposta un'interpretazione che ha assimilato il quadro al finale apocalittico de *La coscienza di Zeno*.[46] Ma in fondo anche il romanzo di Italo Svevo è sottilmente pervaso da una lotta titanica con il padre e con alcune sue figure sostitutive, compreso lo psicoanalista, l'odioso Dr S., di cui il protagonista si beffa raccontando della sua cura. Zeno attraverso un abile processo da cui esce sempre innocente, che si snoda attraverso tutto il romanzo permettendogli di assolversi dalle proprie fantasie parricide e incestuose, riesce però a eludere del tutto la legge del padre, beffandosi contemporaneamente della psicoanalisi che sul rispetto di questa legge, il divieto edipico, fonda gran parte dell'edificio psichico.

Nathan invece aveva sentito il giogo della legge del padre, che lo aveva reso nobile nella sua aristocrazia spirituale, come i cervi di *Paesaggio nordico*, e mansueto come il bue di *Colonne infrante*.

45 'Testimonianza della sorella Daisy' in *Arturo Nathan. Illusione e destino*, p. 91.

46 Cf. S. Molesi, 'Le frontiere del mito' in *Il mito sottile. Pittura e scultura nella città di Svevo e Saba*, a cura di Roberto Masiero (Trieste: Catalogo Mostra Civico Museo Revoltella, 1991), p. 34.

La sua pulsionalità aveva trovato sbocco nella sublimazione,[47] nella sua creatività, espressa dai bianchi destrieri, dai cavalli in scena in tanti suoi quadri. Una pulsionalità a volte soverchiante, malgrado la sublimazione, per il carico di distruttività repressa e diretta verso di sé, in grado di spezzare in due, in *Il cavallo morente*, la forza vitale del cavallo bianco di *Isola misteriosa*, fino ad arrivare poi ad atterrare e sopprimere il cavallo bruno in *Vulcani*: in primo piano, nel rosso di un crepuscolo che si sta spegnendo in mare, un cavallo morto è sdraiato sul fianco; attraverso la breccia di un muro infranto (la barriera delle difese, i confini del sé), una nave incagliata su una striscia di mare, e, in fondo, due vulcani in eruzione, Eros e Thanatos, libido e distruttività.

E allora c'è l'inverno dell'anima, l'atmosfera statica, sospesa nell'attesa inquietante di una solitudine metafisica, in *Il passaggio del veliero*, il gelo della pietrificazione depressiva in *Costa ghiacciata con rovine*, la testimonianza di un mondo interiore che rischia di non sopravvivere, nell'atmosfera cupa, livida e brumosa di *Rupi vulcaniche*, in cui l'uomo di spalle con il cane sembra contemplare nella sagoma indistinta delle rupi una fine del mondo già avvenuta. Nathan riesce con la sua pittura degli anni trenta, seppur così aderente e fedele al suo mondo interno, a farsi interprete di un destino più vasto, incombente non solo per lui che ne resterà vittima, perchè ci trasmette anche tramite una visione interiore riflessa in una luminosità perlacea (*Paesaggio marino*, *Plenilunio sull'estuario*) il presagio dei tempi bui che si stavano preparando, della catastrofe in cui l'umanità sarebbe precipitata con l'affermazione del nazismo, con la seconda guerra mondiale, con l'olocausto.

Nell'ultimo suo quadro *L'attesa* del 1940, un autoritratto, egli si rappresenta all'imbrunire nella luce rosata di un crepuscolo: seduto su di un muretto nell'insenatura di un porticciolo che spazia in un orizzonte ormai aperto; il battello che in tanti suoi quadri, legato a gomene insicure,

47 La sublimazione è quel processo postulato da Freud per spiegare certe attività umane, quali l'attività artistica e l'indagine intellettuale, in cui la libido, l'energia sessuale, è utilizzata deviandola dalla meta originaria e indirizzata verso una nuova meta o un nuovo oggetto non sessuale, socialmente valorizzante. Cf. Sigmund Freud, *La morale sessuale 'civile' e il nervosismo moderno* (1908), in *Opere complete*, V.

incagliato o in procinto di inabissarsi, non riusciva mai a prendere il mare, lo attende in rada pronto per partire. Nella pacificazione interiore, alla fine raggiunta, c'è l'accettazione consapevole come ebreo di andar incontro ad un destino di morte,[48] quel destino di morte che aveva già presagito nel 1936, in *La locomotiva*, con un trenino, che sempre nella luce rosata di un crepuscolo, si avvia su di un ponte, interrotto e spezzato, verso il precipizio.

48 Nel 1940 Nathan come ebreo fu mandato al confino nelle Marche. Nel 1943, dopo l'8 settembre, pur avendo la possibilità di mettersi in salvo, rimase sul luogo. Fu così prelevato dai tedeschi, che lo deportarono in Germania nel campo di concentramento di Bergen Belsen e poi a Biberach, dove morì a 53 anni, denutrito e ammalato di cancrena nel 1944, il giorno stesso dell'arrivo degli Americani.

RUTH GLYNN

The Double Wound: Towards a Gendering of Trauma and Terrorism

For Italian Studies scholars interested in cultural elaborations of trauma, Sigmund Freud's contribution to the field is of particular interest. Not only does his conceptualisation of trauma provide an extremely important and influential platform for further theoretical development; it also originates, in part, in his engagement with Italian culture, in the form of Tasso's Renaissance epic, the *Gerusalemme liberata* (1581). In this essay I explore trauma theory's engagement with Tasso's work, exposing the unarticulated and unexamined ideas about gender and violence inherent in both Freudian and post-Freudian conceptualisations of trauma. I then proceed to examine how such inherent gendering impacts on contemporary Italian cultural representations of that painful period of recent history known as the *anni di piombo*,[1] with particular reference to cinematic constructions of women's participation in political violence and terrorism. I begin, however, by outlining the case for a reading of the political violence of the *anni di piombo* as an experience of collective and cultural trauma.

Italy's experience of widespread political violence and terrorism in the 1970s has recently returned to the forefront of both political debate and cultural activity. The twentieth and twenty-fifth anniversaries of the Red Brigades' 1978 kidnapping and murder of Christian Democrat president, Aldo Moro – the lowest point of the violence of this period – have coincided with a new wave of Red Brigades-inspired violence leading to the assassination of government consultants Massimo d'Antona in 1999 and Marco Biagi in 2002. These experiences have compelled Italy to recall and

1 I employ the term '*anni di piombo*' to denote the period, from the late 1960s to the early 1980s, in which political violence was a prominent feature of Italian culture.

confront the *anni di piombo*, and to pose once again difficult and uncomfortable questions about the relationship between state institutions, parliamentary and non-parliamentary politics and violence. In the cultural sphere, a similar revisiting of the recent past is signalled by the publication of a wide range of histories and memoirs (especially those written by ex-terrorists), and a number of films treating the *anni di piombo* between 1998 and 2003.

The publication of these texts not only signifies a great need to testify to and remember the experiences of the recent past; it also signals the extent to which that past lives on in the collective unconscious today in a manner consistent with an experience of trauma. The most recent scholarship in this area by Jeffrey Alexander and others highlights the socially constructed nature of collective trauma, stipulating that 'trauma is a socially mediated attribution' and that in order 'for traumas to emerge at the level of the collectivity, social crises must become cultural crises'.[2] It is my contention that such a crisis was generated in Italy by the culture of violence established in the *anni di piombo*, and that that crisis is identifiable in contemporary cultural products addressing the period. Indeed, the very fact that it has only become possible in recent years to speak of the experience as one of collective trauma lends weight to the argument that Italian culture had previously developed in relation to the *anni di piombo* a defensive amnesia symptomatic precisely of trauma. Following Freud's identification of a post-traumatic incubation or latency period of psychic elaboration,[3] Jonathon Hirsch, in his recent work on post-traumatic cinema, discerns that a temporal interval in the psychic development of a society that has suffered a massive blow enables a discourse of trauma to arise only

2 Jeffrey Alexander, 'Toward a Theory of Cultural Trauma', in *Cultural Trauma and Collective Identity*, ed. Jeffrey Alexander et al. (Berkeley: University of California Press, 2004), pp. 1–30 (pp. 8 and 10). Alexander's work builds on that of Kai Erikson whose widely influential study conceptualised the difference between collective and individual trauma; see Kai Erikson, *Everything in its Path: Destruction of Community in the Buffalo Creek Flood* (New York: Simon and Schuster, 1976).

3 Cf. Josef Breuer and Sigmund Freud, *Studies on Hysteria*, in *Standard Edition*, II; and Sigmund Freud, *Moses and Monotheism*, in *Standard Edition*, XXIII.

in a period after the initial encounter with a trauma but before its ultimate assimilation.[4] Such a discourse of trauma – usually expressed in terms of 'ferita', 'dolore' or 'lutto' – began to gain some currency in Italy in the late 1990s, a period of discussion surrounding the twentieth anniversary of Moro's death in 1998 and, simultaneously, a time in which the institutions of the State were attempting to work towards some form of legal 'reconciliation' with former terrorists. Although several initiatives preceded it, the reconciliation process began in earnest in July 1997, when the Italian Parliament's Judiciary Committee opened the discussion of a proposed law which would reduce the prison sentence served by terrorists imprisoned for terrorism-related crimes committed before 1989.

It was in the context of these discussions that Antonio Negri, in exile in Paris, published an important position piece directly addressing the question of psychological trauma, in *Le Monde diplomatique* in 1998. Here, Negri alluded to the long unacknowledged persistence of the *anni di piombo* in the collective psyche, and signalled its status as cultural crisis by declaring that: 'To speak of what the 1970s represented in Italy's political history is to speak also of the present. In part, because the consequences of the repressive policies of those years are still very much with us. […] But above all, because the social and psychological traumas of that decade have still not been healed or distanced'.[5]

The cultural revisiting of the *anni di piombo* between the twentieth and twenty-fifth anniversaries of Moro's kidnapping and death in the years between 1998 and 2003 – the publication of a wide range of histories, memoirs and fictional representations – may be seen, then, as an attempt to work through the trauma of the past, and a step towards a healing or distancing of the wounds inflicted. In that process, a special place has been attributed to cinematic production, especially in the year of the twenty-fifth

4 Jonathon Hirsch, *Afterimage: Film, Trauma, and the Holocaust* (Philadelphia: Temple University Press, 2004), p. 18.

5 Antonio Negri, 'Between "Historic Compromise" and Terrorism: Reviewing the experience of Italy in the 1970s', *Le Monde diplomatique*, Aug.–Sept. 1998, trans. Ed Emery, http://mondediplo.com/1998/09/11negri, (accessed 8 September 2005), para. 2 of 23.

anniversary, by a number of cultural commentators: Curzio Maltese, for instance, writes that 'Il caso Moro rappresentò, fra tante cose, una cesura nella cultura italiana' for which the cinematic production of 2003 (Marco Tullio Giordana's *La meglio gioventù*, Bernardo Bertolucci's *The Dreamers* and Marco Bellocchio's *Buongiorno, notte*) 'elabora il lutto'.[6] Likewise, Paola Tavella (co-author of *Il prigioniero*, the memoir that inspired *Buongiorno, notte*) has intimated that the films of that year 'ci permettono di affrontare attraverso il cinema cose che non erano mai risolte in termini politici'.[7] Such responses in the Italian media are accompanied within the academy by the recent work of Francesco Caviglia and Leonardo Cecchini who have proposed that, in the absence of such a political process on the part of the Italian state, the cultural sphere – most notably, cinema – that has assumed the role and responsibilities of a Truth and Reconciliation Commission.[8]

One of the most striking aspects of contemporary cultural – and especially cinematic – attempts to work through the trauma of the *anni di piombo* is the persistently and often disproportionately high visibility given to the figure of the female terrorist. Although female participation in terrorism in Italy *is* considered to be unusually high in relation to other world terrorisms, the latest statistical studies have revealed that it never rose above 20% of the total.[9] Yet, women terrorists seem to have had a

6 Maltese is cited in Luca Bandirali and Stefano D'Amadio, *Buongiorno, notte: Le ragioni e le immagini* (Lecce: Argo, 2004), p. 221.

7 Tavella is cited in Renato Venturelli, 'Intervista a Paola Tavella, coautrice di *Il prigioniero*', http://www.feltrinelli.it/IntervistaInterna?id_int=1193 (accessed 1 September 2005), para. 4 of 4; *Il prigioniero* (Milan: Mondadori, 1998) is the result of Tavella's interview collaboration with Anna Laura Braghetti, the Red Brigades militant at the heart of the Moro kidnapping and whose life story forms the core of the book.

8 Francesco Caviglia and Leonardo Cecchini, 'A Quest for Dialogism: Looking back at Italian Political Violence in the '70s', in *Constructing History, Society and Politics in Discourse: Multimodal Approaches*, ed. Torben Vestergaard (Aalborg: Aalborg University Press, forthcoming).

9 Cf. Luisella de Cataldo Neuburger and Tiziana Valentini, *Women and Terrorism (Il filo di Arianna: donne, eversione armata e pentitismo)*, trans. Leo Michael Hughes (London: Macmillan, 1996), pp. 7–8.

higher cultural profile than the statistical information would validate; De Cataldo Neuberger and Valentini, for instance, note that 'the popular media do seem captivated by deviant women', and that 'Italian women terrorists [...] are over-represented in the media and they appear to attract more interest than do men in such cases' (p. 42). As recent production shows, the excessive visibility of women terrorists is not confined to the news media, but is replicated in contemporary Italian cinema. The two most important recent films dealing with the psychological impact of the *anni di piombo* – Bellocchio's *Buongiorno, notte* and Giordana's *La meglio gioventù*, both released in 2003 – lend such weight to the figure of the woman terrorist that we might legitimately conclude that what cinema presents us with, on the twenty-fifth anniversary of the Moro kidnapping, is the female face of terror.

Theorising Trauma

The feminising of the terrorist in contemporary cultural products in Italy raises a number of questions pertinent to our consideration of the *anni di piombo* as an experience of collective and cultural trauma. Yet when we turn to trauma theory in search of some explanation of the gender issues at stake in cultural engagement with representations of violence, we encounter what appears to be a curious silence with regard to the psychological impact of female perpetration. I say curious because the re-emergence of trauma studies in the last decade owes much to Cathy Caruth's extremely influential re-reading of the Freudian paradigm that places the perpetrator experience at centre-stage. I refer here of course to Freud's reading of Tancredi's unwitting and fatal wounding of his beloved Clorinda, disguised as a knight, in Tasso's construction of the tale in the *Gerusalemme liberata*, and also to

Cathy Caruth's re-reading of this episode in *Unclaimed Experience*.[10] Yet, as Dominick LaCapra has signalled, Caruth's reading of 'the ambiguous status of Tancred as perpetrator-victim [...] does not explicitly open itself to the formulation of the specific problem of perpetrator trauma which her example seems to foreground'.[11] However, while LaCapra thus alerts us to the displacement of the perpetrator in contemporary trauma theory, his critique disregards trauma theory's failure to address the question of gender identity and performance with which the original foundation story upon which trauma theory is developed is so thoroughly imbued: Clorinda is, after all, a female perpetrator, though disguised as a knight. Even Ruth Leys, who acknowledges that the gender implications of Caruth's analysis remain unexplored, offers no such analysis herself, concentrating instead on the implications of the analytical mechanism that enables 'the murderer Tancred' to be identified as a victim.[12] Gender analysis is thus overshadowed and displaced by Leys' entirely legitimate concern over the slippage between perpetrator and victim that she identifies in Caruth's theory.

Leys' incisive and severe critique of Caruth's theoretical formulation does, however, raise another issue of central relevance to our discussion. As Leys observes, Caruth is aware that Freud's contribution to the topic of trauma is not easy to characterise and that throughout his work, Freud suggests two models of trauma that are often placed side by side, but never reconciled or integrated: the model of castration trauma, which is associated with the theory of repression and return of the repressed, and the model of traumatic neurosis associated with accident victims and war veterans (Leys, p. 270). Yet, as Leys also points out, Caruth, like other trauma theorists, rejects Freud's castration model and the associated concepts of repression and unconscious symbolic meaning: 'What replaces the concepts

10 Sigmund Freud, *Beyond the Pleasure Principle*, in *Standard Edition*, XVIII; Cathy Caruth, *Unclaimed Experience: Trauma, Narrative and History* (Baltimore: Johns Hopkins University Press, 1996).

11 Dominick LaCapra, *Writing History, Writing Trauma* (Baltimore: Johns Hopkins University Press, 2000), p. 182.

12 Ruth Leys, *Trauma: A Genealogy* (Chicago and London: University of Chicago Press, 2000), p. 297.

of castration and repression for Caruth are the notions of the traumatic accident and of a latency that adheres in the traumatic experience. Specifically, she returns to the railway accident as the archetype for modern theorizations of trauma and shock and to the connected idea of a temporal delay that intervenes between the fright and the subsequent appearance of the traumatic symptoms' (p. 270). In so doing, Caruth removes Freud's discussion of Tasso's *Gerusalemme liberata* from the context of castration anxiety and re-deploys it in relation to traumatic neurosis. Thus two issues are raised by Leys' critique: Freud's inability to reconcile his two models of trauma, and Caruth's reorientation of Freud's position, so that the Tancredi-Clorinda model is read as an explication of traumatic neurosis, rather than in the context of its original designation of 'castration anxiety' or 'normal repression' linked to Oedipal desire and castration.

Leys' failure to address gender issues in her critique precludes any potential discussion of whether female perpetration might not provide the missing point of contact between the Freudian models of castration anxiety and traumatic neurosis. My own position is that Freud's inability to integrate the two models of trauma might best be read as a form of cultural blindness resulting from the doubly traumatic nature of women's participation in violence; viewed in this light, the very concept of female perpetration must be seen as the repressed of trauma theory itself. But of more direct relevance to our discussion is the fact that regardless of how valid Leys' criticism of Caruth's redeployment of the Tancredi-Clorinda model may be,[13] Caruth's theoretical formulation has gained such standing in the field as to be viewed as a founding tale of trauma theory. For that very reason, and in the light of Caruth's suggestion that Tasso's poetry can be read as a larger parable of the unarticulated implications of the theory of trauma in Freud's writings and beyond (Caruth, p. 3), it is to Tasso's text that we must turn in order to explore the unarticulated ideas about gender and violence in contemporary trauma theory and, indeed, contemporary Italian culture.

13 Cf. Freud, *Beyond the Pleasure Principle*, p. 14.

Gender Issues: Tasso

The earliest encounters between Tancredi and Clorinda, outlined in Cantos I (45–8) and III of the *Gerusalemme Liberata*, set up the dynamics of gender, sex and violence in the poem and establish an incompatibility between femininity and violence.[14] While Clorinda's status as warrior is acknowledged and descriptions of her battle dress supplied, narrative precedence is given to her femininity through the use of substantives such as 'donzella' and later, when her headdress is removed and her flowing locks unfurled, she is revealed to be a, 'giovane donna in mezzo'l campo' (III, 21).[15] However, as she begins to demonstrate her prowess in battle, such markers of Clorinda's femininity – and the accompanying erotic overtones – recede in favour of the military epithet of 'guerriera'. Graphic descriptions of her violence in Canto IX, for instance, are presented without explicit reference to her gender, so that the construction of her as a much admired, merciless and unconquered warrior of great skill and virtue is accompanied by an erasure of her femininity in the preferred epithet, 'l'indomita guerriera' (IX, 71). Although it might be argued that to some extent Clorinda is associated with dismemberment throughout the poem – the exposure of her femininity in Canto III, for instance, is, as Marilyn Migiel observes, evoked by a series of bodily parts and qualities linked by alliteration: *collo*, *capo*, *crini*; and *bianco*, *bel*, *biondi* – it is in these passages of Canto IX that Clorinda is *overtly* and actively associated with dismemberment and muti-

14 Torquato Tasso, *Gerusalemme Liberata*, ed. Lanfranco Caretti, 2nd edn (Milan: Mondadori, 1988).

15 The equation of masculinity and violence is upset here, so that the exposure of Clorinda's femininity on the battlefield is accompanied by the diminishing of Tancredi's masculinity. He, in a frenzy of adoration, kneels, bares his breast and begs for the death-stroke, thereby setting up inverted patterns of sexual violence and gender roles. Cf. Margaret Tomalin, *The Fortunes of the Warrior Heroine in Italian Literature: An Index of Emancipation* (Ravenna: Longo, 1982), p. 177.

lation.[16] Clorinda leaves the battlefield strewn with body parts that rivet the spectator's gaze: a heart cut in two (IX, 68), a twitching amputated hand (IX, 69), and finally a head triumphantly decapitated (IX, 70). This spectre of mutilation also reveals a striking preference for male authority figures as her victims in war, a preference which is reinforced in her symbolic wounding of her enemies when she destroys their tower, symbol of masculine power (Migiel, pp. 98–9). The unacknowledged horror that Clorinda evokes through her violence, then, is a gendered threat: one of emasculation through castration.[17]

It is precisely the spectre of castration that comes to haunt Tancredi in the enchanted wood after he has killed Clorinda in a battle which is described in overtly sexual terms and which serves to re-establish the social order through the excision of the female warrior and the re-inscription of her femininity in the moment of her victimisation in death. On that occasion, our attention was drawn to her female body, her 'bel sen', her 'mammelle', as she falls to the ground a 'traffita vergine' (XII, 64–5), overcome by the excess of masculinity represented by the fatal death-thrust of Tancredi's sword.[18] However, what confronts Tancredi in the enchanted wood is not Clorinda's wounded body, but rather, the spectre of his own violence, symbolically represented by the bleeding wound of femininity, representative of castration. While Freud's reading of this episode emphasises the way in which the unknowing *actions* of Tancredi evocatively represent the way that

16 Marilyn Migiel, 'Clorinda's Fathers', *Stanford Italian Review*, 10: 1 (1991), 93–121 (p. 97).

17 For an insightful analysis of how epic itself returns inevitably to the site of the repressed, so that for Freud as for Tasso, 'any reference to the bleeding tree of epic, any allusion to fiction as "the very strange thing" can, in the end, only serve as the unconscious of psychoanalysis itself', see Elizabeth Bellamy, 'Dreaming On: Uncanny Encounters', in Valeria Finucci and Regina Schwartz (eds), *Desire in the Renaissance: Psychoanalysis and Literature* (Princeton: Princeton University Press, 1994), pp. 207–32 (pp. 226–7).

18 Tomalin highlights the sexual overtones of Canto XII where, from the very onset of the hand-to-hand battle, the combatants are locked in the 'nodo di fier nemico e non d'amante' (XII, 57) and the fatigue and panting desperation are perfectly framed in the halting syntax (Tomalin, *The Fortunes of the Warrior Heroine*, p. 180).

the experience of trauma repeats itself, for Caruth the resonance of the text is to be found in the '*voice* that cries out [...] *through the wound*' (Caruth, p. 2). But what neither reading addresses – indeed, what each seems to turn away from, even repress – is the wound itself, the graphic horror of the bleeding wound of castration, crystallizing the ultimate horror of Tancredi's experience, described by Tasso as follows: 'Oh meraviglia! / manda fuor sangue la recisa scorza / e fa la terra intorno a sé vermiglia' (XIII, 41).

This image of the dismembered, open and bleeding tree brings Tancredi into direct confrontation with the horror of mutilation and castration evoked by the bleeding wound of femininity. Whereas the initial depiction of Tancredi's aggression toward Clorinda, and his fatal piercing of her body with his sword, are charged with erotic and phallic significance (which enhance his virility), the wounding of her spirit has an emasculating effect. On seeing the bleeding wound, and hearing the sound of Clorinda's voice confronting him with the spectral evidence of his aggression, Tancredi is petrified with fright and symbolically unmanned, as he loses his rationality and drops his phallic sword (XIII, 45).[19] It is precisely that emasculation of Tancredi in the moment of his wounding Clorinda a second time that transforms him from perpetrator to victim, and I would argue, facilitates trauma theory's recognition of Tancredi's experience as that of a traumatised survivor rather than an avenged perpetrator. The language employed by trauma theorists to describe this event is instructive: for Leys, Caruth's construction of Clorinda is as Tancredi's dissociated second self or female 'other' (Leys, p. 295): 'it is as if Caruth displaces Clorinda's gender divisions – a warrior maiden who dresses and fights like a man – onto Tancred himself' (p. 296). In both analyses, the recognition of Tancredi's victimised status rests very firmly on his feminisation post-perpetration.

19 Migiel reads Tancredi's petrification as an equation between Clorinda and the Medusa: 'Clorinda is a figure around whom are concentrated the horrifying and reassuring feelings excited by the vision of the Medusa herself' (p. 96). Although no direct acknowledgement is provided, Migiel is undoubtedly mindful of Freud's interpretation of the sight of the Medusa as the moment of recognition of castration and its simultaneous denial. See Sigmund Freud, *Medusa's Head*, in *Standard Edition*, XVIII, pp. 273–4.

What underlies trauma theory, then, is an unexamined and unexpressed but implicit equation between femininity, castration and victimisation (and between masculinity and perpetration). As victim, Clorinda is constructed as *embodying* castration through her pierced body and the image of the bleeding wound through which her female voice cries out; while as a perpetrator of violence, she *evokes* the *threat* of castration. Thus constructed, she is robbed of her femininity in a manner that is redolent of a cultural resistance – an unwillingness or an inability – to recognise the female as perpetrator.

As a consequence of the unexamined nature of the association between victimisation and femininity, masculinity and perpetration, even the most recent developments in trauma theory have tended to overlook the peculiarity of the *female* perpetrator's experience and the particular psychological impact she inflicts. This is evident not only in the *content* of trauma studies but also in the critical language employed in the field. Throughout their work, Judith Herman, Ruth Leys and Shoshana Felman, for instance, consistently gender the perpetrator male and the victim female.[20] While on the one hand this works to expose the dominant pattern of violence in Western society where the perpetrators are indeed overwhelmingly male and the victims female, it leaves intact and unchallenged the problematic posed by the female perpetrator.

Such a failure to recognise and address the specific psychological impact of the female perpetrator, in both Freudian and post-Freudian theory, may well be a symptom of the fact that women's participation in violence is, in itself, and of its very nature, traumatic, and constitutes a particular – and repressed – pain in the collective unconscious.

20 Cf. Judith Herman, *Trauma and Recovery: From Domestic Abuse to Political Terror*, revised edition (London: Pandora, 2001); Ruth Leys, *Trauma: A Genealogy* (Chicago and London: University of Chicago Press, 2000); and Shoshana Felman and Dori Laub, *Testimony: Crises of Witnessing in Literature, Psychoanalysis and History* (New York: Routledge, 1992).

Cultural Representations of the Female Terrorist

So how are we to consider the psychological impact of female perpetration? Returning to the case of Italian women terrorists, we find that their violence appears to constitute what Sergio Lenci, a victim of terrorism, has articulated as a *double* wound. In his memoir, *Colpo alla nuca*, Lenci writes of the experience of being shot in the neck by a commando that included a woman.[21] He is particularly perturbed by the presence of a woman among his aggressors; her involvement appears to wound him in a way that that of her male companions does not, as he goes to some lengths to explain:

> Una donna [...] ti ferisce due volte rispetto all'uomo. In fondo la donna – sia essa madre, moglie, amante – per un uomo è sempre oggetto di dialogo, di scambio, di potenziale desiderio e integrazione [...]
>
> Una sconosciuta che ti vuole uccidere non si sa perché e senza nemmeno rivolgerti la parola [...] offende l'uomo più di quanto non facciano gli altri aggressori maschi. Dai maschi, te l'aspetti, in un certo senso, e sei più pronto a introitare anche l'incomprensibile. A una donna sembra sempre possible spiegare. La donna (forse nei miei desideri soltanto) è più umana. (p. 130)

This is an extremely lucid and valuable reflection on the significance of female gendered violence. Firstly, it reflects the assumption that men are more inherently aggressive than women, and that that is, in some sense, tolerable. Secondly it employs the language of trauma in the adoption of the word 'ferisce', and intimates that the double wound inflicted by a woman is bound up with male heterosexual psychology (the woman is 'madre, moglie, amante'; the object of his 'desideri').[22] The construction of woman as mother, wife, lover, and the object of man's desires attempts to mould the female terrorist back into some kind of unexpressed idealised vision of what a woman should be and to reassert the ideological fantasy

21 Sergio Lenci, *Colpo alla nuca* (Rome: Editori Riuniti, 1988).

22 Eileen MacDonald also intimates that women taking up arms 'commit a double atrocity: using violence and, in the process destroying our safe traditional view of women', in *Shoot the Women First* (London: Fourth Estate, 1991), p. 4.

of male/female complimentarity upon which society is based. It is from within that ideological prism that the use of the word 'offende' points in the direction of something that Lenci cannot quite bring himself to pronounce, but which is precisely the experience of emasculation that the double wound constitutes.

Lenci's reflections on female perpetration underscore once again the continuing anxieties that the female perpetrator presents even today. His relative disregard for his male aggressors, the strength of feeling about the involvement of a woman, and his construction of that feeling in relation to an idealised femininity circumscribed within certain well defined gender roles all serve to reiterate the extent – and kind – of problem posed by women's active participation in violence. It alludes once again to three key premises: that female perpetration has the traumatic valency of a double wound; that there is a long-established cultural correlation between masculinity and perpetration and between femininity and victimisation (a correlation that continues to characterise contemporary culture and theory); and, finally, that that correlation – that cultural resistance to an equation or even an association of women and violence – works to de-feminise the violent woman.

In *The Violent Woman*, Hilary Neroni explores cinematic representations of violent women in the light of social attitudes towards gender and violence.[23] She argues, 'If there is one characteristic that defines masculinity in the cultural imagination, it is violence. The depiction of a violent woman upsets this association of violence with masculinity' (p. 19). Moreover, since the cultural paradigm ordains that violent men and vulnerable women create a relationship of complementarity in which male violence may be channelled towards protecting vulnerable women, 'when woman is violent, she eliminates the need for the male protector, thereby disrupting this complementarity relationship' (p. 86) underlying social organisation. Thus, the truly traumatic import of female violence is that it undoes the ideological fantasy of male/female complementarity upon which society

23 Hilary Neroni, *The Violent Woman: Femininity, Narrative, and Violence in Contemporary American Cinema* (Albany: State University of New York Press, 2005).

is based. It is for this reason that female perpetrators 'provoke exaggerated attempts to define femininity: their violence disrupts this sense of complementarity and throws off (or unsettles) all the cultural nuances that define [...] traditional ideas of femininity' (p. 93).

But while Neroni privileges a crisis in gender roles by way of explanation for the fact that 'the violent woman appears at moments of ideological crisis' (p. 18), I would suggest that *any* ideological crisis may be articulated in cultural representation as a concern over gender issues. In relation to contemporary Italian cinema, for instance, I would contend that the ideological crisis that appears to trigger the prominence of the figure of the female terrorist has little to do with any perceived concern over gender roles. It is, rather, bound up with the crisis in dealing with the experience of terrorism itself, and its political, legal and cultural legacy. For where Tasso's construction of Clorinda's excess of violence evokes a threat of castration and empties her of her femininity, contemporary cinema tends instead to empty terrorism of its violence through a construction of the female terrorist that maintains the implicit cultural disconnection between femininity and violence. Rather than articulate fears about changing gender roles and expectations, then, the cinematic feminisation of terrorism seeks to exorcise fears relating to political violence, and consistently works to minimise the threat of terrorism by rendering the cinematic protagonist of 2003 a terrorist who is not one. This is as true of those films that seek to play down the terrorist threat by consigning it firmly to the past of the *anni di piombo*, as of those that seek to address the still open wounds of that past in order to work through the ongoing trauma and advance the healing process.

In the case of Marco Tullio Giordana's *La meglio gioventù*, the interrogation of Italy's experience of terrorism takes place in the context of a wider exploration of political and social change between the mid-1960s and the new millennium. Steeped in discourses of health and sanity, the film's epic sweep is filtered through the microcosm of one family and, in particular, the lives of the two brothers who form the film's core: Nicola and Matteo Carate. Within this framework, Italian terrorism is feminised through its exclusive association with the character of Giulia, Nicola's partner, who will abandon both him and their daughter in favour of a clandestine existence as a militant in the Red Brigades.

The construction of Giulia is superficial, but indebted in part to pre-existing models of cinematic representations of Italian terrorism. Following in this tradition, *La meglio gioventù* makes no attempt to explore the political motivations or the personal path that might have led Giulia to militancy in the Red Brigades, but seeks instead to interrogate the impact of political violence on the family.[24] The audience's first encounter with Giulia presents them with a beautiful and talented young woman, whose rejection of her exceptional musical ability in favour of mathematical study forms an important counter-point to Matteo, who has renounced his literary studies for the security offered by the rules and regulations of policing. The two are directly compared on a number of occasions, most notably when they first meet; to Matteo's critical comment that Giulia is 'un po' il genere "io ho sempre ragione"', Nicola swiftly replies, 'Bravo, proprio come te'. As the film develops, both Matteo and Giulia are shown to be ever more ill at ease with the world and their personal relationships, prone to intense but silent suffering and developing increasingly extreme and polarising views. Matteo will ultimately fall victim to his demons and take his own life; Giulia will inexplicably turn to the Red Brigades in order to escape the unbearable confines of the bourgeois family.

Yet, while Matteo's repressed male frustrations erupt in violence on a number of occasions, the potential for violence that the youthful Giulia embodies is never allowed to spill over into aggressive action. The violent milieu in which she is embroiled serves to construct only the potential, but never the actuality, of the political violence with which she becomes increasingly associated; just as she carries a stone in her pocket during the battles between police and students in Turin in 1968 but never actually throws it, so too she militates in the Red Brigades without ever learning to

24 The focus on the family is prevalent throughout the corpus, but appears especially intense in the 1980s. Among the films in this category are Francesco Rosi's *Tre fratelli* (1981); Bernardo Bertolucci's *La tragedia di un uomo ridicolo* (1982); Gianni Amelio's *Colpire al cuore* (1982); Giuseppe Bertolucci's *Segreti segreti* (1984); and Marco Bellocchio's *Diavolo in corpo* (1986).

shoot a gun. Indeed, she appears as horrified to learn that she is expected to do so as to discover that her target is none other than her brother-in-law, Carlo. This situation, which brings the terrorist threat to the very heart of the family, provides for Giulia the ultimate conflict between personal or family ties and the goals of militancy. By betraying the Red Brigades' project in order to save Carlo, Giulia redeems herself, is brought back from the precipice of further involvement, and becomes subject to the processes of law and order. In this construction of Giulia as non-violent and someone for whom the preservation of the family will override the logic of political militancy, the conventions regarding gender and violence remain intact. Thus feminised, terrorism itself appears a potentially frightening but largely theoretical threat.

Moreover, the denouement of the terrorist theme in *La meglio gioventù* ensures that any potential threat that the youthful Giulia might embody dissipates as she advances into an early old age while serving time in prison. On her release, Giulia emerges cowed and subdued, her anger spent, and looking decidedly older and greyer than her peers. The only remnant of her former clandestine life are the dark glasses she continues to wear, no longer for the purposes of disguise, however, but in order to avoid meeting the eyes of others. Ultimately, then, *La meglio gioventù* offers a vision of domestic terrorism in the new millennium as subjugated, defeated, exhausted. While Sara's willingness to forgive her mother and re-establish a bond with her functions as the device through which Giulia may be reincorporated into the microcosm of the family, and the macrocosm of society at large, Nicola's view that 'è venuto il momento di essere generosi' encapsulates the film's position on how Italian society as a whole should respond to former terrorists. Thus, the feminisation of terrorism in *La meglio gioventù*, with its implicit denial of the violent reality of the *anni di piombo*, serves not only to disavow the traumatic import of those years but also to facilitate a discourse of forgiveness and a recommendation that the former perpetrator, defeated and unthreatening, be reintegrated into contemporary society.

Where *La meglio gioventù* employs feminisation to distance the present from the violence of the past and to play down the reality of the terrorist threat, Marco Bellocchio's *Buongiorno, notte*, set at the height of the *anni di piombo*, presents that threat as very real and immediate. At a distance of 25 years, the film narrates the events surrounding the kidnapping and murder of Aldo Moro from the point of view of Chiara, the sole woman among Moro's captors. Although Chiara and the role she played throughout the Moro case equates to that occupied in real life by Anna Laura Braghetti, whose memoir inspired the film, she is far from a mirror-image of the real terrorist. In sharp contrast to Braghetti's complex self-portrait, Chiara, perhaps even more so than Giulia in *La meglio gioventù*, is portrayed as a terrorist who is not one. Vulnerable, 'soft', and apparently transparent (her name is a significant marker of her character), she is a childlike human being whose wide eyes and open facial expressions are at odds with her clandestine life. Like Giulia, she is presented as being politically immature, even ignorant, and incapable of understanding the consequences of her activity with the Red Brigades.[25]

The alternative construction of Anna Laura Braghetti as Chiara is bound up with Bellocchio's re-writing of history in the film. He introduces to the narrative an oneiric and counter-factual narrative in which Moro, instead of being murdered, is set free by Chiara. Bellocchio's reluctance to adhere to the historical record of events arises directly from the traumatic nature of the Moro affair, as he intimates in the introduction to the screenplay: 'non potevo subire la tragedia di venticinque anni prima, non potevo accettare quella fatalità religiosa. Dovevo tradirla. Dovevo ribellarmi a quella cronaca inerte, indifferente e disperata. E Anna Laura Braghetti divenne in sceneggiatura un'altra persona, Chiara appunto'.[26] As the direct association between a refusal to relive the trauma of the past and the characterisation of Chiara makes clear, Bellocchio's re-writing of history is facilitated through his reconstruction of the female terrorist.

Crucial to this re-writing is Chiara's response to the two men who will appeal to her femininity and its supposedly greater capacity for humanity.

25 Luca Bandirali also observes a certain ideological lack or transparency in the female protagonist: 'la *chiarezza* di Chiara è da intendersi come semplicità pre-ideologica'. Cf. Luca Bandirali and Stefano D'Amadio, *Buongiorno, notte: Le ragioni e le immagini* (Lecce: Argo, 2004), p. 19.

26 Marco Bellocchio, *Buongiorno, notte* (Venice: Marsilio, 2003), pp. 7–8.

One such appeal is made by Enzo, Chiara's friend and Bellocchio's alter ego as author of a film script entitled *Buongiorno, notte*. Unaware of her involvement in the Red Brigades, Enzo accuses the terrorists of being 'pazzi e stupidi', and Chiara herself, who defends their actions, of being blind to anything other than an inhumane kind of logic. Appealing to her to be more emotive, and berating her for always seeking 'una spiegazione logica' – an appeal which posits her as an ideologically constrained revolutionary but seeks to engage with her as a femininized *pasionaria* – Enzo explains that in a revised version of his imagined filmic scenario, the woman terrorist 'di colpo ha orrore dell'assassinio, non ci crede più. Anzi, lei si infuria con se stessa per essere stata così cieca, così stupida'.

This appeal by Enzo – the vicarious victim standing for the Italian nation today – combines with another direct appeal made by Moro himself, the immediate victim of events. He, realising that a woman is present among his captors, appeals to her capacity for emotion and humanity. Portrayed without any corresponding subject position of her own, political or otherwise, Chiara is ultimately persuaded of the error of her ways. Bending to will and the joint appeal of Enzo and Moro, she goes on to betray her companions and set Moro free, if only in the dream-world created by Bellocchio. The closing scenes of the film oscillate between the invented scenario in which Moro is set free and the true-to-life one in which the captive is killed and mourned by the state, but the very last frames of the film suggest a triumph of fantasy as the 'resurrected' captive walks free from his cell and into the city of Rome.

Viewed through the prism of trauma theory, the fantastical elements of Bellocchio's film may be understood to function as a form of compensation fantasy. This, writes Judith Herman, is an imagined scenario, which 'allows the survivor to free herself from the prison of the revenge fantasy in which she is alone with the perpetrator. […] It offers her a way to regain a sense of power without becoming a criminal herself […]. The fantasy of compensation is often fuelled by a desire for a victory over the perpetrator that erases the humiliation of the trauma' (pp. 189–90). Thus, Bellocchio's rewriting of history may be seen as an exercise in psychological empowerment and a victimised revisiting of the trauma of the *anni di piombo* in an attempt to win a victory over the perpetrators. That victory, however, rests entirely upon the equation male-violent (Bellocchio's male terrorists remain unchallenged throughout) and female-humane enshrined in the re-writing of Anna Laura Braghetti as Chiara, a re-writing that disavows both the reality of female perpetration in general and Braghetti's own rueful identification of herself in the murdering figure of Cain.[27]

Conclusion

The deeply entrenched cultural paradigm that prohibits an equation of femininity and violence works to ensure that the feminisation of terrorism in the cinematic production of 2003 serves to take the sting out of the tail of the *anni di piombo* and replace it with a 'soft', emasculated portrait of political violence. Although ostensibly portrayed as terrorists through their association with the Red Brigades, neither Giulia nor Chiara can truly be identified as anything other than women; women embedded in the context and discourse of terrorism. The fact that contemporary culture can hope to put the past behind it and work through the trauma of the *anni di piombo* only by denying the reality of female perpetration and by flaunting femininity in the locus of violence is not to deny the double wound of the violent woman, but to underscore her psychological potency. What the cinematic representation of 2003 reveals, then, is not only that Italian culture is still trying to process and come to terms with the violence of its recent past, but that it is not yet prepared to address one of the most deeply traumatic aspects of that experience: the double wound inflicted by women who participate in political violence not only in the guise of 'token terrorists', but as veritable perpetrators.[28]

27 Cf. Anna Laura Braghetti and Francesca Mambro, *Nel cerchio della prigione* (Milan: Sperling & Kupfer, 1995), p. 7.

28 On the 'token terrorist', see Robin Morgan, *The Demon Lover: On the Sexuality of Terrorism* (London: Methuen, 1989), p. 196.

Yet, it is also in 2003 that the reality of female perpetration returns to the forefront of public consciousness with the arrest in violent circumstances of Nadia Lioce, subsequently convicted for the murders of government consultants Massimo D'Antona in 1999 and Marco Biagi in 2002. These events are redolent of a return of the repressed of political violence in Italy and provide eloquent testament to the deep chasm between cinematic representations of acquiescent or compliant women and the harsh reality of female perpetration. The continuing and unfaltering involvement of women in political violence underscores the importance of revisiting the implicit gendering of trauma in both Tasso's paradigm and Freud's theoretical framework; for in order to definitively distance the experience of terrorism from the contemporary reality, and to truly expiate the ghost of the terrorist past from the collective unconscious, Italian culture must cease to deny the reality of female perpetration. Rather, it must return once again to the enchanted wood of trauma's founding tale, and confront therein the threat embodied by the bleeding wound of femininity.

STEFANO BRUGNOLO

Il libro sul motto di spirito di Freud e la sua relazione con la teoria letteraria

Cominciamo intanto con il dire che *Der Witz und seine Beziehung zum Unbewussten* è l'unico testo freudiano che studia una manifestazione dell'inconscio che ha luogo esclusivamente in un linguaggio verbale.[1] Diversamente dai sogni, dai lapsus, dai sintomi, che possono essere compresi solo dopo essere stati decifrati, i motti sono messaggi immediatamente fruibili e condivisibili, proprio come i testi letterari. Gran parte di quello che Freud afferma per i motti può perciò essere esteso ai testi letterari, a patto che noi intendiamo per letteratura non solo quella istituzionalmente qualificata come tale, ma qualsiasi testo 'giochi con le parole', e cioè faccia un uso figurato del linguaggio, dalla singola ordinaria metafora al poema epico. Se noi partiamo da questo postulato, appare allora evidente che questo libro è anche di fatto un libro di analisi letteraria, anzi l'unico vero libro di critica letteraria scritto da Freud. Freud infatti qui fa una cosa che non fa allorché tratta la letteratura istituzionalmente intesa: invece che interessarsi dell'uomo che ha prodotto l'opera, secondo una modalità tipicamente positivistica, e ancora oggi largamente praticata negli approcci psicoanalitici alla letteratura, studia il testo proprio dal punto di vista retorico, convinto com'è che 'l'essenza del motto' (p. 84), *das Wesen des Witzes* (p. 106), consiste proprio nel suo assetto formale. In altre parole, si interessa

1 Tutte le citazioni freudiane sono tratte da *Il motto di spirito e la sua relazione con l'inconscio* (trad. Silvano Daniele e Ermanno Sagittario), che qui cito dall'edizione delle *Opere complete*, V, pp. 7–211. D'ora in poi tutte le numerazioni di pagina delle citazioni tratte da quest'opera saranno riportate tra parentesi. Le citazioni in tedesco sono invece tratte da *Der Witz und seine Beziehung zum Unbewussten*, in *Gesammelte Schriften* (Lipsia/Vienna/Zurigo: Internationaler Psychoanalytischer Verlag, 1925), IX, pp. 5–269.

del testo in quanto tale, e cioè come un messaggio autonomo, portatore di un senso immanente, e non come la manifestazione di pulsioni o complessi personali.[2]

Freud, in questo testo risponde a due domande sul motto, che tiene distinte e a cui dà risposte distinte, ma che continuamente intreccia. Le due domande sono: '*di che cosa parla il motto*?' e '*come ne parla*?' Entrambi gli approcci sono necessari per operare una 'riduzione', *eine Reduktion*, per arrivare a definire il grado zero semantico del motto. In altre parole Freud prende il motto e lo riformula o parafrasa, fino al punto di esplicitare il suo contenuto di pensiero ultimo. Per esempio il motto heiniano – 'mi ha trattato proprio come un suo pari, con modi del tutto *familionari*' – può essere riformulato così: 'mi ha trattato come un suo pari, con modi del tutto *familiari;* cioè: per quanto è possibile ai *milionari*' (pp. 14–15). A questo punto però, osserva Freud, abbiamo sì enucleato il contenuto di pensiero, ma 'l'essenza' dell'arguzia è andata perduta, con il che resta dimostrato che *tale essenza (o peculiarità) corrisponde alla sua forma* (l'espressione seria e diretta di quello stesso contenuto di pensiero è un'*altra cosa*).

Prime conseguenze da trarne: che la letterarietà è sempre connessa alla figuralità (al *come*); ciò che dà ragione all'impostazione formalistica; ma che per poter enucleare una forma occorre sempre fare riferimento a un contenuto di pensiero (al *che cosa*) indipendente dalla forma; ciò che dà ragione all'impostazione semantico-interpretativa. Insomma, posso confrontare due formulazioni di uno stesso pensiero e stabilire quale è arguta e quale no, proprio perché entrambe parlano in *forme* diverse della stessa *cosa*. Ma le formulazioni diverse di uno stesso pensiero non si equivalgono mai tra loro, ogni 'versione' implica poi significative differenze e sfumature di senso di cui l'analisi di Freud prova sempre a dare conto. Francesco Orlando lo dice così:

> Un tale procedimento [la riduzione] contraddice l'idealistica unità d'intuizione ed espressione, o l'intransitività poetica che ne è una versione aggiornata, assumendo

2 Tutte le considerazioni successive si rifanno agli studi di Francesco Orlando e soprattutto a *Per una teoria freudiana della letteratura* (seconda edizione; Torino: Einaudi, 1992; prima edizione, 1973).

> che un pensiero può mantenersi in varia misura costante attraverso formulazioni non identiche [...] Nello stesso tempo, il procedimento non manca di rendere giustizia a quanto c'è di effettivamente indissolubile in quell'unità [...] Sennonché la distanza tra la forma qualificata e inalterabile, e la riduzione che alterandola la squalifica, non è lo spazio dell'ineffabile bensì il più fecondo per l'analisi.[3]

Lo spazio fecondo a cui Orlando fa riferimento è appunto quello che si stabilisce tra figura e grado zero, tra significante e significato.

Intrecciata con la distinzione tra forma e contenuto del motto, è quella tra motti 'tendenziosi' e motti 'innocenti'.[4] I primi sono quelli che permettono attraverso un aggiramento della censura, garantito dalla forma del motto, una soddisfazione degli intenti sessuali o ostili, solitamente repressi; i secondi sono praticamente solo forma senza un significativo contenuto di pensiero, in quanto si limitano a giocare con le parole, e 'cercano senso uguale dietro suono verbale uguale o simile', senza però collegare a tale 'cortocircuito' (p. 108), *Kurzschluss* (p. 127), tra le parole nessuna tendenza repressa. Dei motti tendenziosi va subito detto che le pulsioni libidiche o aggressive a cui essi danno sfogo non riguardano praticamente mai contenuti psichici grezzi (seni, falli, vagine, complessi di castrazione, e via dicendo), e che essi trascendono quasi sempre le persone o i ruoli specifici che prendono di mira. In altre parole, gli intenti del motto trapassano continuamente dal piano individuale al piano sociale e politico; lo stesso Freud, per esempio, scrive che l'aggressione del motto è spesso diretta a 'falsi bersagli', e cioè a individui immeritevoli di tali attacchi (è il caso dei poveri sensali di matrimonio),[5] ma di fatto essa si rivolge 'a istituzioni, [ai] personaggi [che] ne sono i portatori, [a] proposizioni della morale o della religione, [a] concezioni della vita' (p. 97). Come a dire che esiste un effetto di *espansione semantica* del motto che, mentre apparentemente colpisce obiettivi limitati, mette in causa ordini costituiti e credenze vigenti di più grande portata.

3 Ibid., p. 204.

4 Vedi il capitolo terzo del *Motto di spirito*.

5 'Sono avversari degni del motto, questi? Non accade piuttosto che il motto prenda di mira i sensali soltanto per colpire qualcosa di più importante?' (p. 94).

Questo punto va sottolineato perché spesso le applicazioni freudiane correnti sottovalutano le implicazioni storico-sociali della sua teoria dell'inconscio, di cui enfatizzano piuttosto l'elemento pulsionale metastorico. La regola generale da trarne per l'interpretazione dei testi letterari in genere è la seguente: che ogni ritorno del represso è in qualche modo una risposta a una repressione storicamente connotata a cui reagisce in modo determinato, costituendosi come la controfigura o la controparte di quella. Se infatti è vero che le pulsioni umane sono fondamentalmente metastoriche, esse non possono poi che 'travestirsi', modellarsi su quei codici morali e ideologici che mirano sempre a contenerle, a deviarle. Ecco perché si danno insomma sempre e solo specifiche forme di represso sessuale e aggressivo: il desiderio sessuale è certo senza tempo, ma solo nel tempo storico riesce a manifestarsi e attuarsi. Si può solo aggiungere che il carattere originario e assoluto che informa le pulsioni insoddisfatte che si ribellano alla civiltà fa sì che nel motto, come nell'arte in genere, ogni valido ritorno del represso tenda a fuoriuscire dalla dimensione storica attuale verso quella futura utopica.

Dei motti 'innocenti' Freud alla fine dice che propriamente non lo sono mai, perché anche il più innocuo tra i *jeux de mots* è in definitiva tendenzioso, in quanto esprime un ritorno del represso logico-linguistico, e cioè infrange una sorta di regola prima e assoluta della civiltà, quella per cui 'alla fine non [...] sono più consentite che le combinazioni verbali dotate di senso' (p. 112). È proprio questa la tendenziosità il-logica che sta alla base del fenomeno letterario in quanto tale, come nota Freud quando scrive che 'l'inclinazione [infantile] a cercare senso uguale dietro suono verbale [identico] o simile' (pp. 107–8) è tipica di tecniche letterarie come 'la rima, l'allitterazione, il ritornello e altre forme di ripetizione di suoni [caratteristici della] poesia' (p. 109). A leggere passaggi come questo si direbbe quasi che Freud anticipi le poetiche dell'autonomia del significante; e certo, altre sue affermazioni paiono andare in questa direzione, per esempio: 'nel motto traiamo un innegabile diletto dall'uso di una stessa parola o di una simile che ci fa passare da un ordine di idee a un altro [...] Il piacere [...] sembra [...] tanto maggiore quanto più i due ordini d'idee posti in relazione dallo stesso termine sono estranei l'uno all'altro' (p. 108). Tali formulazioni sembrano echeggiare certe proposizioni di André Breton secondo cui 'la valeur de l'image [...] est fonction de la différence de potentiel [...] entre deux réalités distantes'.[6] Ma ciò che in realtà caratterizza Freud è 'la passione per il significato' (Orlando), non per il significante, come testimonia una sua nota apposta al passo appena citato:

> Se [...] servendomi di una parola a doppio senso [...] prendo una scorciatoia che mi porta da un ordine di idee a un altro senza che [...] risulti anche un senso significativo tra quei due ordini d'idee, ottengo un motto 'mal riuscito' [...] Un motto riesce 'bene' invece quando l'aspettativa infantile è soddisfatta e [...] alla somiglianza tra i vocaboli impiegati si accompagna [...] un'analogia sostanziale di significato. (p. 108)

I motti dunque prevedono sì lo 'stupore' dell'accostamento incongruo e puramente giocoso delle parole, ma anche 'l'illuminazione' che deriva dalla scoperta di una 'interconnessione significativa', di una 'parentela essenziale' tra quelle 'idee disparate' (p. 108). Anche in questo caso è possibile estrapolare le enunciazioni freudiane e applicarle al fenomeno letterario in genere: 'come i motti di spirito più "riusciti" [...] anche la grande letteratura è sempre due volte "tendenziosa", nella forma e nel contenuto'.[7] È proprio su questa base che possiamo ipotizzare che il giudizio di valore si fondi sulla constatazione di un felice 'corto circuito' tra forma e contenuto.

Come si vede, questo tipo di concezione del comico ben poco si intona con l'approccio antirazionalistico e antimetodico che si è sempre più diffuso dopo la crisi dello strutturalismo, e che privilegia la decostruzione alla costruzione del senso. Questo libro infatti non indulge in nessun modo a trattare il riso come un fenomeno di non-senso, di arbitrio ludico, di 'sacrificio assoluto del senso, senza recupero e senza riserva', per dirla con Derrida.[8] No, per Freud il motto di spirito è un fenomeno semantico che reca sempre informazione, e i motti sono tanto più 'validi' quanto più sono cognitivamente perspicui. E direi anzi che ciò che fa l'interesse del libro è proprio la 'passione semantica' che lo informa, e cioè l'idea *che c'è sempre senso, anche nel non senso*. Freud in effetti adopera spesso parole come assurdo/

6 André Breton, *Les Manifestes du surréalisme* (Parigi: Editions du Sagittaire, 1946), pp. 61–2.

7 Francesco Orlando, *Per una teoria freudiana della letteratura*, p. 209.

8 Jacques Derrida, *La scrittura e la differenza* (*L'écriture et la différence*, 1967), trad. Gianni Pozzi (Torino: Einaudi, 1971), p. 333.

assurdità, tanto ricorrenti in certe poetiche e filosofie modernistiche, ma poi tenta sempre di dare un senso altamente circostanziato a quell'assurdo. Per esempio, Freud scrive: 'la tecnica dei motti d'assurdo considerati finora consiste nel presentare qualcosa di [...] assurdo, il cui senso è di mettere in luce, di figurare [...] l'assurdità di qualcosa d'altro' (p. 51). Ancora una volta non si tratta di un assurdo assoluto, ma di un assurdo ben definibile e descrivibile, per esempio dell'assurdo di una istituzione che il motto denuncia come obsoleta e insensata.

Più in generale le analisi freudiane ci mostrano che non esiste il nonsenso o il senso indefinito, bensì la compresenza di sensi diversi e opposti e cioè una *formazione di compromesso* tra le istanze della Repressione e le istanze del Represso. Nella formulazione di Orlando, tale compromesso è da immaginarsi come una frazione in cui la Repressione occupa la parte alta e il represso quella inferiore (R/r): ogni motto può essere letto secondo questo modello. Le due istanze non sono però da immaginarsi come irrelate. Attraverso le sue analisi Freud suggerisce infatti che nell'arte un ritorno del represso esteticamente interessante è solo quello che fa i conti con le ragioni della repressione, che le ha necessariamente *fatte proprie* prima di contestarle. Si potrebbe anzi stabilire una regola secondo cui il ritorno del represso nell'arte è tanto più valido quanto più approfondita è stata l'interiorizzazione consapevole della repressione. Un ritorno del represso aggressivo o sessuale che si manifesti secondo modalità 'brutali' non è perciò solo più diretto ma anche più povero, più schematico. Si può comprendere meglio questa distinzione pensando per esempio alla differenza tra letteratura erotica e letteratura pornografica. Nel primo caso c'è una maggiore introiezione delle istanze della repressione morale, che pure tale letteratura mira a trasgredire; è proprio questa introiezione che permette all'arte erotica di essere più penetrante, raffinata e incisiva nella rappresentazione della complessa sessualità umana di quanto sia la pornografia, che sembra invece postulare una impossibile libertà assoluta del desiderio umano. Ma per restare a Freud, vale la pena rifarsi a quanto scrive a proposito delle 'storielle create dagli ebrei e rivolte contro peculiarità ebraiche'. Egli nota, infatti, che esiste una grande differenza tra i 'calzanti' motti di spirito che gli ebrei coniano su se stessi e le 'facezie brutali' coniate da stranieri, nonostante gli uni e gli altri colpiscano gli stessi difetti tipici di quel popolo: 'mentre i motti coniati dagli stranieri sugli ebrei sono quasi sempre facezie brutali, nelle quali l'arguzia è resa superflua dal fatto che, per gli stranieri, l'ebreo è una figura comica', gli ebrei, invece, 'conoscono sia i propri difetti che il nesso di questi con le proprie qualità, e ciò che essi hanno in comune con la persona da biasimare determina la condizione soggettiva [...] per il lavoro arguto' (p. 100). In altre parole ancora, per un buon motto, 'sembra che la partecipazione personale sia la condizione essenziale' (p. 127), occorre cioè che il soggetto sia coinvolto, implicato nella critica, e cioè che debba superare una inibizione interna. È questo complesso coinvolgimento a garantire l'intelligente ambivalenza del motto, e cioè la mescolanza di positivo e negativo che lo caratterizza. Gli stranieri sono meno inibiti nell'attaccare gli ebrei, ma i loro motti valgono poco, cioè sono troppo diretti e espliciti; per gli ebrei invece 'la critica o aggressione diretta è assai ardua ed è resa possibile solo grazie a vie traverse' (p. 127), *nur auf Umwegen ermöglicht wird*. Ma è proprio grazie a queste 'vie traverse' che si ha arguzia felice e non 'facezia brutale' (e tutta la letteratura intesa come discorso figurale può essere descritta come un discorso che, per mettere in discussione la realtà esistente, ricorre 'a vie traverse'). Ripeto: è solo pagando un pegno alle istanze della repressione che poi si ha il felice contraccolpo arguto: le operazioni di aggiramento a cui il motto è costretto per dire 'la cosa che non si può dire' recano con sé nuove possibilità espressive e cognitive.

Ora, nel motto l'istanza della repressione è rappresentata proprio da quella che Freud chiama la *komische Fassade*, la 'facciata comica'. In questo senso possiamo dire che Freud si pone qui come l'epigono di quella linea di pensiero che da Aristotele arriva fino a Orazio, a Hobbes e poi a Kant e a Bergson, e che ha sempre affermato la funzione correttrice e conformista del riso. Secondo questa prospettiva, il riso avrebbe la funzione di farci prendere le distanze dal soggetto protagonista del motto in quanto quest'ultimo infrange alcuni codici di comportamento, rendendosi così inadeguato e ridicolo. Diciamolo con le parole di Freud a proposito della comicità:

> Ecco spiegato in modo unitario perché ci appare comico chi, in paragone a noi, compie un dispendio eccessivo per le funzioni del corpo e insufficiente per le funzioni dell'anima, e non si può negare che il nostro riso è in entrambi i casi l'espressione

> della superiorità – cui va congiunto un senso di piacere – che ci attribuiamo rispetto all'altro. (p. 174)

Quando ridiamo, dunque, in un certo senso ci differenziamo dal torto intellettuale o comportamentale dell'altro, affermando implicitamente che io non sono lui. In questo senso le analisi di Freud si distinguono da quelle del teorico del comico oggi maggiormente alla moda, e cioè quel Michail Bachtin secondo cui il riso testimonia sempre e solo di un ritorno del represso, e cioè di una trasgressione, di una opposizione alle istituzioni vigenti. Non solo, Bachtin attribuisce questo riso liberatore a una mitica cultura popolare e imputa alla cosiddetta cultura alta e seria una vocazione esclusivamente conformistica. Gli effetti di questo pregiudizio possono essere fatali all'intelligenza dei testi, come dimostra anche solo un passaggio come questo:

> Il grosso ventre di Sancio [...] il suo appetito e la sua sete, sono [...] profondamente carnevaleschi [...] Il materialismo di Sancio – la sua pancia, il suo appetito, i suoi abbondanti escrementi – sono il 'basso' assoluto del realismo grottesco: è la gioiosa tomba corporea (pancia, ventre, terra), scavata per l'idealismo di Don Chisciotte, un idealismo isolato, astratto e necrotizzato.[9]

La verità è diversa: così come il riso popolare (dalla parte di Sancio Panza) può spesso avere valenze repressive e conformistiche, 'l'idealismo astratto' può esprimere grandi potenzialità critico-utopiche, come è appunto nel caso di Don Chisciotte. Ma più in generale direi che solo un modello fondato sull'ambivalenza ci consente di cogliere la complessità del comico cervantino, e non certo partiti presi che evidenziano solo un aspetto di quella comicità.

Proprio questo libro freudiano ci permette di costruire questo modello. Per Freud, infatti, un buon motto, insieme all'apparente trionfo della repressione, mette in scena anche un ritorno del represso, che ci induce a identificarci, almeno in parte, con l'altro, a dargli, almeno parzialmente, ragione.

9 Michail Bachtin, *L'opera di Rabelais e la cultura popolare* (*Tvorčestvo Fransua Rable i narodnaja kul'tura srednevekov'ja i Renessansa*, 1965) (Torino: Einaudi, 2001), p. 28.

Un buon motto insomma prevede sempre un sono io al di sotto del non sono io. Si trasponga questo modello, che vale per un singolo motto, a un testo gigantesco come il *Don Chisciotte*, e se ne concluda che sì, certo, noi prima di tutto ridiamo delle stranezze del protagonista, distanziandocene in nome del buon senso, e tuttavia *nello stesso tempo* ci identifichiamo anche con il suo anacronistico e generoso idealismo. Insomma, possiamo dargli *in fondo* qualche ragione solo perché gli diamo torto *in superficie*. Ebbene, un critico che si sia impratichito dell'anti-logica dell'inconscio è probabilmente in grado di cogliere e sciogliere meglio i giochi con il senso che caratterizzano la letteratura: il libro sul motto di spirito è la miglior palestra che io conosca per potersi esercitare a tale arte.

Per capire come funziona praticamente questo modello interpretativo vale la pena vedere come lo applica lui, Freud. Prendo perciò un suo commento memorabile a due motti definiti cinici; qui riporto solo uno dei motti, che è poi quello su cui Freud si concentra:

> Un signore decaduto ottiene in prestito 25 fiorini da un conoscente benestante, descrivendogli a fosche tinte il suo stato miserevole. Non passa un giorno e il suo benefattore lo incontra al ristorante, davanti a un piatto di salmone con la maionese. E lo rimprovera: 'Ma come, Lei mi chiede del denaro in prestito e poi ordina del salmone con la maionese. A questo dunque serviva il mio denaro?' 'Proprio non la capisco – risponde l'accusato. – Se non ho denari non posso mangiare salmone con maionese. Se ho denari, non devo mangiare salmone con la maionese. Ma allora, quand'è che riuscirò a mangiare salmone con maionese?' (p. 43)

Freud dapprima lavora sul piano formale, osservando che le parole del protagonista hanno 'uno spiccato carattere di logicità', che però è una pura 'parvenza', in quanto il *bon vivant* non risponde a tono: 'il suo creditore non gli rimprovera di [aver ordinato] salmone lo stesso giorno in cui ha chiesto soldi in prestito, gli ricorda che, date le sue circostanze, non ha in nessun caso il diritto di pensare a leccornie del genere'. Insomma, il *bon vivant* decaduto 'risponde a qualcos'altro, quasi avesse frainteso il rimprovero'. Freud chiama questa tecnica 'di spostamento', perché l'elemento essenziale è dato dalla 'diversione del percorso mentale, dallo spostamento dell'accento psichico su un tema diverso da quello iniziale' (p. 45). 'Il motto di spostamento [però] è [qui] in larga misura indipendente dall'espressione verbale. Esso [cioè] non dipende dalle parole, ma dalla successione dei pensieri'. Perciò 'la riduzione è possibile solo se modifichiamo il corso dei pensieri', e allora essa sarebbe: 'Non so privarmi di ciò che mi piace e non m'importa affatto come io mi procuri il denaro necessario' (p. 45). Ma questo, conclude Freud, sarebbe *kein Witz, sondern ein Zynismus* (p. 54). O, per meglio dire, cinismo apertamente affermato, quasi esibito. In effetti, la riformulazione proposta coglie l'essenziale, e tuttavia ci si rende subito conto che in questo modo non solo 'il motto si dissolve', ma si perdono anche alcune sfumature di senso che erano connesse alla specifica forma del motto (al *come* non al *che cosa*).

Proprio per dare conto di queste sfumature di senso, Freud riprenderà l'analisi del motto molte pagine dopo, e questa volta non si limiterà più ai caratteri formali del motto, ma prenderà in considerazione gli intenti di esso.[10]

Il focus dell'analisi è posto ancora sul sofisma prodotto dal *bon vivant*. Freud nota che, sia pure per un istante, la sua 'parvenza logica' ci disorienta e ci induce quasi a dire: costui ha ragione! In realtà no, 'a un esame più accurato' il ragionamento non regge, e il nostro primo moto di consenso si risolve subito in riso. Come sappiamo tale riso corrisponde alla sanzione di un ragionamento che dopo un primo stupore si è rivelato fallace. Consisterebbe in questo la facciata comica del motto, che esibisce un 'cospicuo lavoro intellettuale' che poi a ben guardare si rivela nullo. Ed è proprio sulla base di questa sproporzione che scatta il riso, secondo l'analisi freudiana: 'la comicità nasce [infatti] quando l'altro risparmia un dispendio che io considero indispensabile, perché assurdità e stupidità indicano inefficacia della funzione' (p. 217). Ma forse davvero, opina Freud, questo nostro primo impulso di adesione, corrispondeva a una complicità profonda e inconscia. Egli anzi stabilisce una sorta di criterio interpretativo: quando 'una parvenza di logica è appiccicata sulla facciata di una storiella, il pensiero vorrebbe

10 Il passaggio che analizzo di seguito è riportato alle pagine 97–9 dell'edizione italiana già citata e alle pagine 119–21 dell'edizione originale (d'ora in poi allorché cito da questo brano non riporto il numero delle pagine). Ho apportato alcune modifiche alla traduzione italiana là dove mi sembrava necessario per renderla più fedele.

dire in tutta serietà: "costui ha ragione", ma per via della resistenza che vi si oppone non osa dargli ragione, se non nell'unico punto in cui è facile dimostrare che ha torto. E il punto scelto è il giusto compromesso tra la sua ragione e il suo torto'. È un po' come il Don Chisciotte sopra evocato: possiamo dargli ragione solo dandogli torto.

In realtà, Freud aveva affermato precedentemente, a proposito dei motti sofistici dei sensali, che 'se il discorso del sensale riceve una parvenza logica così solida da rivelarsi come parvenza solo dopo un esame accurato, la verità che vi si cela è che il motto dà ragione al sensale [...] Non ci allontaneremo molto dal vero supponendo che tutte le storielle con una facciata logica intendano veramente dire, sia pure con argomenti a bella posta erronei, ciò che affermano' (p. 96). Possiamo concludere che la ricezione del motto cosiddetto sofistico preveda tre tempi: i. Il ragionamento pare quasi giusto; ii. Ma no, il ragionamento non è giusto; iii. Ma sì che (in fondo) è giusto. In altre parole, c'è una facciata comica che dopo qualche esitazione ci fa dare torto allo sciocco di turno, ma subito dopo ci induce a dargli (una parte di) ragione.

Freud dice però qualcosa di più: che solo così possiamo dare ragione al *bon vivant*, solo *dopo e perché* gli abbiamo dato torto. E infatti nessun uomo educato e civile potrebbe aderire consapevolmente e seriamente alle ragioni del buongustaio, che Freud questa volta riformula così: 'Sì, costui ha ragione, niente vale più del godimento, e il modo nel quale uno se lo procura è abbastanza indifferente'. Vale la pena notare che da qui in poi Freud costruisce la sua interpretazione quasi mimando la ricezione internamente articolata di un ideale destinatario del motto che oscilli tra presa di distanza e immedesimazione.

L'interno movimento di questa lettura-interpretazione è sottolineato dal continuo trapasso da un pronome personale all'altro. Prima di tutto Freud si riferisce a un'ideale e impersonale comunità di lettori borghesi, di cui lui stesso fa parte, e a cui ripugna tanto cinismo: '[...] l'idea che il protagonista del motto del "salmone con la maionese" abbia ragione ci ripugna', *so abstossend wirkt*. Si tratta di una figura retorica ricorrente in Freud, quella della *concessio*: la concessione del diritto alla perplessità e alla resistenza da parte dei suoi ideali lettori. Il frequente ricorso a tale figura del discorso ben sottolinea la sua posizione delicata di scienziato e intellettuale che era nello stesso tempo conservatore e rivoluzionario, borghese e anti-borghese. Quasi sempre, infatti, dopo aver concesso qualcosa ai suoi interlocutori presuntamente scandalizzati, Freud rilancia la posta del suo discorso. Come qui, dove obietta che liquidare come 'di infima natura' il godimento ricercato dal buongustaio, non ci libera da un inevitabile confronto: quel godimento è infatti rappresentativo di tutti i possibili 'godimenti' e piaceri materiali, di specie anche più raffinata, a cui *noi* magari indulgeremmo, ma che comunque restano proibiti dalla 'dottrina morale'. Quel che insomma si rivendica, a partire da quell'umile piacere, è il diritto al piacere in quanto tale, e per tutti. È solo su questa base che possiamo spiegare l'effetto di *espansione del senso* tipico dei motti. Come già dicevo, il motto secondo Freud quasi sempre 'prende di mira' questi 'capri espiatori' (p. 95) umili, ma lo fa per 'colpire ciò che è grande, degno e potente' (p. 94), *Grosses, Würdiges und Mächtiges* (p. 115), in questo caso l'etica della rinuncia in una società di massa disincantata. Solo da questa sua capacità di applicazione ad altre realtà deriva il godimento intenso che il motto ci procura, e che non si spiegherebbe se davvero ci fermassimo alla sua 'facciata'.

Obbedisce alla stessa logica espansiva l'omologazione della filosofia spicciola esibita dal *bon vivant* alla ben più nobile filosofia epicurea. Qui Freud convoca come testimoni a discarico del cinico buongustaio poeti come Orazio e Lorenzo de' Medici, e cioè poeti che appartenevano al bagaglio medio di conoscenze dell'uomo colto europeo: 'ma in fondo non è altro che il "Carpe diem" del poeta'. È come se così facendo rivelasse di colpo le potenzialità eversive della grande arte, potenzialità spesso neutralizzate dalla loro canonizzazione. L'epicureismo di un Orazio e di un Lorenzo in fondo era stato assimilato e disinnescato in quanto espressione di piccole élites che si potevano permettere di essere 'libertine', senza per questo mettere in discussione le basi di ordinamenti sociali che escludevano la condivisione allargata dei piaceri. Ma che cosa accadrebbe se quell'epicureismo propugnato dalle minoranze raffinate e privilegiate venisse fatto proprio dalle masse declassate e senza fede dei nostri tempi? Questa è la questione decisiva che Freud dapprima evoca implicitamente, e subito dopo esplicita e affronta.

Dopo questa prima concessione ai suoi interlocutori colti e moderati, Freud tenta progressivamente di interessarli alle ragioni 'ripugnanti' del buongustaio, quasi coinvolgendoli, come sempre dimostra il noi associativo: 'In realtà *ognuno di noi* ha conosciuto ore ed epoche nelle quali ha ammesso la giustezza di questa filosofia e ha rinfacciato alla dottrina morale di sapere solo chiedere senza dar nulla in cambio' (il corsivo è mio). Freud è contemporaneamente ardito e cauto, da una parte postulando che 'ognuno di noi', *jeder von uns*, deve riconoscere quelle ragioni, ma circoscrivendo poi tale 'riconoscimento' a determinate 'ore e tempi', *Stunden und Zeiten*. È però evidente dal tono da che parte sta chi ha evocato le 'ragioni' della filosofia epicurea contro un 'precetto morale' che sa 'soltanto esigere senza risarcire'.

Fino a qui le motivazioni della repressione e del represso sembrano essere quelle metastoriche che contrappongono il principio di piacere al principio di realtà. Ma ecco che Freud storicizza tale conflitto: 'Da quando abbiamo smesso di credere nell'aldilà, dove ogni rinuncia sarà ricompensata dal soddisfacimento [...] da allora il *Carpe diem* è diventato un ammonimento serio'. In altre parole, il problema del controllo delle pulsioni s'è fatto drammatico da quando è venuta meno l'illusione di un aldilà; da quando il mondo si è disincantato. Le ragioni di principio per procrastinare la soddisfazione immediata dei desideri si sono fatte problematiche. Per farci sentire tutta l'urgenza e la drammaticità di queste nuove scelte davanti a cui sono posti gli individui, Freud lascia il Noi e passa all'Io, che è sempre meno l'Io del buongustaio, e sempre più quello dello *jedermann* già sopra evocato: 'Sarei lieto di posporre il soddisfacimento, ma chi mi dice che domani ci sarò ancora? [...] Va bene, rinuncerò a tutte le forme di soddisfacimento condannate dalla società, ma sono poi sicuro che la società mi ricompenserà per questa rinuncia [...]?' Qui Freud sta facendo uso della figura della *sermocinatio*, tipica di una certa oratoria, e introduce a parlare l'uomo qualunque, che addirittura prefigura un nuovo patto sociale: è sì disposto a procrastinare la soddisfazione dei desideri, ma si chiede se per questo la società lo ricompenserà prima o poi. Si noti: la forma interrogativa della questione formulata dall'*everyman* evocato da Freud ('Va bene, rinuncerò ... ma sono poi sicuro ...?'), ricalca da vicino la forma interrogativa del motto vero e proprio ('se ... non ... se ... non ... Ma allora, quand'è che mi sarà consentito ...?'). Siamo molto lontani dallo spudorato cinismo cui Freud aveva dapprima ridotto il motto. L'uomo qualunque che qui prende la parola ha evidentemente introiettato le ragioni della repressione, e di esse perciò sa e deve tener conto, anche nel momento della rivendicazione del suo piacere: sì, d'accordo, riconosco che esistono istanze che si oppongono alle soddisfazioni immediate, e *tuttavia* chiedo qualcosa in cambio ... Come non accorgersi che questa riformulazione rende molto meglio il senso di quel 'Insomma, quand'è che mi sarà consentito ...?'

D'altra parte, per comprendere la logica del ritorno del represso che sovrintende il gioco letterario dobbiamo capire che essa si fonda sempre su un *tuttavia*, e cioè non su un disconoscimento totale delle ragioni della repressione, quanto piuttosto su una negazione determinata di quelle, su una inevitabile *concessio* alle istanze della civiltà, concessione che però pretende in cambio il riconoscimento di quelle irriducibilmente individuali. Tale *concessio* alle ragioni dell'Altro, che è fondativa di qualsiasi formazione di compromesso letterario, in questo caso viene tematizzata da Freud come strutturante il motto: sì, io vi concedo che sarebbe giusto procrastinare il piacere individuale, voi allora concedetemi che tale sacrificio sia ricompensato.

Ma il movimento della negoziazione riguarda anche Freud come interprete. Freud infatti con la sua interpretazione sta negoziando tra interlocutori scandalizzati e *bon vivant* scandaloso, e la posta in gioco è proprio l'identificazione di questi con quello. Direi però anche che tale interpretazione-negoziazione non è altro che la trasposizione drammatizzata dell'interpretazione- negoziazione che è caratteristica di ogni ricezione del comico, che sempre oscilla tra un sono io e un non sono io. È comunque a questo punto che l'interprete si sbilancia nel senso dell'immedesimazione, quasi patrocinando 'ad alta voce' una causa che non è certo più solo quella del *bon vivant*: 'Ciò che questi motti di spirito mormorano (*flüstern*), è possibile dirlo ad alta voce (*laut sagen*): che i desideri le brame degli uomini hanno un diritto (*ein Recht haben*) di farsi ascoltare accanto alla morale piena di pretese e priva di riguardi'. Se prima si riconoscevano le ragioni del principio di piacere solo in 'certe ore', qui esse vengono equiparate a quelle del principio di realtà: esse hanno pari *dignità*. Ma Freud va oltre, rincara la dose, e, dimenticando ogni prudenza, evoca infine una critica radicale alla società borghese; critica che, con il solito gioco dei pronomi personali, attribuisce ad altri soggetti innominati, a un impersonale *si*, di cui però non disconosce la legittimità: 'e ai nostri giorni si è detto (*es ist gesagt worden*), in proposizioni energiche e emozionanti che questa morale è solo il precetto egoistico dei pochi ricchi e potenti'. È come se Freud stesse esplorando l'area di senso messa in gioco dal motto, espandendone, dispiegandone per cerchi concentrici successivi il potenziale semantico originario. In questo modo fa emergere 'i massimi problemi sociali della piena età borghese, dalla scopertura ideologica succeduta al tramonto della religione, al mascheramento del vantaggio di una minoranza privilegiata come morale'.[11] Ci siamo portati ben oltre quelle soddisfazioni personali di 'infima natura' che la prima riduzione del motto aveva evidenziato. Il discorso interpretativo si è caricato di misurato ma teso pathos morale e politico: *so lange die sozialen Einrichtungen*, 'finché le istituzioni sociali non faranno di più, al fine di render[e] più piacevole' la vita, *die Stimme, die sich in uns auflehnt*, la 'voce che si solleva in noi contro le esigenze della morale' non potrà mai 'venir soffocata', *nicht erstickt werden*. Come non sentire risuonare in questa 'voce che si solleva' le voci dei movimenti popolari, sindacali e politici, che si sollevavano allora in Europa a pretendere una vita più umana, una maggiore condivisione dei sacrifici e degli appagamenti?

Come si vede, il motto che dapprima ci era parso stupido e inoffensivo, ora ci si rivela portatore di una interrogazione critica davvero radicale. Interrogazione che non può certo essere imputata all'ipotetico coniatore del motto, ma piuttosto al motto come 'trovata' che oltrepassa le intenzioni coscienti e permette di accedere 'improvvisamente', e cioè attraverso una serie di semiconsci cortocircuiti semantici, a verità altrimenti indicibili. Sono queste verità indicibili del motto che Freud sta cercando di articolare. E non si può certo dire che stia forzando l'interpretazione; come negare infatti che si tratti sempre e comunque di prolungamenti legittimi del significato di base del motto? Vale la pena ribadire quanto sopra già affermato: 'l'aggiramento' compiuto dal desiderio 'proibito' per poter trovare espressione attraverso il motto non corrisponde solo a un camuffamento,

11 Francesco Orlando, *Per una teoria freudiana della letteratura*, p. 49.

ma prevede una sorta di tornaconto semantico secondario; attraverso queste 'vie traverse', insomma, anche il senso si complica e raffina, e va ben oltre la semplice affermazione cinica: 'Non so privarmi di ciò che mi piace e non m'importa affatto come me lo procuro'.

Ho parlato prima di negoziazione, come di un tratto decisivo dell'ermeneutica freudiana, una negoziazione che porta sempre a una stretta finale, che ha luogo quando l'assunzione della verità non è più posticipabile, come appunto accade qui, allorché Freud stabilisce che, 'ogni uomo onesto (*jeder ehrliche Mensch*) finirà col fare questa ammissione se non altro davanti a se stesso', *bei sich dieses Zugeständnis endlich machen*. Ecco, la posta in gioco del motto è in definitiva la verità, o, per meglio dire, una verità che ci riguarda, che ci chiama in causa, e per riconoscerla almeno a se stessi, ci vuole una superiore 'onestà'. In altre parole, il cinico puro non può cogliere il valore cognitivo universale di questo motto cinico: lo può cogliere solo qualcuno che sia intellettualmente onesto. E cioè solo colui che può riconoscere le ragioni 'relative' del cinismo, senza comunque dimenticarsi della insuperabilità delle ragioni del principio di realtà su cui si regge la civiltà.

Ma la lunga interpretazione non è ancora giunta al termine. Si tratta ora di esplorare gli orizzonti alternativi a quelli di una pura perpetuazione della vecchia lotta tra 'i desideri e le brame' e una 'morale piena di pretese'. Freud lo fa secondo una logica controfattuale, e cioè evocando le possibilità che il testo suggerisce solo implicitamente, per via negativa e utopica, richiamandosi e richiamandoci a una *neue Einsicht*, a una 'nuova prospettiva' che il testo non afferma ma che spetta all'interprete ricavare:

> È necessario che gli uomini connettano a tal punto la loro vita a quella degli altri, riescano a identificarsi intimamente con gli altri, che l'accorciamento della durata vitale propria risulti superabile; e non si devono soddisfare in modo indebito le esigenze dei bisogni propri, bensì lasciarli inappagati, perché solo il protrarsi di tante esigenze inappagate può sprigionare il potere di modificare l'ordinamento sociale.

Qui Freud è passato a un nobile e impersonale *man: man muss*. Non a caso, visto che sta delineando l'abbozzo di una morale non più fondata su istanze trascendenti, ma immanenti, storiche, una prospettiva che può ricordarci la visione asciuttamente utopica del Leopardi della *Ginestra*. Ripeto, la dimensione che qui Freud evoca è alternativa alla *Lebensphilosophie* professata dal *bon vivant*, e però noi possiamo tentare di andare oltre l'orizzonte di quest'ultimo, *solo dopo che* avremo avuto l'onestà di riconoscere le sue buone ragioni. E infatti, subito dopo aver evocato questa 'nuova prospettiva', Freud ritorna un'ultima volta a dare ragione al *bon vivant*: 'Ma non tutti i bisogni personali possono essere differiti in questo modo e trasferiti su altre persone, e non si dà sempre una soluzione del conflitto che sia valida per tutti'. Come a dire che la protesta per le soddisfazioni ingiustamente negate non potrà mai essere 'superata' o 'soffocata' da nessun sistema sociale, anche dal migliore immaginabile, e che sempre ci sarà 'una voce che si leverà' a rivendicare i diritti di una vita pienamente vissuta.

Concludo con qualche osservazione sulla tecnica dell'interpretazione freudiana, di cui questo esempio costituisce una delle manifestazioni più memorabili.

Prima di tutto: ogni valida interpretazione psicoanalitica dei testi non si limita a rivelare i contenuti grezzi del represso che in essi si manifesta, siano essi libidici o aggressivi, ma delinea le specifiche e originali configurazioni storico-sociali di ogni ritorno del represso, dispiegandone poi il potenziale universalistico e critico-utopico. In secondo luogo, le interpretazioni freudiane dimostrano che l'intento del motto, e dell'arte in genere, è liberatorio, ed è liberatorio due volte: non solo dà sfogo a tendenze represse, ma soddisfa l'impulso a dire la verità negata, a 'gettare la maschera': 'um das letzte Stück der Wahrheit herauszuschreien' (p. 116), per 'gridar fuori fin l'ultimo lembo di verità' (p. 95), come dice Freud dei paraninfi protagonisti di tanti suoi motti. In terzo luogo, anche l'arte interpretativa in sé obbedisce a questo stesso impulso di emancipazione. Esplicitare il senso nascosto dei motti è infatti un atto liberatorio, che reca con sé felicità cognitiva. Vale infatti per il non detto dei motti quello che vale per il non detto dei sintomi nevrotici, una volta che l'interprete ha esplicitato il senso segreto di quei sintomi, ne consegue un effetto di catarsi. Tale effetto producono spesso le interpretazioni freudiane. Si prenda quella che dà dei motti dove i sensali 'si lasciano sfuggire la verità': non solo così facendo essi denunciano le miserie dell'istituzione del matrimonio combinato, 'l'interpretazione può essere continuata', e così possiamo accedere a una verità ulteriore, a una meta-verità che va ben al di là del contesto immediato: 'Il seguito dell'interpretazione, che scopre ciò che è nascosto e smaschera la natura tendenziosa di questi aneddoti dalla facciata comica, sarebbe questo: chiunque in un momento di disattenzione si lascia sfuggire la verità, in realtà è contento di porre termine alla finzione. È un concetto psicologico giusto e profondo. Senza un tale consenso interiore nessuno si lascerebbe sopraffare dall'automatismo che porta alla luce la verità' (p. 95) ... *die Wahrheit an den Tag bringt* (p. 115). E si prenda ancora il motto attribuito a Heine sul letto di morte: al prete che gli faceva 'sperare di trovare presso Dio il perdono dei suoi peccati, il poeta avrebbe risposto: "Bien sûr, qu'il me pardonnera; c'est son métier". Un paragone umiliante' commenta Freud, ma ciò che il motto si propone di dire è questo: '"Certo che mi perdonerà, è per questo che è là, io non l'ho cercato per nessun'altra ragione" (come si sceglie il medico e l'avvocato). Così nel morente, che giace privo di forze, si agita ancora la coscienza di essersi creato un dio e di avergli dato potenza allo scopo di servirsi di lui al momento opportuno. Poco prima di essere annientata, la presunta creatura si rivela come il creatore' (p. 102). È come se il senso sottile che informa segretamente il motto venisse finalmente articolato, dispiegato e 'fatto brillare' in tutto il suo 'segreto splendore'.[12] Propriamente le interpretazioni freudiane del motto prolungano e amplificano l'effetto di gioia intelligente prodotto dal motto stesso, facendocelo afferrare e apprezzare più pienamente e finemente. Sono maieutiche perché il significato che ricostruiscono era già in noi, anche se solo in forma intuitiva e muta. Con le sue interpretazioni Freud fa quello che dovrebbe fare ogni buon interprete letterario: ci fa portare a coscienza quel che in qualche modo sapevamo già.

12 Jacques Lacan ha scritto a proposito del libro sul motto di spirito di Freud: 'Ici tout est substance, tout est perle. L'esprit qui vit en exilé dans sa création dont il est l'invisible soutien, sait qu'il est maître à tout instant de l'anéantir. Formes altères ou perfides, dandystes ou débonnaires de cette royauté cachée, il n'est pas jusqu'aux plus méprisées dont Freud ne sache faire briller l'éclat secret.' *Ecrits* (Parigi: Seuil, 1966), p. 270.

ALDO GIORGIO GARGANI

Psychoanalysis: Science or Aesthetic-Linguistic Research?

Psychoanalysis and Analytical Philosophy

The main relation of psychoanalysis to analytical philosophy turns out to be originally constituted by the work of Ludwig Wittgenstein. Wittgenstein is well known for having claimed that philosophy is neither theory, nor doctrine, but rather a type of linguistic therapy and conceptual clarification, based on those elucidations (*Erläuterungen*) which Gottlob Frege had formerly introduced in his *Grundlagen der Arithmetik* (*The Foundations of Arithmetic*). A recent book, written by a group of American philosophers including James Conant and Cora Diamond, entitled *The New Wittgenstein*,[1] whilst rejecting standard interpretations of the Austrian philosopher, draws attention to the final proposition, proposition 6.54 of the *Tractatus logico-philosophicus*, where Wittgenstein paradoxically declared his propositions meaningless (*unsinnig*). Behind this thesis is the assumption that the *Tractatus* is not designed to clarify real, actual propositions – these in fact being declared senseless – but rather to clarify the mind of the reader and eventually even the mind of the author himself. As in a successful psychoanalytic treatment, as Wilfred Bion remarks,[2] the therapist and the patient are not able to reconstruct and remember the process which leads both of them to a positive result, similarly the linguistic and conceptual clarification carried out by philosophical analysis

1 Alice Crary and Rupert Read (eds), *The New Wittgenstein* (London: Routledge, 2000).

2 Wilfred R. Bion, *Transformations* (London: Heinemann Medical, 1965).

in the *Tractatus* does not properly aim at any proposition, but rather at the mind of the reader by changing his vision of the world. In other words, both philosophical analysis and psychoanalysis change our way of looking at the world, both of them consisting in a new perspective from which one is able to look at inner and external experience.

Wittgenstein's attitude towards Freud is problematic and complex; on the one hand he recognizes the creative genius and the originality of Freud, saying that the originality of the seed belongs to Freud, whereas only the originality of the ground belongs to himself. But on the other hand, as we will go on to see, Wittgenstein claimed he had reached a better and more developed understanding and awareness of Freud's work than Freud himself. The critical points raised by Wittgenstein about Freud are as follows: i) the introduction of a new version of psychoanalysis corresponding to a more adequate self-understanding; ii) the emancipation of psychoanalysis from the presuppositions of classical dynamics and of the energicist physics of the second half of the nineteenth century, upon which Freud based his 'dynamic conception of psychic phenomena', making use of such expressions as 'energy', 'free energy', 'bounded energy', 'energy investment', 'energy balance', 'energy decrease', 'pulsion energy', 'psychic energy'; iii) the separation of Freudian doctrine from the nomological-deductive model of physico-mathematical sciences; iv) the notion of psychoanalysis as something similar to a sort of aesthetic discipline and to a linguistic-conceptual analysis in the sense of a morphology and genealogy of certain symbolic constructions; v) the creation of a constructivist methodology of research according to which the objects and the facts psychonalysis is dealing with are as much created as discovered. The case of phobic hysteria manifested by the so-called 'wolf-man' represents an example of a constructive procedure, since Freud also takes into consideration the possibility that the boy never entered his parent's room while they were having sexual intercourse 'a tergo more ferarum' and that his phantasies were provoked by his imagination linked with the development of his first sexual interests. We may say that we establish the meaning of such notions as 'identity', 'concordance' of objects, processes and events which we are talking about, while we are constructing our versions of these objects and facts. There is no pre-determined and fore-shadowed process which guides our operations with symbolism in advance. It is we who establish what is the next step to be taken after each preceding one. Therefore there is no concept of identity presupposed by our use of language, but it is what we do that establishes the meaning of identity, of doing the same thing. In other words, we define the identity of objects and of rule-following while we are constructing objects and giving examples of rule-following.

As Gordon Baker underlines in his important book, *Wittgenstein's Method: Neglected Aspects*,[3] Wittgenstein's philosophical work turns out to be related to Freudian psychoanalysis since both doctrines deal with personal, human problems. For instance, Wittgenstein writes that he compares architecture and philosophy because both of them address personal, individual needs, diseases and questions. Psychoanalysis and linguistic therapy end up by being work performed on oneself and on one's own interpretation, as the condition for achieving a sound human understanding. In 1931 Wittgenstein wrote:

> Working in philosophy is really more a working on oneself. On one's own interpretation. On one's way of seeing things. (And what one expects of them).[4]

Some years later, in 1937, he welded together ethical reflection and philosophical analysis with the recognition that the answer to philosophical problems consists in a new way of living and acting, in a new form of life, which will take the form of weeding out those disquietudes of the mind caused by misconception of language practices. In 1944 Wittgenstein wrote that 'that man will be revolutionary who can revolutionize himself'.[5] Psychoanalysis and therapeutic philosophy share the task of freeing people from mental and conceptual misunderstanding originating in inner experience. In *Philosophical Grammar* Wittgenstein wrote:

3 Gordon P. Baker, *Wittgenstein's Method: Neglected Aspects* (Oxford: Blackwell, 2004).

4 Ludwig Wittgenstein, *Culture and Value* (*Vermischte Bermerkungen*) trans. Peter Winch (Oxford: Blackwell, 1980), p. 16e.

5 Ibid., p. 45e.

> A mathematician is bound to be horrified by my mathematical comments, since he has always been trained to avoid indulging in thoughts and doubts of the kind I develop. He has learned to regard them as something contemptible and, to use an analogy from psycho-analysis (this paragraph is reminiscent of Freud), he has acquired a revulsion from them as infantile. That is to say, I trot out all the problems that a child learning arithmetic, etc. finds difficult, the problems that education represses without solving. I say to those repressed doubts: you are quite correct, go on asking, demand clarification.[6]

A crucial aspect of the resemblance between Wittgenstein's procedure and Freudian analysis consists in the fact that it does not limit itself to pointing out a mistake or misunderstanding, but also shows the source of it; that is, the mistake together with the source from which it stems. As happens in psychoanalytic treatment, Wittgenstein assigns a decisive role to the acknowledgment expressed by someone who is confronted with the reconstruction of his psychological misunderstanding and error, and then undergoes a deep-seated change. In the *Big Typescript* Wittgenstein says that 'we can bring someone's mistake home to him only when he acknowledges it as the right expression for what he feels. The point is: only when he acknowledges it as such is it the right expression (Psychoanalysis)'.[7] In *Philosophical Investigations* Wittgenstein writes that 'the philosopher's treatment of a question is like the treatment of an illness'.[8] As psychoanalysis is an individualizing and historicizing discipline, so philosophical analysis consists in facing up to specific, personal problems by which human individuals turn out to be confused and deceived. In this sense philosophy as linguistic therapy is a discipline parallel to psychoanalysis. In section 133 of *Philosophical Investigations* Wittgenstein claims that 'there is not *a* philosophical method, though there are indeed methods, like different therapies'. With Wittgenstein, philosophy does not deal with alleged eternal, perennial

6 Ludwig Wittgenstein, *Philosophical Grammar* (*Philosophische Grammatik*) trans. Anthony Kenny (Oxford: Blackwell, 1974), II, § 25.

7 Ludwig Wittgenstein, *The Big Typescript*, in *Wiener Ausgabe*, ed. Michael Nedo (Vienna and New York: Springer, 2000), XI, p. 277.

8 Ludwig Wittgenstein, *Philosophical Investigations* (*Philosophische Untersuchungen*) trans. G. E. M. Anscombe (Oxford: Blackwell, 1953), I, § 255.

and universal problems. Just as psychoanalytic treatment is designed to give the patient back his sense of reality by freeing him from illusions, mythologies, idealizations, so linguistic therapy discards the alleged notion of a universal reason, of a 'super-order between super-concepts', as Wittgenstein writes in the section 97 of his *Philosophical Investigations*. Wittgenstein claims that his task consists in illustrating and describing what he defines as 'the civil status of a contradiction, or its status in civil life' (*Philosophical Investigations*, I, § 125) and his task consists in 'assembling reminders for a particular purpose' (*Philosophical Investigations*, I, § 127).

The certainty Wittgenstein is talking about resides in action, in our form of life, not in an epistemological enterprise. What was taken to be an epistemological certainty concerning the truth of sentences is converted into the attitude of *being familiar with* the *content* of an expression.

> I know – I am familiar with it as a certainty;
> I know it *as* I know that my name is Ludwig Wittgenstein.[9]

Certainty, unconditional truths and the like are expressions not of an epistemological process, nor of a correspondence between language and reality, but rather of the *attitude* which inside a form of life one directs towards some sentences (see *On Certainty*, §§ 403–4). What formerly was conceived of by philosophers as a truth within the epistemological context of a doctrine of knowledge, is now reduced to an attitude, that is to a way of considering a sentence, of applying it in certain circumstances and of behaving with regard to it inside a form of life. Therefore Wittgenstein is able to go as far as to say that the notion of certainty can be translated into that of being *familiar* with an expression. This topic of 'being familiar with', as we shall see later, is strictly connected with the capability of recognizing a sentence as a meaningful one by the *Satzklang*, the proposition sound, by 'taking something in by the ear'. In section 167 Wittgenstein writes: 'Remember that the look of a word is familiar to us in the same kind of

9 Ludwig Wittgenstein, *On Certainty* (*Über Gewissheit*) trans. Denis Paul and G. E. M. Anscombe (Oxford: Blackwell, 1969), §§ 272, 328.

way as its sound'. In this context both Freud and Wittgenstein refer to the function of feelings, emotions in mental processes and in particular in connection with the acceptance or rejection of certain visions of reality. The ethical discipline of delving into ourselves makes us climb down from the ladder on which our idealizations and sublimations were set up, and it implies a renunciation of feelings invested in those idealizations and sublimations. Getting down from our ladder – that is to say, the point of view adopted by Wittgenstein himself in the *Tractatus* – means coming down from the place of our false height and coming back to the place corresponding to our real height. But none of this implies any sacrifice of the intellect, but rather one of feeling and will. That is precisely the way Wittgenstein developed moving from the *Tractatus* to the vision of his later work. As Wittgenstein remarks in the *Big Typescript*:

> Philosophy does not call on me for any sacrifice, because I am not denying myself the saying of anything but simply giving up certain combinations of words as senseless. But in another sense philosophy demands a renunciation, but a renunciation of feeling, not of understanding. Perhaps that is what makes it so hard for many people. It can be as hard to refrain from using an expression as it is to hold back tears or hold in anger.[10]

One topic to which little attention has been drawn refers to the critical revision that, in my opinion, both Freud and Wittgenstein in their respective fields of inquiry carry out with regard to the concept of analytical coherence, this latter being conceived as a sort of glue connecting the steps, the transitions in thinking and speaking. What is rejected is the conception of analyticity conceived of as a flux *of an identical content flowing through the terms of discourse*.

In the philosophical tradition the term 'coherence' corresponded to the idea of a glue that binds one step in thinking and speaking to another one within an inexorable and necessary concatenation, starting from something that was considered the first term of the chain down to the last one grounded on the rule according to which 'if there is one thing, then the

10 Wittgenstein, *The Big Typescript*, p. 275.

other thing necessarily follows'. In Wittgenstein's later work, this traditional view of coherence is replaced by the conception of a motley context, of an interweaving of signs among which the principle 'if there is one thing then another thing necessarily follows' no longer holds, but rather where the slogan sets in according to which if there is the one, then there is also the other. Language is the institutionalized context of practices inside a form of life, of an interweaving of signs, traces and events which *coalesce* and which in their being together take on a coherent physiognomy due to the use of words, which is the cause of their coexistence.

Wittgenstein's dismissal of the representationalist theories links up with his dedivinizing emphasis on the *opaque state or aspect* of language, that is a conception of language which is finally cleared of the fog that has been gathered by interpretations, opinions, convictions and philosophical theorizing about it. This opaque aspect depends on our language being *acted*, *applied* rather than interpreted through the mentalistic filter of representation, pictures and images.

A central point in Wittgenstein's work is his concern with the connection between contingency and language, in the light of which the notion of identity and coherence comes to be recognized. This connection divests the notion of coherence of its traditional conception, which regarded it as a mechanical concatenation sustaining the unity of thought as inexorably binding the steps of a symbolic procedure according to alleged predetermined rules. In this squint-eyed gaze coherence was thought of as a sort of cord which runs through and ties up the steps of a thought. But in fact there is no cord of this kind to constitute the bond of thought. For that matter, not even in its ordinary meaning does the cord exist as conceived of from the metaphysical point of view, for the strength of the cord consists in the superimposition of one fibre over another, and if we unwound the fibres we would finally have no cord at all. Analogously, according to Wittgenstein, the statement of a scientific hypothesis does not meet the demand of reproducing the same content, but it develops a constructive procedure which aligns a series of different, *diversely tested* proofs constituting as many facets or sections (*Schnitte*) of the same hypothesis (the hypothesis of a flow of an electric energy, for example, can be ascertained through a current meter, by the deviation of a magnetic needle, by the increase of temperature and so on). In this sense, a hypothesis does not turn out to be a descriptive statement, but a kind of prescription (*Anweisung*) for constructing statements.[11] In the light of this philosophical strategy, Wittgenstein deeply modifies the statute of the notion 'coherence'. That is, coherence is not a condition determined by superimposing all-encompassing formal principles leading thinking processes *from above* (so to say), but it turns out to be the result of a piecemeal, constructive procedure, step by step (see *Philosophical Investigations*, I, § 214), which is accepted, agreed upon and shared by a socio-linguistic community. The notion of 'objectivity' is translated by Wittgenstein in terms of a version of experience and of a linguistic practice being shared by the members of such a community (see *Philosophical Investigations*, I, § 241). Coherence does not consist in an identical meaning spreading over a sequence of words and sentences, but in the *coexistence of symbols held together* by linguistic practice. As Wittgenstein writes in section 211 of *Philosophical Investigations*: 'How can he know how he is to continue a pattern by himself … Well, how do I know? – If that means "Have I reason?" the answer is: my reasons will soon give out. And then I shall act, without reasons' (see *Philosophical Investigations*, I, § 186).

That is connected with Freud's claim in *The Psychopathology of Everyday Life* (p. 237) according to which there is an intention on the part of the speaker in consequence of which it turns out to be impossibile to compose a discourse which may be meaningless. The principle of free association is grounded on this condition. Instead of a formal implication, the topic is introduced concerning the elements which co-exist in a psychic scenario, side by side, beside one another, free from any logical compulsion. Language is the clause which lumps together this community of different components and aspects. The term 'Balbec' in Proust's *Recherche*, the term 'Cornwolf' in Frazer's *The Golden Bough* are such concepts. Both in Freud and in Wittgenstein there is a kind of theatralizing of feelings and emotions. In *Last Writings on the Philosophy of Psychology*, I, § 108, Wittgenstein writes:

11 Friedrich Waismann, *Wittgenstein and the Vienna Circle* (Oxford: Blackwell, 1979), pp. 99–100.

'If God had looked into our minds, he couldn't have seen whom we were talking about'; 'What is fear? If I had to define it by means of a single term so I had to play fear' (*Last Writings on the Philosophy of Psychology*, I, § 24). In *An Outline of Psycho-Analysis*, Freud remarks that it is an advantage inherent in the process of transfer that in it 'the patient produces before us with plastic clarity an important part of his life-story, of which he would otherwise have probably given us only an insufficient account. He acts it before us, as it were, instead of reporting it to us'.[12] We can say starting from Wittgenstein and Freud up to Richard Rorty and Robert Brandom, that language articulates, cuts out inner experience, instead of presupposing its flux as already organized and preestablished. M. H. Abrams in *The Mirror and the Lamp* remarks that the conception of reason of the Enlightenment tradition took knowledge to be the mirror of pre-determined and pre-formed facts and reality and it assumed man to be a glassy essence, whereas Romanticism is characterized by the lamp, that is to say the light that the knowing subject throws upon the surrounding world.[13]

Mastering psychological concepts means taking them – through an inferential pattern – from the 'know how' to the 'know that', i.e. it consists in turning what we are doing in the course of a praxis into something that we know. Just as we cannot clap with one hand, so we cannot communicate with just a single word or gesture, but rather by means of relations set up by symbolic inferences. For Wittgenstein, the origin of language is a kind of reaction, from which the more complicated forms originate. 'In the beginning was the action' (*On Certainty*, § 65). Freud too takes on a constructivist epistemology, for example in *From the History of an Infantile Neurosis* he remarks that the child could have not witnessed the sexual intercourse of his parents 'a tergo more ferarum' and he might have invented the topic of his neurosis solely through the retrospective working out (*Nachtraeglichkeit*) of his present sexual interests. In this regard, Wittgenstein seems to have misunderstood Freud's notion of the *Urszene*, or 'primal scene', which

12 Sigmund Freud, *Standard Edition*, XXIII, pp. 175–6.

13 Meyer Howard Abrams, *The Mirror and the Lamp: Romantic Theory and the Critical Tradition* (New York: Oxford University Press, 1953).

he mistakes for the archaic model of a decree of fate.[14] In the domain of Wittgenstein's philosophy and in analytical philosophy the relevance of psychoanalysis consists above all in a grammatical discovery, in the discovery of new forms of language which turn out to be meaningful. This is also the reason why Wittgenstein claimed that psychoanalysis died with Freud, since he had literalized and explained the specific language of dreams.[15] Wittgenstein commented on this in the *Lectures and Conversations*: 'When a dream is interpreted we could say that is being inserted in a context in which it ceases being enigmatic [...] In interpreting dreams we don't act just in one way. There is an interpretation job which, so to say, still belongs to the dream itself'.[16] With his mythological explanations Freud would have spoilt his own discovery of new forms of language, of new grammars. It is part of Freudian mythology that in Freudian analysis a dream is split, so to say, it completely loses its primary meaning.[17] The charm of a dream consists in its being a history in part shrouded in enigma. If a dream is explained, traced back to its alleged causes, according to the nomological-deductive scheme 'this is that', delusion arises. Wittgenstein's argument can be compared with that mathematical procedure which takes on the name of the 'baker's transformation', consisting in the recursive folding of a geometrical figure, for example a square which becomes a rectangle and undergoes further transformations in which the representative points of the system turn out to have no univocal definition, but rather a statistical probability, since the system is split. According to Wittgenstein, Freud linked dreams to one single interpretation, instead of a context of alter-

14 Cf. Ludwig Wittgenstein, *Lectures and Conversations on Aesthetics, Psychology and Religious Belief* (Oxford: Blackwell, 1978), p. 140.

15 Cf. Rush Rhees (ed.) *Recollections of Wittgenstein* (Oxford: Oxford University Press, 1984), p. 154.

16 Wittgenstein, *Lectures and Conversations on Aesthetics, Psychology and Religious Belief*, p. 88, 124–6.

17 Wittgenstein, *Culture and Value*, p. 126.

native hermeneutic possibilities. Instead of a one-many correspondence, Freud would have adopted an one-one correspondence.[18]

Analytical philosophers such as Wittgenstein and then Max Black, I. A. Richards and Mary Hesse have expressed a positive evaluation of the metaphor viewed as the unheard-of opening of a new horizon of sense. Richard Rorty, in *Contingency, Irony and Solidarity*,[19] establishes a link between this capability of introducing new metaphors, new narrative patterns on the one hand and the unconscious on the other. In fact this American philosopher claims that since every human being has an unconscious, he/she also has that dreamlike capability to manifest himself/herself as a poet does in aesthetic terms. Psychoanalysis reveals this democratic aspect by talking about the possibility for every human being to give voice to their inner world. In fact, narrative description is the condition and the requisite for defining our personal identity. Through this new description, human beings are born again through by introducing a new symbolic style according to which they demand to be understood, listened to, recognized and accepted. Like Donald Davidson, Richard Rorty stresses the importance of practicing a variety of final vocabularies. Against any reductionism, they claim that the language used for dealing with people is different from that dealing with electrons or neurons.

Freud establishes a kind of univocal reference which on the basis of many arguments illustrated by Quine, Wittgenstein, Davidson and others turns out to be difficult to accept. When Freud thinks he is denoting a reference, he is fact putting forward an interpretation. In his inquiry into language and mathematics, Wittgenstein excludes any possibility of absolute and final completeness. Furthermore he excludes that every possibile doubt as such must be taken into account. A similar attitude is to be found in Freud: in certain theoretical writings, such as *Analysis Terminable and Interminable* and in *Constructions in Analysis*, Freud claims that an

18 See Wittgenstein's essay on Freud in *Lectures and Conversations on Aesthetics, Psychology and Religious Belief*; G. Baker, *Wittgenstein's Method*, pp. 151, 155, 157, 207.

19 Richard Rorty, *Contingency, Irony and Solidarity* (Cambridge: Cambridge University Press, 1989).

incomplete analysis is not necessarily an unsatisfactory one, if the incompleteness derives only from its having faced up to the real problems and real impulses, without considering all the possible problems and conflicts. For Freud, as for Wittgenstein, an analysis is terminable, not because it has reached its final stage, but because it has achieved a practical success, *rebus bene gestis*.[20]

As the patient, according to Freud, may tell a story about himself/herself which does not represent the reality of his past, so according to Wittgenstein the account provided by a speaker does not mirror the reality of his praxis. A story or a hypothesis: that is what the voicing of a rule may amount to. But the expression of a rule does not direct our praxis, since the sequences of the development of a rule are not already contained or predetermined in a formula expressed by a rule. That is the metaphysical philosopher's illusion, according to which knowledge is 'the hypothetical reservoir out of which the visible water flows' (*Philosophical Grammar*, § 10). According to Wittgenstein the subjective comprehension of a rule, of a language game is no essential part of the real practice of a rule-following and in general of a language-game. From all that, the relevance of the notion of physiognomy emerges in Wittgenstein's work.[21] The concept of physiognomy turns out to be strictly interlocked with the concepts of familiarity, unhesitant adherence to a form of life and to a language-game which characterize our use and understanding of a grammar. Wittgenstein's philosophical analysis traces the comprehension of a sentence back to the 'taking it in by the ear'. The feature of our concept of a proposition is its 'sounding like a proposition' (*Satzklang*).[22] Familiarity, unhesitant adherence, and physiognomy connect to make constellations of scribbles, noises, sounds into the recognizable forms of a language in which we have been brought up, into something like 'well known faces', as Wittgenstein writes, '*wohlvertraute Gesichter*':

20 '*Rebus bene gestis*' is an expression used by Freud in *Analysis Terminable and Interminable* (1937), in *Standard Edition*, XXIII (pp. 209–53), p. 250, where it is glossed with 'things having gone well'.

21 See *Philosophical Investigations*, I, § 568; *Culture and Value*, p. 52.

22 Wittgenstein, *Philosophical Investigations*, I, § 134.

> We are talking about the spatial and temporal phenomenon of language, not about some non-spatial, non-temporal phenomenon.[23]

> Physiognomy, familiarity, taking a sentence in by the ear – which are the requisites for understanding our language – turn out to be connected with Wittgenstein's emphasis on the musical texture of language, instead of its alleged logical structure.[24]

> Understanding a sentence is more akin to understanding a piece of music than one might think.[25]

Today the semantics of radical interpretation goes so far as to claim that language is not a logical mechanism, over which we may have control and mastering, as Davidson says in 'A Nice Derangement to Epitaphs'.[26] In *The Blue and Brown Books*, Wittgenstein remarks that psychoanalysts have been deceived by their own way of expressing themselves, by the idea of having discovered conscious thought which was formerly unconscious.[27] Under this aspect, Wittgenstein applies to psychonalysts those analytical criteria which he has applied to metaphysics and traditional philosophy. Fundamentally the importance of psychoanalysis according to Wittgenstein consists in the discovery of a new language, of a new grammar to express ourselves. This is the reason why Wittgenstein declares that psychoanalysis died with Freud since Freud literalized the specific and original element of psychoanalysis through explanations and reductive procedures, precisely the one constituting a new language.[28] It is part of Freud's mythology, according to Wittgenstein, that in psychoanalysis, the 'dream is being split, disrupted. It completely loses its primary, original meaning' (*Culture and Value*, p. 126). The charm of a dream consists in a story shrouded in a mystery, in an enigma. But if this story gets explained, traced back to causes, in other words to the scheme '*this* is really *that*' a delusion takes place

23 Ibid., I, § 108.
24 *Philosophical Investigations*, I, §§ 527, 536; II, p. 182; *Philosophical Grammar*, I, § 4.
25 *Philosophical Grammar*, I, § 4.
26 In *Truth and Interpretation* (Oxford: Blackwell, 1989), pp. 433–46.
27 Ludwig Wittgenstein, *The Blue and Brown Books* (Oxford: Blackwell, 1958), p. 78.
28 Cf. Rhees, *Recollections of Wittgenstein*, p. 154.

(*Culture and Value*, p. 127). In fact Wittgenstein charges Freud with having bound the interpretation of dreams to a single version, instead of taking a context of alternative possibilities into account. Wittgenstein emphasizes a provision, a supply of alternative possibilities, such as those we find in Samuel Beckett's novels or in the quantum mechanics of Richard Feynman connected with the quadratic power of Schrödinger's wave amplitudes. Freud keeps to a univocal kind of reference that on the basis of the arguments illustrated by Wittgenstein, Quine and Davidson we can no longer accept. When Freud is talking about some dreamlike images, for instance, the image of a hat as a phallic symbol or wooden tables as women, he is fact talking about an interpretation and not about a reference.[29] Wittgenstein remarks that 'Freud mentions various symbols: top hats are regularly phallic symbols, wooden things like tables are women etc. His historical explanation of these symbols is absurd. We might say that it not needed anyway'.[30] 'Psychoanalysis – Wittgenstein writes – it is something which people are inclined to accept and which makes it easier for them to go certain ways: it makes certain ways of behaving and thinking natural for them. They have given up one way of thinking and adopted another'.[31] This passage is very relevant: accepting a conception, a vision of reality is that transition which in *On Certainty* Wittgenstein characterizes as a conversion from one point of view to another, as a sort of new way of seeing, of 'seeing as'. In other terms, recognizing an interpretation as significant or true involves the transition of a person from a certain way of looking at things to another one, from a conceptual paradigm or pattern to another.

The constructivist working out implies the experience of the transfer, of the *Übertragung*, in the course of which the topic of a neurosis turns out to be re-worked out in present, actual actions. Through the transfer, a working out and an assent on the part of the patient take place which constitute a decisive function of interpretation. In *Philosophical Remarks*, section 26,

29 Wittgenstein, *Lectures and Conversations on Aesthetics, Psychology and Religious Belief*, p. 45.
30 Ibid., p. 43.
31 Ibid., pp. 43–5.

Wittgenstein asks: 'What does the proposition *p* call for? To be able to reply it is needed to produce a further sign [*ein weiteres Zeichen*]'. The assent of the patient is no passive recognition of the reconstruction advanced and proposed by the analyst, but it is part of the interpretation. That is to say that meaning and truth lie neither in the head of the patient nor in the one of the analyst, but rather in what precisely happens between them, in the middle so to speak. In fact, the assent of the patient is a fundamental change of his attitudes and personality, a sort of conversion. The aesthetic aspect attributed by Wittgenstein to psychoanalysis is to be traced back to his well-known distinction between causes and reasons, to his distinction between nomological-deductive disciplines such as the natural sciences on the one hand and linguistic-conceptual disciplines or activities on the other. The latter set up perspicuous representations binding the elements or the components of a problematic situation in a harmonious pattern.

As Wittgenstein comments on this: 'Freud's explanation does precisely what aesthetics does: it puts two factors side by side'.[32]

Both Wittgenstein and Freud discover and bring out the mythologies, idealizations and sublimations with which people are so often involved. The essential point which brings the two thinkers near to one another is the conception of their research as having the essential aim to give people back concepts which they have forgotten. Concepts which have been forgotten or cancelled out since they have been split off and detached from their contexts and from their involvement in the situations and surroundings of people's lives.

'What we do' – Wittgenstein writes – 'is to bring words back from their metaphysical to their everyday use' (*Philosophical Investigations*, I, § 116). Both psychoanalysis and philosophy conceived of as linguistic-therapeutic activity aim to restore the involvement of psychological concepts with the complex situations of everyday life.

32 *Wittgenstein's Lectures. Cambridge 1932–1935* (Oxford: Blackwell, 1979), p. 40.

Epistemology and primal scene

In our culture the notion of repetition is frequently accepted as a factor shaping linguistic, logical, mathematical and scientific procedures. This long tradition of acceptance includes the unheard-of presumption that somehow everything is known, that all replies are symmetrically aligned to their questions and that thinking, calculating and knowing are modes of retracing tracks which have forever been traced. 'They are all numbers' we say, for example, thus not distinguishing between natural numbers and integers, thus sweeping away with bluster as Wittgenstein says, the difference that exists between, say, the expression 'two men entered the pub' and the expression '+ two men entered the pub', so concealing the fact that while for multiplication the law of monotony is of unlimited validity, in the case of integers, whether positive or negative, this law is circumscribed in its application. 'They are all numbers', we continue to say, as if the various extensions of the concept of number were merely specialisations of a single concept, always identical and repeatable – the superconcept of number.

In our tradition there has been the dominant assumption that, in the various forms of knowledge, our linguistic and cognitive operations are none other than the incessant, monotonous repetition of a conceptual mechanism which is there, and always has been there, to anticipate any possible intellectual move or undertaking. Dominated by the primal scene, we believe that what we do is merely linear repetition of an operation already effected, and thus we end up by assuming the system of all things as a datum, which becomes the past and prehistory of our language and knowledge. This assumption becomes clear when we believe that the inference from or conclusion of a logical-mathematical piece of reasoning already exists, previously deposited in the super-mechanism of our concepts, from which in fact it is to be *drawn* – as we say in everyday speech – to be drawn from the premises where it has lodged for ever. Thus in the *Principia Mathematica* Whitehead and Russell illustrate the *modus ponendo ponens* by observing that if *p* is true and if *p* implies *q* then we can only *draw* the conclusion that *q is* true, as if it were a question of pulling out something already existing, ready prepared, like the change from a slot-machine. Whereas it would be necessary to state that if the conclusion derives from premises, these in their turn derive their sense from those very conclusions drawn from them.

Now, the reduction of our constructive procedures of knowing to the mere repetition of an identical content is reassuring and suits a mode of thinking 'with blinkers' which seeks to exorcise whatever is new and original. The limiting case of this attitude is found in what I might call the *Zukunftsangst*, the fear of the future which, in pathological situations, appears in the patient as a catatonic stupor, where defence against novelty and future change is expressed by a refusal to give answers and in a monotonous repetition of the question – a means by which the patient arrests within time that sense of 'unchangingness' which he cannot give up. Following Wittgenstein and Freud, we may recognize in the conceptual super-mechanisms, in the super-languages of so much philosophy and epistemology, constructs just as structured as those manifest in the compulsion to repeat. The notions of the *a priori*, the transcendental, the analytic and so on, to which everything seems to be predisposed, should be re-examined as symptoms of a particular form of compulsion to repeat by which we attempt to exorcise novelty and the risks of the present moment. Epistemological schemes of this kind assume that language and knowing find in an early experience – the primal scene – a basis which is clearly defined precisely by its own unchallengeability. And this operation of carrying back something of *now* to refer to something of *then* gives us our sense of security. This is a movement which can be reduced – as indeed Mach explained with reference to mechanical phenomena – to a referring of one unintelligible item to another unintelligible item. Explanation and demonstration within physical theory, according to Mach, do not consist in bringing the unintelligible down to the intelligible but in bringing the uncommon, unusual unintelligibility down to another, more familiar and better-known unintelligibility.[33]

33 'Man führt ungewöhnliche Unverständlichkeiten auf gewöhnliche Unverständlichkeiten zurück', Ernst Mach, *Die Geschichte und die Wurzel des Satzes von der Erhaltung der Arbeit* (Prague, 1872), p. 31.

At this point however we must ask if repetition is indeed the monotonous and unvarying retracing of an identical content, as a certain logicising tradition and indeed common acceptance would have it. This notion of repetition is in fact not sufficient, whether we are referring to the compulsive repetition of obsessive neurosis, or to the repetitive schemes of the philosopher or epistemologist. The truth is, rather, that the term repetition is used to cover procedures which do not consist at all in doing the same thing or in inexorably replaying the same content, but quite the contrary, in constructive reworking, in new, original decisions which have introduced into our knowledge such structures as infinitesimal notation, chemical symbolism or serial music – structures in no way inexorable since they did not exist before their deliberate construction. Structures, moreover, without which mankind managed to live comfortably for long enough. Now, repetition, understood as identical replay, disguises the operational aspect of language and knowing, putting forward instead the static, inert image of a primal scene of objects, representation of truth as an object, as a determinate presence.

When we interpret a ritual and are profoundly moved, the effect does not come from the foundation-making character of a primal scene, an archaic event. Those epistemologists and anthropologists who would derive the meaning of a ritual from its primordial past are missing the point. Its interest and importance for us do not lie in the fact that it evokes a remote origin. On the contrary, it is the present working-up, which we perform on the basis of the myth which produces the profound impression. We may say that if depth is a trait of the past belonging to a remote time, then it is the depth of meaning attributed by us to a given myth which retrospectively projects its past, which creates it as the memorable primal scene by which we are so struck. From this point of view the myth does not have an explanation in the sense of mechanical causality, but it has a reason which lies in the indisputable evidence of its significance for us. The event described in a primal scene, as in a myth, depends – so to speak – on the retrospective capability of its meaning for us. Why does this thing happen? Because the myth has a terrible, unsettling significance. The circumstance that the event seems to us unsettling, terrible and fearful – all the opposite of futility, banality – this itself is what has originated the event as a myth. What for us represents perspicuity and evidence is what traces the remote depth of the event. This then is not a genetic, cause and effect problem of before and after. We are talking rather of a constellation of symbolic forms developing one from the other, as the ellipse develops from the circle. No-one, presumably, would claim that historically the circle generated the ellipse.[34]

In these terms, repetition does not develop as a replay of an identical content but as a progression of new, different reactions to a theme – the theme of a neurosis – originating in a primal scene but which does not exist either as a necessarily historical event, or as a structure significant before and independent of the reactions and reworkings which men bring to it in the course of their lives. Rather, one can state, with Wittgenstein and Freud, that the notion of origin deposited in the primal scene does not exist outside the elaboration of the theme inscribed in it. Repetition's descent from the primal scene is not the same as the derivation of effects from mechanical causality, nor is it the replay of a content instantaneously reproducing all its recurrences. It is like the ellipse emerging from the circle. On the one hand the ellipse is already contained in the circle, but on the other, it derives from the circle by variations of form. Take the case of the child in Freud's *Beyond the Pleasure Principle* who is missing his mother. His game consists in casting away from him a bobbin to which a thread is attached, and then drawing it back, repeating alternately the words '*fort*' (gone) and '*da*' (there).[35] Thus this child repeats innumerable times per day the primal scene of his torment because of the lack of his mother. But his repetition does not consist in a mechanical, linear replay of the content of that scene. In what sense, one may ask, can a bobbin with thread attached, alternately cast away and pulled back, repeat the alternate absence and appearance of the mother? If someone were to show me that scene could I not simply say: I see a child pulling a bobbin attached to a long thread?

34 Ludwig Wittgenstein, 'Remarks on Frazer's Golden Bough', in C. G. Luckhardt (ed.), *Wittgenstein: Sources and Perspectives* (Hassocks: Harvester Press, 1979), p. 69.

35 Sigmund Freud, *Beyond the Pleasure Principle* (1920) in *Standard Edition*, XVIII, pp. 14–17.

It is not simply the alternation of presence and absence of the mother which suggests the explanation of the game. On the contrary, both scenes throw light on each other in the context of their formal connection. One could say that it is the child, with his playing, who has structured the casual behaviour of the mother into a perspicuous and methodical representation. In that it is a repetition of the primal scene, the child's game contributes to forming and clarifying it, just as if it were an exercise to be completed. The repetition is not simply the replaying of a content already observed and fixed but includes a variation consisting in the reaction towards the mother that the child displays in his game, now that grief has burst into his life.

In this sense Freud's *From the History of an Infantile Neurosis* is exemplary. Here the understanding of the primal scene of the parents' coition witnessed by a child of a year and a half strikes him at the age of four, i.e. in the course of a deferred thought. It is interesting that in this case the primal scene begins to take on significance only after the deferred working out, and the deferment therefore is essential to the primal scene itself. As noted earlier, the celebration of a ritual strikes us not because it refers to an event remote in time – not all remote events have the effect on us of myth and ritual. As Freud observes in 'The Uncanny': 'Not everything that fulfils this condition – not everything that recalls repressed desires and surmounted modes of thinking belonging to the prehistory of the individual and of the race – is on that account uncanny.'[36]

The primal scene exists therefore in the deferred thought whose sounding of the depth of distant time is a function of the significance which the deferment itself adds to the theme it elaborates. As Freud writes: 'By means of the accompanying associations and the inferences that followed from them, it was possible with certainty to supply this significant element which was lacking in the patient's memory'.[37] The entire representation of the 'Clinical Case of the Wolf Man' in Freud's *From the History of an Infantile Neurosis* consists of a cascade of symbols, a progression of

36 Sigmund Freud, *The Uncanny* (1919), in *Standard Edition*, XVII, p. 245.

37 Sigmund Freud, *From the History of an Infantile Neurosis* (1914), in *Standard Edition*, XVII, pp. 95–6.

references spreading into an evolution of forms which, I repeat, do not belong to the domain of mechanical causality but rather to that of the development of symbolic forms one from the other, as happens for example in geometry. The primal scene of the parents' coition 'a tergo more ferarum' which the child observes – but which he might also simply have imagined or supposed – is the theme for an elaboration which builds up through the images of the mounting of animals, of women crouching in positions with their backs in evidence more or less analogous to that of the mother; through a governess's threat of castration which rebounds and makes sense, so to speak, in the child's presumed observation of the mother's genitals, interpreted as a wound, and through the fables of *Little Red Riding Hood*, *The Seven Kids*, the grandfather's tale of the wolf, the child's homosexual inclination towards his father and so on, up to the transfiguration of the father, through the religious typology of God and the son-made-flesh. These elaborations are not analytical replays of a single content, just as the ellipse is not a simple repetition of the circle, and just as the geometry of the cube is not contained in the cube. As a geometrical entity the cube in fact is the origin of its own geometry and nevertheless does not exist independently of the geometric discourse which develops around the cube, constituting the environment of its discourse and proofs, within which we alone can refer to the cube.

Now, regarding the compulsion to repeat, Freud observes that 'these scenes from infancy are not reproduced during the treatment as recollections, they are the products of construction' [38] – in other words we cannot reach the most remote infantile episodes as such. There exists no primal scene without repetition, which is to say that there is no primal scene without retrospective elaboration. As Freud observes in a note to *From the History of an Infantile Neurosis*, the child understood the significance of the episode of his parents' copulation: 'I mean that he understood it at the time of the dream when he was four years old, not at the time of the observation. He received the impressions when he was one and a half; his

38 Ibid., pp. 50–1; cf. also Sigmund Freud, *The Interpretation of Dreams* (1899), in *Standard Edition*, IV, pp. 183–4.

understanding of them was deferred, but became possible at the time of the dream owing to his development, his sexual excitations, and his sexual researches'.[39]

In the circumstance of the repetition of a primal scene, Freud speaks of a prevalence of the general pattern, compared with the individual experiences. In *The Case of the Wolf Man*, the father is the object of the son's homosexual eroticism but is also his castrator according to the significance attributed to the scene of the parents' coition. Here too we have, as Freud says, 'the schema triumphing over the experience of the individual'.[40] I believe that here we must say that in repetition there takes place the recurrence of a structural theme, specified in a variety of forms. It is this recurrence which determines the throw-back to a primal scene, and hence to what Freud calls the prevalence of the general over the particular. These occurrences may be considered as distinct specifications which, taken together, make up the significance of the primal scene. Wittgenstein says that the different verifications of a hypothesis are not different ways of verifying the same content of a hypothesis, but are themselves distinct sections of the articulated structure of the hypothesis; what is verified in a different way must have a different meaning. And in the same way as the hypothesis connects together all the distinct space-time sections of itself, so in psychic phenomena the primal scene connects together the various specifications and repetitions of the theme it has proposed. Whether with the scientific hypothesis or with the repetition of the primal scene: what we have is not the verification or the specification of the same meaning, but sections and symptoms, differing each time, of a single hypothesis, of a single primal scene, respectively. What we have verified each time is a different symptom of the original scene which has set the theme of a neurosis. And just as it is not a hypothesis that is verified but the single propositions that derive from it, and which correspond to its various sections, so a primal scene is not capable of verification, whereas we can verify its various symptoms, representing its different specifications.

39 Freud, *Standard Edition*, XVII, pp. 37–8 (note 6).

40 Ibid., p. 119.

When we carry out the procedures of a calculation therefore, or the repetition of a primal scene, we cannot say that we are always doing the same thing, which is however what we do say when, as Wittgenstein observes, we are tricked by our modes of expression, which seem to imply that the notions of identity and concordance are presupposed with respect to what we in fact do. Following Wittgenstein, it would be correct to say that it is what we do that establishes the meaning of the notions of identity and concordance. These are not inert and static schemes of uniformity, pre-dating our operations; on the contrary it is through our operations and calculations that we establish for example in mathematics the meaning of 'doing the same, identical thing'. We realize the meaning of the notions of identity and concordance contemporaneously with the effective procedure of calculating mathematically. We construct new steps, we create new mathematical entities through our operations and at the same time, we say that we have established an identity between what we have already done and what we are doing now. It is what we do which shows what it means 'to do the same thing'. So, rather than multiply 16 by itself 15 times, I raise it to the power 15 and write 16.[41] The proof of this calculation does not lie only in the fact that the multiplication of factors and the raising to a power give the same result, rather it is the proof which must show that we take the number 16 as a factor 15 times and we obtain the same result by these two routes. *We may say that we establish the meaning of the notions of identity and concordance while we construct and invent our mathematical entities.*

Now I should like to say that the primal scene is not an ontological fundament, it is not a substantial presence, and it does not manifest itself as an opinion or belief; just as the fact that we get up from a chair is not the manifestation of the opinion that we have two feet.[42] The primal scene is the vital element within which we elaborate our behaviour and our attitudes. Men do not declare that they know that there are external objects

41 Ludwig Wittgenstein, *Remarks on the Foundations of Mathematics* (*Bemerkungen über die Grundlagen der Mathematik*) trans. G. E. M. Anscombe (Oxford: Blackwell, 1956), II, § 47.

42 Wittgenstein, *On Certainty*, § 148.

such as chairs, tables, stars, books and trees, and the existence of all these things does not constitute the content of an opinion or belief, but it is a presupposition implicit in all their actions, in all their behaviour. In other words, a man does not tell nor describe his primal scene to us, but he acts under its influence – we could even say that he describes his primal scene to us through the actions which he performs. That is to say that he now explains his primal scene not with *the grammar of his cognitions* but, so to speak, with *the grammar of his actions.* As Freud observes,

> For instance, the patient does not say that he remembers that he used to be defiant and critical towards his parents' authority; instead, he behaves in that way to the doctor. He does not remember how he came to a helpless and hopeless deadlock in his infantile sexual researches; but he produces a mass of confused dreams and associations, complains that he cannot succeed in anything and asserts that he is fated never to carry through what he undertakes. He does not remember having been intensely ashamed of certain sexual activities and afraid of their being found out; but he makes it clear that he is ashamed of the treatment on which he is now embarked and tries to keep it secret from everybody. And so on.[43]

But there is more: the Freudian notion of the primal scene reveals in an exemplary manner how truth does not consist in the representation of an object, of a determinate presence, but in the actions which are carried out. Yet in another sense truth stands there in front of us if we know how to seek it. The patient who cannot produce a word in the analyst's presence, who cannot remember, in reality is producing his primal scene in front of our eyes. 'And in the end', says Freud, 'we understand that this is his way of remembering'.[44] Whenever we have the patience and clarity of mind, we should be able to discover the truth in the silence which his actions reveal to us. These actions delineate something which was not there before: in their development they trace the physiognomy of their origin. That obsessed boy in *From the History of an Infantile Neurosis* of course fills us with distress, but also with admiration at the huge mad structure he has built up since

43 Sigmund Freud, *Remembering, Repeating and Working-through* (1914), in *Standard Edition*, XII, p. 150.

44 Ibid., p. 150.

that moment when grief entered his life and condemned him to compulsive repetition. By means of his distressed retrospective fantasizing he has gathered and elaborated into a synthesis – which did not exist before he made it exist – the entire environment of his life. The men and objects that surrounded him, his fables, the seductions of his sister, his nurse, the scullery-maid, poor peasant women are elaborated into something as original as his own life itself. And by means of repetition he has been able to stare back deeply at the remembrance of the primal scene which has marked his whole life. And I should like to add that that boy has done it all by himself. After all, it was Freud himself who said, 'we have rated the powers of children too low and that there is no knowing what they cannot be given credit for.'[45]

45 Freud, *Standard Edition*, XVII, p. 103.

CORRADO SINIGAGLIA

Back to Freud: Psychoanalysis and Phenomenology in Enzo Paci

It may sound odd, in a volume entitled *Freud and Italian Culture*, to mention the name of Enzo Paci. No doubt, Paci was one of the most original and influential figures within Italian culture from the late 1950s to the late 1970s. A true man of his time, he was able to combine philosophical speculation and political commitment, academic work and publishing activities. His writings – *Ingens Sylva. Saggio sulla Filosofia di G. B. Vico* (1949), *Tempo e relazione* (1954), *Esistenzialismo e storicismo* (1955), *Dall'esistenzialismo al relazionismo* (1957), *Funzione delle scienze e significato dell'uomo* (1963), *Idee per una enciclopedia fenomenologica* (1973), *Fenomenologia e dialettica* (1974) – as well as his courses at the Universities of Pavia (1947–57) and Milan (1958–75) (devoted to thinkers like Dewey, Whitehead, Husserl and Merleau-Ponty, but also to such writers as Thomas Mann, Marcel Proust and James Joyce), and his intensive collaboration with many publishers (especially with Il Saggiatore, directed by Alberto Mondadori) have contributed to a renewal of the cultural life of our country and to the liberation of Italian philosophy from the legacy of Gentile and Croce.[1]

Nevertheless, linking the name of Paci to Freud may cause a certain amount of surprise, even perplexity. After all, it could also be said that the encounter with the texts of the 'father' of psychoanalysis was a marginal episode in Paci's works. His papers on Freud are few, occasional, sometimes nothing more than a review.

By carefully reading Paci's papers, however, we realize that his interest in psychoanalysis is not reduced to some episodic references to Freudian

1 For more details, cf. Amedeo Vigorelli, *L'esistenzialismo positivo di Enzo Paci. Una biografia intellettuale (1929–1950)* (Milan: Franco Angeli, 1987).

works or to mere linguistic parallelisms. Rather, it seems driven by the theoretical problems Paci had to face over the different phases of his own philosophical thinking – and these problems led him to look at Freud as one of his privileged interlocutors.[2] Let us consider, for example, the article 'Sul concetto di angoscia', published in 1952 and republished two years later in *Tempo e relazione*.

> C'è nel pensiero di Freud un tema, variamente orchestrato, di cui il filosofo non può disinteressarsi. Chiameremo questo tema *identità*, per quanto esso potrebbe essere indicato con altri nomi.[3]

From the beginning Paci specifies that his interest in Freud is 'philosophical'. This explains both his emphasis on the subject of *identity* and his silence on the unconscious. It is the criticism of identity that reveals the full significance of his Freudian thinking. According to Paci, this criticism concerns the whole philosophical tradition, which is characterised by an 'idolatry' of substance, regardless of the fact that this substance is called 'material', 'mind' or 'ego'. Due to its 'non substantialistic', but 'operationistic' way of thinking, psychoanalysis is opposed to any reassuring anchorage to a 'foundation', to a unique and identical 'principle':

> In fondo la psicoanalisi dice al filosofo sostanzialista: il fondamento identico sul quale ti fondi non ha realtà. L'identità che affermi, per il fatto stesso che tu esisti come uomo, nel tempo e nella storia, l'hai ormai perduta, l'hai perduta perché sei nato. L'identità che consideri come reale è l'aspirazione all'origine, all'unità con la madre, dalla quale ti sei distaccato nascendo, entrando nel mondo.[4]

It is no mere chance that in the early 1950s Paci looked at the Freud of *Inhibition, Symptom and Anguish* (1925). By singling out the first experi-

2 On this point see also Alessandro Pagnini, 'La ricezione della psicoanalisi nella cultura filosofica italiana', in *Intersezioni*, 7: 1 (1987), pp. 107–37, and Alessandro Pagnini, 'La psicoanalisi e i fantasmi del naturalismo', in Pietro Rossi and Carlo Augusto Viano (eds), *Filosofia italiana e filosofie straniere nel dopoguerra* (Bologna: Il Mulino, 1991), pp. 215–30.

3 Enzo Paci, *Tempo e relazione* (Turin: Taylor, 1954), p. 47.

4 Ibid., p. 48.

ence of anguish in the separation from the mother, Freud shows how the philosophical pretension to identity is an expression of a tired love for lost infancy and security, of a nostalgia for the origin, that is always ready to be transformed into an aggression instinct and a denial of liberty. As Paci writes:

> La tradizione filosofica può imparare dalla psicoanalisi che l'assoluto e il tutto a cui tende è la condizione prenatale, cioè il mito dell'*Ur*. Solo il mito può parlare di un'identità che per la vita, in quanto vita, è impossibile.[5]

Thus, the interpretation of Freud's thinking ends up converging into the philosophy of relationship developed by Paci in those years: originating from the polarity between the instinct of life and death, the anguish reveals that every individual can exist just by being in a relationship, just by acknowledging the unavoidable nature of otherness, which is in itself experience of world, time and history and which does not allow us to return to an original identity, except in the form of violence and self-destruction. According to Paci, Freud's lesson involves also a methodological prescription for psychoanalysis itself:

> Bisognerebbe non richiedere ai simboli un senso troppo intellettualistico e non credere veramente che esista qualche cosa che è l'Io, qualche altra cosa che è l'Es, e qualche altra cosa che è il super-Io. Non bisogna sostanzializzare i simboli della psicoanalisi, che in tanto hanno senso in quanto delimitano un campo di operazioni.[6]

If philosophy is not to be the victim of the myth of 'identity', psychoanalysis cannot fall back on the superstition of considering as 'things' what are only 'relationships'. Psychoanalysis, therefore, must get rid of all its substantialisations, starting with those that threaten its very own 'symbols' (Ego, Id, Super-Ego). Only in this way can it provide precious help for philosophy, whose task of liberation Paci had already declared in the editorial of the presentation of the first issue of his journal *Aut aut* (1951),

5 Paci, *Tempo e relazione*, p. 49.
6 Ibid., p. 46.

in which he had attacked the pointless search for certainties in the consoling 'maternal breast' of metaphysics.

> Non si può tornare indietro: ciò vuol dire che non si può rinunciare alla libertà e che non si può costruire rinunciando alla libertà.[7]

It is from the pages of *Aut aut* that Paci returns to Freud at the beginning of the 1960s. His philosophy of relationship now possesses the outlines of a 'relationistic phenomenology' whose central points are, as he himself noted in a page from his *Diario fenomenologico*, 'il *tempo*, come è inteso da Husserl fin dal 1904–1905, e la *relazione* come appare nella *Quinta Meditazione* e nella *Krisis*.'[8] Paci finds many of his own meditations in these texts, as well as in numerous unpublished manuscripts that he had read during his frequent visits to the Archive of Louvain.

> 8 aprile 1960. Ciò che mi rende felice ma nello stesso tempo cauto, dubbioso, perplesso, è il trovare in Husserl analisi che credevo solo mie. A volte sono le stesse. A volte la differenza è minima, ma è essenziale, e mi accorgo che avrei percorso una strada a dir poco infruttuosa.[9]

As is already known, these studies on Husserl's philosophy, collected in works like *Tempo e verità nella fenomenologia di Husserl* (1961) and *Funzione delle scienze e significato dell'uomo* (1963), gave birth to a phenomenological renaissance in Italy – testified also by the translation projects promoted by Paci with the explicit intent to influence Italian philosophy and culture through phenomenology.[10]

It is less well-known, however, that in rediscovering Husserl Paci again felt the need to return to Freud. His reading of psychoanalysis is now strictly

7 Enzo Paci, 'Editoriale', in *Aut aut*, 1 (1951), p. 3.

8 Enzo Paci, *Diario fenomenologico* (Milan: Bompiani, 1961), p. 77.

9 Ibid., pp. 99–100.

10 Cf. Paci, *Diario fenomenologico*, p. 77. In 1960 Filippo Costa translated Husserl's *Cartesian Meditations* and *Experience and Judgment*; in 1961 Enrico Filippini translated *The Crisis of European Sciences* and, four years later, the three volumes of *Ideas Pertaining to a Pure Phenomenology and a Phenomenological Philosophy*.

linked to the issues of Husserl's later thinking: the phenomenological *epoché* (the suspension of judgment) and the transcendental reduction, understood as an endless exercise of disclosing a 'concrete' subjectivity which constitutes itself through the experience of its own body and sexuality; the request for a genetic description which starting from the living presence (*lebendige Gegenwart*) is able to go back to the sphere of the passive intentionality (*fungierende Intentionalität*) and which escapes any reification; the problem of intersubjectivity and empathy, understood not as a simple 'assimilation to identity', but as a discovery within the identity of an otherness which reveals itself in the 'original pairing' (*Paarung*) with the mother, to whom we are joined but also detached from through our birth.

It is from this progressive confluence of Husserl's themes that Paci starts in his paper of 1961 on 'Phenomenological psychology and the problem of the relationship between the unconscious and the outside world'. By attempting to carry on and develop Husserl's analysis, Paci tells us that the phenomenological experience is accomplished in a continuous tension towards subjectivity and intersubjectivity, in a steady effort to bring the forgotten sense-formation back to life. As Paci writes,

> [L'esperienza fenomenologica mira] al riconoscimento della propria origine dalla quale il nostro primo io emerge nell'atto iniziale della nascita, dopo la procreazione. Questo primo io rimane, tuttavia, sconosciuto […] ed è sentito […] come qualcosa di estraneo, di non proprio, forse come una *Paarung* estranea all'interno della quale siamo nati. Una *Paarung* che è la nostra, anche se sconosciuta, ed è, insieme, altra da noi.[11]

But the phenomenological experience leads us also to rediscover a similar tension in our own corporeity (*Leiblichkeit*):

> Ciò che individua me e l'altro è […] il modo diverso in cui siamo incorporati nella spazio temporalità che per entrambi è materiale e che per entrambi è la radice materiale della soggettività corporea.[12]

11 Enzo Paci, 'La psicologia fenomenologica e il problema della relazione tra inconscio e mondo esterno', in *Aut aut*, 64 (1961), pp. 314–35 (p. 325).

12 Ibid., p. 327.

According to Paci, this means that what we normally identify as 'unconscious' is to be understood as starting from the 'material root' of bodily subjectivity, that is, from the background of passivity which is in itself previous to our individuality, revealing an otherness which does not yet have the form of an *alter ego*. Paci's silence on the unconscious in his 1952 article should be recalled at this point. If ten years later he decides to face it, it is because he is convinced he has the necessary means for a philosophical analysis of the unconscious. And it is in this philosophical area that Paci experiences a proximity to Freud, but also a distancing from him – or rather, if we want to recall and integrate the subtitle of our paper, of a 'complementarity' and discordance between phenomenology and psychoanalysis.

As regards this proximity (or better, 'complementarity'), Paci often underlines how in reconstructing his/her own genesis and history the phenomenologist continually faces a past he/she cannot make present, i.e. a 'knowledge' that is:

> il sapere dell'impossibilità di togliere dall'oblio il momento della mia procreazione, l'"interno della procreazione', come dice Husserl. Il mio corpo sa di più di quello che io posso conoscere del mio corpo. Ricorda ciò che non potrò mai ricordare e non potrò mai presentificare. Il suo vivere come impulso sessuale è lo slancio che lo conduce a rendere nuovo il ricordo, a ripetere 'l'interno della procreazione'. Vuole ritornare in quell'interno e sa che non può. La nostalgia del ventre materno, della regressione, è in lotta con il rinnovamento e la ripetizione.[13]

It is not hard to see in this passage a variation on the theme of the struggle between the principle of pleasure and the principle of death, as first formulated by Freud in *Beyond the Pleasure Principle* (1920). But, for Paci the analogy (or better the 'complementarity') between phenomenology and psychoanalysis concerns above all the method.[14] Both are confronted with the problem of the past and its revelation, and this problem shapes

13 Enzo Paci, 'Per una fenomenologia dell'eros', in *Aut aut*, 214–15 (1986), pp. 3–20 (pp. 18–19).

14 Enzo Paci, 'Per un'analisi fenomenologica del sogno e del sonno', in Enzo Paci, *Il sogno e le civiltà umane* (Bari: Laterza, 1966), pp. 247–50 (p. 249).

both approaches, leading them to acknowledge the temporal structure of its methods. For Freud, as well as for Husserl, analysis is an endless performance of reactivating the forgotten sense. But, according to Paci, this reactivating performance should also be applied to the father of psychoanalysis himself:

> Il suo ritorno al soggetto [si è infine] rivelato, così come era dall'inizio, e cioè come un'autoanalisi. A questo punto il problema del contro-transfert diventa un tema di fondo che si può esprimere nella domanda banale, e nello stesso tempo profonda: chi per primo compie l'autoanalisi? E se la psicoanalisi diventa una tecnica ripetitiva non si pone lo stesso Freud come il padre, provocando la crisi della psicoanalisi, e, positivamente la riconsiderazione della sua fondazione? Finché il fondatore è lo stesso Freud la situazione è senza via d'uscita e il contro-transfert riproduce tra analista e paziente proprio il rapporto che vuol negare. In realtà, sia il paziente che l'analista devono porsi sotto *epoché*: il ritorno al soggetto non deve essere compiuto una sola volta e per tutti da Freud, ma deve essere sempre di nuovo compiuto in prima persona, in ogni nuova situazione, che è nuova proprio per la lotta contro la coazione a ripetere, ed è nuova soltanto se la fondazione soggettiva, e intersoggettiva, è sempre nel presente originario e quindi preparata dall'*epoché*.[15]

Thus, 'Back to Freud' (to recall the title of a paper by Paci of 1967) assumes the form of a 'return in a phenomenological sense', that is, a return that involves both a reconsideration and a correction. But, unlike his 1952 paper already mentioned, this reconsideration does not concern only the risks inherent in the use of the symbols of psychoanalysis. In fact, Paci does not solely limit himself to declaring that Id, Ego and Super-Ego are not 'absolutes', but 'projections'. His phenomenological reconsideration also concerns Freud:

> Il ritorno a Freud è una riconsiderazione di Freud fino all'analisi filologica dei testi, allo scopo di riattivare Freud com'era (nella costituzione del passato storico), per non ripeterlo nella presenza, il che sarebbe la negazione [...] il rifiuto della presenza originaria della fenomenologia. [...] Dobbiamo partire da noi stessi per capire quello che Freud era. Dobbiamo compiere la nostra autoanalisi per capire la sua autoanalisi: c'è,

15 Enzo Paci, 'Ritorno a Freud', in *Aut aut*, 98 (1967). Now in Enzo Paci, *Idee per una enciclopedia fenomenologica* (Milan: Bompiani, 1973), pp. 379–88 (p. 383).

> anche qui, un rapporto tra noi e lui, come c'è tra l'analista e il paziente. E ambedue i rapporti richiedono l'*epoché*. Questo rapporto non deve tenere conto dei pre-giudizi, del fatto cioè che l'analista ha sempre ragione perché è stato 'psicoanalizzato'. Altrimenti riflette la figura hegeliana del servo-padrone e in una forma tale che, alla fine, sia l'analista che l'analizzato non possono che chiudersi in una dialettica circolare.[16]

By emphasizing the need for *epoché*, Paci does not mean to deny the difference between phenomenology and psychoanalysis. On the contrary, he aims to re-assert for psychoanalysis what Husserl said in § 58 of the *Crisis* about 'the alliance and the difference between phenomenology and psychology'. As in the case of psychology for Husserl, psychoanalysis for Paci is '*the truly decisive field*', and 'it is this precisely because, though it has a different attitude and is under the guidance of a different task, its subject matter is universal subjectivity, which in its actualities and possibilities is *one*'.[17] Paci underlines, therefore, that phenomenologists cannot refuse *a priori* the reproaches of psychoanalysts: phenomenologists can always recognize that they did not carry out the *epoché* and that their impulses were uncontrolled. But, in their alliance with psychoanalysts, phenomenologists must continually invite them to exercise *epoché* and transcendental reduction. Not only because they are necessary to struggle against the idolatrous belief that psychoanalysis is already constituted and that it does not require self-analysis anymore, but also because they show that, 'non solo non si può parlare di un inconscio se non si parla della coscienza, ma che il significato non è nel profondo, ma nella verità e nell'intenzionalità alle quali il profondo tende e a causa delle quali si perde.'[18]

It must be noted that with this re-affirmation that only by analysing the consciousness and its performances through *epoché* can we understand the significance of the unconscious and its correlated issues ('il tempo, lo spazio, il corpo proprio, la prassi, la presenza come origine, l'oblio dell'inizio,

16 Paci, 'Ritorno a Freud', in *Idee per una enciclopedia fenomenologica*, p. 384.

17 Edmund Husserl, *The Crisis of the European Sciences and Transcendental Phenomenology* (*Krisis der europäischen Wissenschaften und die transzendentale Phänomenologie*) trans. David Carr (Evanston, IL: Northwestern University Press, 1962), p. 208.

18 Paci, 'Ritorno a Freud', in *Idee per una enciclopedia fenomenologica*, p. 386.

la concatenazione genetica degli antenati'[19]), Paci is not merely repeating the well-known argument sketched out by Eugen Fink in the famous XXI appendix of the *Crisis*:

> One thinks one is already acquainted with what the 'conscious', or consciousness, is and dismisses the task of first making into a prior subject matter the concept against which any science of the unconscious must demarcate its subject matter, i.e., precisely that of consciousness. But because one does not know what consciousness is, one misses in principle, the point of departure of a science of the 'unconscious'.[20]

Paci supports the actuality of Fink's lesson, in contrast to (for example) his colleague and friend Paul Ricoeur, who had carried out his own 'return to Freud' in that same period. In his *Freud and Philosophy. An Essay on Interpretation*, Ricoeur maintained that no one philosophy had got as close to the Freudian notion of the unconscious as phenomenology, but that this 'approximation', accomplished in the field of the living presence, through the intentional analysis of the constitution of *Leib* and intersubjectivity, ended up failing, managing at most to offer a '*limited* understanding' of the unconscious.[21] According to Ricoeur, psychoanalysis is not a reflexive discipline, but an art of interpretation, a technique of archaeological excavation of the unconscious that cannot be replaced by any phenomenology. In the last phase of his 'return to Freud' Paci set himself precisely against this kind of reading of the relationship between phenomenology and psychoanalysis. If, on the one hand, he recognizes the merit of Ricoeur for having figured out the essential link between archaeology and teleology, that is, between past and future, on the other hand he invites him to 'reconsider' (in the phenomenological sense of the word) the issues of the second volume of *Ideas* and the *Fifth Cartesian Meditation* within a 'common frame'.[22]

19 Ibid., p. 382.

20 Husserl, *The Crisis of the European Sciences and Transcendental Phenomenology*, p. 387.

21 Cf. Paul Ricoeur, *Freud and Philosophy: An Essay on Interpretation* (*De l'interprétation*), trans. Denis Savage (New Haven and London: Yale University Press, 1970).

22 Enzo Paci, 'Psicoanalisi e fenomenologia', in *Aut aut*, 92 (1966). Now in *Idee per una enciclopedia fenomenologica*, pp. 389–400 (p. 394).

As appears also in his *Diario fenomenologico*, from the beginning of the 1960s Paci was convinced that Ricoeur did not fully understand the significance of the second volume of *Ideas* and that his interpretation of phenomenology depended solely upon the reading of the first volume.[23]

This was not a simple exegetic divergence: linking the second volume of *Ideas* to the *Fifth Cartesian Meditation* meant linking the problem of the constitution of *Leib* and the material thing to the problem of intersubjectivity. As Paci underlines in 'Back to Freud', that divergence concerned the possibility of phenomenology itself – i.e. the possibility not of an 'idealistic', but a 'relationistic' phenomenology, which would be able to start from the living present and to discover in such a present, 'un passato che ha condizionato il presente e che permane come bisogno e dipendenza: bisogno delle cose e bisogno dell'altro.'[24]

It is this genetic and historical phenomenology that can really take advantage of Freud's analysis of the unconscious, especially for the problem of the intersubjective constitution. But, for Paci, this kind of phenomenology is in turn necessary in order to understand the true significance of the psychoanalytic discovery of the unconscious, beyond Freud himself. To conclude with Paci's words:

> Sul piano dell'esperienza, l'inconscio ha un linguaggio nel senso che ha un linguaggio la corporeità e il suo mondo, nel senso per cui anche un corpo che si muove in rapporto agli altri parla col suo muoversi. Ma questo lo riconosco sempre a partire dalla coscienza del soggetto inteso come mio corpo proprio in rapporto agli altri: alla fine l'inconscio deve risultare legato a questa somaticità e a tutte le sue motivazioni, ed è nella somatica e nell'ambiente che scopro le strutture precategoriali per cui la parola è strutturata in quanto originata da una struttura intersoggettiva precategoriale e non è separabile come un campo a sé linguistico da tale struttura. Sono questi i temi del ritorno a Freud, un ritorno che si pone come riconsiderazione e correzione o, piuttosto, come una nuova via che [nonostante Ricoeur, mi] sembra [ancora] strettamente collegata all'analisi fenomenologica.[25]

23 Paci, *Diario fenomenologico*, p. 97.

24 Paci, 'Psicoanalisi e fenomenologia', in *Idee per una enciclopedia fenomenologica*, p. 394.

25 Paci, 'Ritorno a Freud', in *Idee per una enciclopedia fenomenologica*, p. 388.

ALESSANDRO PAGNINI

Philology, Materialism and Psychoanalysis: Sebastiano Timpanaro on Freud

Sebastiano Timpanaro (1923–2000) is rightly considered to be one of the most important intellectual figures in Italian culture in the second half of the twentieth century. A classical philologist of worldwide renown as well as a distinguished historian of eighteenth- to twentieth-century culture, Timpanaro was also a conflictual and polemical interpreter of Marxist and liberal-socialist traditions. Furthermore, he is also remembered for his political commitment and civil commitment. Although Timpanaro often referred to himself as an 'amateur' in philosophy, he was nonetheless outspoken in his anti-idealistic and anti-historicist intolerance; thus providing a rare example in Italy of an intellectual who spoke out in favour of an Enlightenment that defended the values both of science and of anti-providential, atheistic materialism. Timpanaro liked to call himself a 'Leopardian Marxist', and strove to integrate the biological but by no means resigned pessimism of Leopardi with the 'scientific' analysis of Marxism. Together with 'his' Leopardi and the Baron of Holbach (to whom he dedicated an important essay[1]), the philosopher he admired the most was Pierre Bayle. Bayle is remembered for his anti-theodicy, his *Dictionnaire*, as well as for embracing the destructive and critical function of philosophy whilst rejecting its metaphysical and constructive craving for knowledge.

Timpanaro started to write on psychoanalysis in the seventies and continued to do so for almost twenty years. His publications on the subject began in 1974 with a book entitled *Il lapsus freudiano*, whose revised

1 Sebastiano Timpanaro, *Prefazione* to Paul Thiry d'Holbach, *Il buon senso* (*Le Bon-Sens*) trans. Sebastiano Timpanaro (Milan: Garzanti, 1985), pp. vii–lxxxi.

edition appeared one year later,[2] and ended in 1992 with a collection of essays entitled *La 'fobìa romana' e altri scritti su Freud e Meringer*.[3] The distinguished Italian psychiatrist and psychoanalyst Giovanni Jervis has referred to Timpanaro's book on slips as 'il più noto, e forse anche il più importante, contributo italiano agli studi freudiani internazionali'.[4] It is a fact, however, that apart from some belated posthumous acknowledgments such as that of Jervis, Timpanaro's works on psychoanalysis have received more attention and have been better received in Great Britain and in America than in Italy. A partial translation of *The Freudian Slip* ignited a fierce controversy in the *New Left Review*, and the entire book was translated into English in 1976 by New Left Books.[5] Timpanaro's essay on the 'Roman Phobia', which was also the title of his second book, was originally published in English in 1985, again in the *New Left Review*.[6] Moreover, it is worthwhile remembering that Timpanaro's *On Materialism*, which anticipated many of his ideas on psychoanalysis, was translated into English as early as 1975 and fast became a topic for intellectual discussion.[7] Thanks to these translations, Timpanaro's views on psychoanalysis are well known to English-speaking readers and are highly regarded by a variety of distinguished English-speaking scholars such as the philosopher of science

2 Sebastiano Timpanaro, *Il lapsus freudiano. Psicoanalisi e critica testuale* (Scandicci: La Nuova Italia, 1975); *The Freudian Slip* (*Il lapsus freudiano*) trans. Kate Soper (London: New Left Books, 1976). Two chapters of the book were previously translated into English in the *New Left Review*, 91 (1975), pp. 43–56.

3 Sebastiano Timpanaro, *La 'fobìa romana' e altri scritti su Freud e Meringer* (Pisa: ETS, 2006).

4 Giovanni Jervis, 'Il secolo della psicoanalisi', in *Il secolo della psicoanalisi*, a cura di Giovanni Jervis (Turin: Bollati Boringhieri, 1999), p. 43.

5 Jacqueline Rose; Juliet Mitchell and Lucien Rey; Alan Beckett and John Howe; David Rumney, 'Four comments on "The Freudian Slip" by Sebastiano Timpanaro', *New Left Review*, 94 (1975), pp. 74–84. Timpanaro answered these comments in 'Freudian Slips and Slips of the Freudians', in *New Left Review*, 95 (1976), pp. 45–54.

6 Sebastiano Timpanaro, 'Freud's "Roman Phobia"', *New Left Review*, 147 (1982), pp. 4–31.

7 Sebastiano Timpanaro, *On Materialism* (*Sul materialismo*) trans. Lawrence Garner (London: New Left Books, 1975).

Adolf Grünbaum,[8] the literary critic Frederick Crews,[9] the Australian psychologist Malcolm Macmillan,[10] the Irish philosopher David Archard,[11] the psychoanalyst Charles Rycroft,[12] and such illustrious figures as Raymond Williams[13] and George Steiner. Incidently, Steiner not only acknowledged Timpanaro as a mentor and teacher *sine qua non*,[14] but when writing his short novel *Proofs*[15] also used Timpanaro's biography liberally (Timpanaro had spent time working as a proof-reader at a publishing house). Most recently, Perry Anderson wrote a stimulating essay entitled, 'Timpanaro Among the Anglo-Saxons', which is to be recommend to anyone interested in the favourable response to Timpanaro in both Britain and America.[16]

Here I propose to briefly summarize Timpanaro's criticism of psychoanalysis, and then to concentrate on a seemingly marginal episode that in fact sheds an interesting light on the general theme of the response to psychoanalysis in Italian culture – a dispute which later became an overt diagreement between Timpanaro and his younger friend Carlo Ginzburg, another figure very familiar to English-speaking readers. This dispute was made public and commented on by Ginzburg in his recent publication of an exchange of letters with Timpanaro.[17] Some of the contents of this dispute

8 Adolf Grünbaum, *The Foundations of Psychoanalysis. A Philosophical Critique* (Berkeley: University of California Press, 1984), pp. 194–9.

9 Cf. especially Frederick Crews (ed.), *Unauthorized Freud* (New York: Penguin Books, 1998), pp. 72–5.

10 Malcolm Macmillan, *Freud Evaluated. The Completed Arc* (Cambridge, MA: MIT Press, 1997), pp. 620–1.

11 David Archard, *Consciousness and the Unconscious* (London: Hutchinson, 1984), pp. 104–23.

12 Charles Rycroft, 'Freud and Timpanaro', *New Left Review*, 118 (1979), pp. 81–8.

13 Raymond Williams, *Culture and Materialism* (London: New Left Books, 1980), pp. 104–22.

14 George Steiner, *Real Presences* (Chicago: University of Chicago Press, 1989), p. 12.

15 George Steiner, *Proofs* (London: Faber & Faber, 1992).

16 Perry Anderson, 'Timpanaro Among the Anglo-Saxons', in *Il filologo materialista. Studi per Sebastiano Timpanaro*, a cura di Riccardo Di Donato (Pisa: Edizioni della Normale, 2003), pp. 177–90.

17 Carlo Ginzburg and Sebastiano Timpanaro, 'Lettere intorno a Freud (1971–1995)', in *Sebastiano Timpanaro e la cultura del secondo Novecento*, a cura di Enrico Ghidetti & Alessandro Pagnini (Rome: Edizioni di storia e letteratura, 2005), pp. 317–45.

have also been clarified thanks to the sizable correspondence exchanged during the same period between Timpanaro and Francesco Orlando, which Orlando edited as *Carteggio su Freud (1971–1977)*.[18] These recently acquired documents afford us, on the one hand, an interesting insight into one particular and extremely vital moment of Italian culture in the seventies, but they also allow us to draw some conclusions as regards the contribution of the debate to the ever-current theme of the epistemology of psychoanalysis and 'human sciences' in general.

In *The Freudian Slip*, Timpanaro makes clear his discomfort with psychoanalysis by articulating three separate criticisms. Firstly, he criticizes the 'hermeneutic' method of psychoanalysis as carried out in some exemplar cases of the interpretation of slips and parapraxes in Freud's *Psychopathology of Everyday Life*. He does so, not with any intention of refuting psychoanalysis *tout court*, but with full awareness of the possible general repercussions of his specific criticisms. Furthermore, he highlights some 'ideological' limitations of Freudianism which greatly influenced Freud's theories. These include, for example, the fact that Freud confuses the malaise of *one particular* civilization – due to the division into classes, market strategies, and an historically determined repressive system – with the malaise of civilization *in general*. Lastly, Timpanaro embarks on a highly negative analysis of the progressive 'psychologistic turn' conferred by Freud on his doctrine to the detriment of those scientific-materialistic values which had characterized its beginnings, and which were deeply rooted in the neurophysiology and evolutionary biology of the times.

As his correspondence with Ginzburg and Orlando shows, the methodological-epistemological aspect of Timpanaro's criticism of Freud is pre-eminent in his book. Timpanaro starts by examining some convoluted Freudian interpretations of slips which he considers to be samples of the very logic and praxis of Freudian methods. He aims to demonstrate how, in the majority of slips interpreted by Freud, an interpretation based on 'surface psychology' is both plausible and sufficient (that is, in the style of Wundt and Pavlov, and also well represented in works on the theme by

18 Sebastiano Timpanaro and Francesco Orlando, *Carteggio su Freud (1971–1977)* (Pisa: Edizioni della Normale, 2001).

the psycho-linguist Rudolf Meringer). He does not deem it necessary to find a 'deep' explanation at any cost, by making recourse to a 'repressed' emotion which then re-emerges to interfere with and disturb conscious discourse. Timpanaro draws attention to the fact that a large number of slips (i.e. errors) similar to those treated by Freud can be found in most texts habitually examined by philologists. Surface psychology tells us that references to processes of banalization, the omission of the superfluous, and the exchange of words similar in their overall phonic aspect, offer satisfactory explanations, without having to draw on 'returns' of the repressed, and on interpretations which are personalized or tailored to fit each individual case. To identify a single personal motive for each individual slip (which nonetheless belongs to a homogeneous category, as Meringer has convincingly argued) and to maintain that an infinite multiplicity of different causes could produce slips of the same type, seems to Timpanaro to be *a priori* highly unlikely. Moreover, interpretations of this kind, in his opinion, show little respect for the principle of 'economy' of explanation. As Timpanaro concedes, Freud certainly never denied that facts singled out by surface psychology might play an indispensable role in provoking a slip, but he did maintain that they ought only to be treated as 'favouring circumstances', inert in nature. Tellingly, Freud used to say that to attribute a slip to merely linguistic causes would be as absurd as if, having been robbed, I were to tell the police that in a certain street 'solitude and obscurity took my watch and wallet away'. Thus, in Timpanaro's view, what is referred to as the 'favouring circumstance' must be seen as a 'concomitant cause', an active force, and not as a mere 'predisposition' to forgetting a word or substituting one word with another. Timpanaro believes that such 'pluri-motivation' is typical of all textual corruptions. Hence, if it is the unconscious which is at work in these cases, it is our duty to re-define it in terms which are perhaps more akin to Freud's concept of the 'pre-conscious'. Moreover, if recondite motives are at work (in these cases, following Orlando, Timpanaro favours talking of '*repressione*' rather than '*rimozione*'[19]), as in the

19 The English *Standard Edition* of Freud's Psychological Works translates the German *Verdrängung* with 'repression' and *Unterdruckung* with 'suppression'. In Italian, *Verdrängung* is translated as 'rimozione' (the closest English term is 'removal'), and

'slip-gaffe', one should, nonetheless, have a notion of the unconscious that does not exclude *a priori* either social or historical repression of content or experience, together with the natural biological fear every individual has of both disease and death.

Both Orlando and Ginzburg agreed with Timpanaro on many of these issues but they disagreed with him on the relevance of these criticisms vis à vis a general evaluation of psychoanalysis. Ginzburg's position is especially interesting, and this brings us to the topic of developing individualizing explanations, which is the main cause of his dispute with Timpanaro. When dealing with psychoanalytical explanations of individual cases, Timpanaro makes frequent associations between psychoanalysis, philology and medicine in his evaluations. During the same period, Ginzburg also suggests a connection between psychoanalysis, philology, medicine and history (as well as divination, *connoisseurship* and detection devices), but he overturns Timpanaro's perspective. In a footnote to one of the many re-publications of his well-received essay, *Spie. Radici di un paradigma indiziario* (*Clues. Roots of an Evidential Paradigm*), Ginzburg writes:

> Here and elsewhere I am following observations made by S[ebastiano] T[impanaro], but am putting them in a different (even opposite) perspective: [...] Briefly, while T[impanaro] rejects psychoanalysis because it is closely related to magic, I try to demonstrate that not only psychoanalysis but also the majority of the so-called human sciences are inspired by a divinatory type of epistemology [...] T[impanaro] has already alluded to the individualizing explanations of magic and the individualizing instincts of two such sciences as medicine and philology.[20]

Ginzburg refers to an *evidential paradigm* or *indexical, circumstantial paradigm*. He evokes some illustrious antecedents, such as Thomas Huxley,

---

Unterdruckung as 'repressione'. 'Repressione', in Italian, has a socio-political overtone as it belongs to Marxist vocabulary as well. This is the reason why it is preferred by both Orlando and Timpanaro, who sensibly modify Freud's meaning. Unfortunately, the difference between the two Italian terms is not rendered in the Freudian English lexicon.

20 Carlo Ginzburg, *Clues: Myths and the Historical Method* (Baltimore: Johns Hopkins University Press, 1992), p. 199, note 48.

Cuvier, and the 'retrospective prophecies' William Whewell saw as being characteristic of archaeology, astronomy, geology, and medical semiotics – which, unlike other inductive sciences, were used to derive non-reproducible and non-observable causes from their consequences. 'Skipping from one historical context to another',[21] Ginzburg sees significant manifestations of that paradigm in physiognomic treatises, and even in the practices of Babylonian diviners as well as those of Neolithic hunters but, above all, he points out its pervasiveness in even the most disparate fields (including clinical medicine and philology) in the period bridging the nineteenth and the twentieth centuries. Ginzburg insists, in particular, on the paradigmatic value of *detection* in cases such as those in which Sherlock Holmes draws successful conclusions. But he also dwells on a practice whose significance had not escaped Freud either: that of the art expert, and especially the method of attribution initiated in the 1870s by the Italian Giovanni Morelli. Freud himself had perceived Morelli's importance and the affinity of his method with that of analysis. Morelli had revolutionized the method of *connoisseurship* by suggesting that, irrespective of general impressions and macroscopic traits that characterize a painting, one should concentrate instead on minor details, on apparently insignificant particulars (such as the shape of the nails, the ear lobes, the halo and other elements that usually go unnoticed), based on the assumption that the copyist overlooks them, whereas the artist renders them in a very personal, characteristic way. Consequently, it is precisely these minute details that reveal the most personal techniques and methods of execution since they are achieved while the artist's intentionality is weaker. Freud thus concluded: 'I believe that his method [Morelli's] is strictly related to the technique of medical psychoanalysis. It is also used to comprehend secret and hidden things from unappreciated or unnoticed elements, from the leftovers – the "rubbish" – of observation.'[22] It must be said that Freud also made a distinction between traditional medicine and his psychoanalysis: traditional medicine is based on *observation* (of anatomic structure, chemical reactions, the contraction

21 Ibid., p. 169.

22 Sigmund Freud, *Standard Edition*, III, p. 132.

of a muscle under particular stimulation), whereas psychoanalysis is based on *listening*. The analyst has nothing concrete to observe, nothing that his hand can touch, just like the historian who attempts to reconstruct facts from the distant past. But Ginzburg does not consider these differences of significance and, using Morelli's example, he suggests aiming for a unitary method of disclosure, a kind of investigation which brings together important aspects of research and interpretation in different disciplines. This is a conjectural method which cannot easily be homologated, and which is irreducible to the classical forms of deductive and inductive inference. Moreover, it opens up an alternative mode of explanation to that typical of the so-called 'nomothetic' sciences which refer the singular to the general, subsume the case to the law, proceeding by abstractions from the object's individual characteristics to the systematic search for characteristics that are shared with other objects, in the conviction of seeing them in the end, wherever possible and ideally, through 'the mathematician's over-sensorial eye.'[23] The manner of proceeding in these disciplines, in so far as it is highly qualitative, makes them, in point of fact, more like prophecy, or the hunter's method of conjecture, than physics, astronomy or biology. The latter are all 'Galilean' sciences, because they are objective, systematic, 'quantitative' and mathematic in essence, detached from the world of feelings, from the concrete nature of experience, and from the eye of the observer, and are thus 'anti-anthropocentric' and 'anti-anthropomorphic'.

The inferences obtained on the basis of an evidential paradigm do not, therefore, derive from a rigorously codified knowledge but 'tend to be mute forms of knowledge – that is [...] their rules cannot be formalized nor even said,'[24] and resemble more than anything 'low intuitions' rooted in feelings and sensations, instinct and observation. As far as Ginzburg is concerned, the metaphor of the 'discerning or expert eye' holds true, not only when one speaks of diagnosticians but also of philologists ('one only needs to think,' he writes, 'about the weight of conjectures [...] in medicine or in

23 Ginzburg, *Clues*, p. 179.
24 Ibid., p. 177.

philology, and in mantic too'[25]). In fact, the specific divinatory nature of philology is apparent even in the Greek origins of the discipline, and has remained one of its indelible features despite that 'potential for development which could have raised during the Nineteenth century.'[26]

But let us return to Timpanaro. As already mentioned, Timpanaro finds the combination of 'inexact sciences' such as medicine, philology and psychoanalysis to be sound. However, it has also been observed through Ginzburg's clarification that his approach is exactly the opposite. According to Timpanaro, 'if one renounces abstraction and generalization, no science is possible, and [...] the same thing can be said for human sciences.'[27] Nonetheless, this does not prevent one from sometimes seeking an individual cause by 'dissolving the unity of its type,' as Timpanaro himself admits; but in this case:

> Individualized explanations, if they are really to be improved in generalized explanations, must satisfy conditions which Freudianism usually fails to do. Every relationship they posit, every link they add to the causal chain uniting a symptom to its presumptive original cause must be, if not amenable to absolute confirmation, at least demonstrably more probable than other alternative explanations.[28]

Timpanaro suggests a connection between medicine and philology, amusingly referring to himself as 'an obscure medical practitioner of textual criticism.'[29] Both medicine and philology must not lose sight of each single case: which is not experimental (in the sense that the phenomena they study will not be repeated in identical conditions), but neither can they become mere 'art', 'entrusted to the intuition of the single case, without regulating laws and general principles'.[30] Any symptom whatsoever cannot be the symptom to any disease whatsoever. There must be some 'prohibitions', and these prohibitions cannot be implicit or ineffable, nor can they easily

25 Ibid., p. 171.
26 Ibid., p. 170.
27 Timpanaro, *The Freudian Slip*, p. 65.
28 Ibid., p. 67.
29 Ibid., p. 71.
30 Ibid., p. 72.

eliminate induction and its 'logic'. In 'Freudian Slips and Slips of the Freudian,' (another essay originally published in English and later revised for an Italian audience[31]), Timpanaro writes that he does not intend to take sides between verifiers or falsifiers following Karl Popper's well-known opposition, nor does he want to engage in a sophisticated methodological disquisition, but, rather, he identifies the 'method' by a kind of *meta-induction* from the history of modern science, from the 'try and try again' ('*provando e riprovando*') method of the Academy of Cimento to Mills' concept of 'differential diagnosis' and Claude Bernard's experimental practice. This provides us simply with a minimal criterion of deniability, a prescription of constraints (a 'prefiguration of impossibility', as one might say in updated epistemological jargon) whenever we reach an explanation. Psychoanalytic interpretations, on the contrary, are considered by Timpanaro to be free from any such constraint. Freudian theories, such as that of the dream as wish fulfilment, for example, or those related to the mechanisms of the unconscious, seem to be formulated in such a way as to be confirmed in any case whatsoever and are not subject to any constraints whatsoever. Timpanaro considers this to be magic and not scientific thought, even when one wants to justify it on the basis of a methodological need dictated by the fact that certain sciences explain, especially, individual cases above all, pathogenic courses experienced by the individual, stories which cannot therefore be repeated. In *The Freudian Slip*, Timpanaro warned against conceding too much to what he called 'historicist' instances, in the negative sense of an irrationalist and intuitional historicism which 'is incompatible with the concept of science itself.'[32] Even when explaining the individual, one tends to abstract, typify, even generalize, thus establishing *a priori* that the case cannot signify everything, that its occurrence obeys a more or less rigid logic that can be explained by comparison with other experiences, by means of analogy or induction, all the while being

31 Cf. the definitive version of Sebastiano Timpanaro, 'Lapsus freudiani e lapsus di freudiani' ('Freudian Slips and Slips of the Freudian') in *La 'fobìa romana' e altri scritti su Freud e Meringer*, pp. 193–208.

32 Timpanaro, *The Freudian Slip*, p. 84.

careful however not to neglect alternative explanations that could explain it better or more 'economically'. Nor must one forget that in philology too, Timpanaro was responsible for a critique of the ecdoctic conjectural method in favour of Lachmann's search for objective methods to be followed in rigorous fashion. In doing so, Timpanaro rediscovers that tradition which, from Poliziano to Pier Vettori and Erasmus, recommends with increasingly 'scientific' urgency the habit of collecting differing codices by relying on linguistic and stylistic experience in order to correct unsatisfactory textual readings. There are no conjectures here. The young Lachmann, an opponent of 'internal criticism,' adopted the motto: '*Recensere [...] sine interpretatione et possumus et debemus.*' In his masterpiece, *The Genesis of Lachmann's Method*,[33] following Pasquali's example, Timpanaro distances himself from the subjectivism of the *emendatio ope ingenii* and adheres to a rigorous *emendatio ope codicum* (even if he is not coarsely positivist and concedes that one needs an historical, and not only statistical, consideration to fill the gap between analytic and evaluative-exegetic activity).

Given these theoretical premises, how then could Timpanaro agree with Ginzburg's methodological observations? How could he accept the provocation contained in the letter dated 18 March 1975 in which Ginzburg asked: 'Non credi che la storiografia sia tutto sommato abbastanza vicina alla "concretezza" della magia?' Or, again, when Ginzburg asked him, 'Non credi che l'osservazione sulle "storie individuali" in quanto tali sottratte a qualsiasi controprova [...] porti abbastanza lontano?'[34] In these letters, Ginzburg goaded his friend-teacher in ways that go as far as to imply a general assumption of responsibility towards the important theoretical and practical-political choices of the times. He provoked Timpanaro by telling him that he had extracted a maxim from a passage in Walter Benjamin's diaries (perhaps by Brecht) that suggested, 'bisogna partire dalle cattive cose nuove, non dalle buone cose vecchie.'[35] Then, in response to

33 See the excellent English edition edited by Glenn W. Most: Sebastiano Timpanaro, *The Genesis of Lachmann's Method* (Chicago: University of Chicago Press, 2005).

34 Timpanaro and Ginzburg, 'Lettere intorno a Freud (1971–1995)', pp. 334–5.

35 Ibid., p. 319.

Timpanaro's almost obsessive requests for objectivity as a justification, he opted for a criterion inspired by something akin to 'un "virtuosismo intellettuale" magari fine a stesso (tra una spiegazione semplice e una complicata ma "intelligente" scegliere sempre la seconda)'.[36] Finally, Ginzburg himself admitted: 'Timpanaro non poteva accettare queste conclusioni, ma preferì non discuterle. Il nostro dialogo si interruppe.'[37]

Almost thirty years have passed since this dispute began. At the time, it seemed that the match had been easily won by the brilliant Ginzburg. Timpanaro himself seemed to be aware of being a survivor, or rather, a preacher in the desert. While working on his *Freudian Slip*, he wrote to the Marxist Germanist Cesare Cases, anticipating for it a markedly cool reception in Italy: 'Sto [...] tirando avanti straccamente un lavoro sulla *Psicopatologia della vita quotidiana* di Freud "rivista da un filologo" [...] Ma mi rendo conto che si tratta di un lavoro che non interesserà nessuno, e ci sto perdendo troppo tempo'.[38] To Ginzburg, he gave further proof of his own humility by defining himself as 'un filologo dotato di tutta la pignoleria e la micrologia che costituiscono i vizi professionali di questo genere di studiosi, e una specie di comiziante populista-pessimista-materialista di tipo tardoottocentesco.'[39]

At the time, most Italian intellectuals sided with Ginzburg, as he was more in tune with the coming century and more receptive to the claims of a rationality which did not need to be built on models rigidly imprinted on classical logic or on instances of a reductive and foundational kind. In a review of *The Freudian Slip*, Franco Rella and Giuseppe Sertoli repeated Ginzburg's reasons when they chided Timpanaro for failing to understand that, 'la rivoluzione scientifica di Freud sta proprio nella costruzione di una scienza "congetturale", "indiziaria", fondata "sul dire e disdire", sul "tempo-

36 Ibid., p. 331.

37 Ibid., p. 318.

38 Cesare Cases and Sebastiano Timpanaro, *Un lapsus di Marx. Carteggio 1956–1990* (Pisa: Edizioni della Normale, 2004), pp. 218–19.

39 Timpanaro and Ginzburg, 'Lettere intorno a Freud (1971–1995)', p. 324.

raneo compromesso”’.[40] As I mentioned earlier, however, Anglo-American intellectuals – philosophers rather than literati – were more receptive to Timpanaro's epistemological message.

However, time has proved to be more generous towards Timpanaro than could at first be assumed. Perhaps, re-visiting the debate today, we should be more cautious in passing judgement on both sides ourselves. A revival of interest in Ginzburg's paper on the evidential paradigm is underway: a collection of essays inspired by Ginzburg, *Penser par cas*, edited by Jean-Claude Passeron and Jacques Revel, has recently been published, and the classical philologist Glenn Most has critically, but admiringly, re-read *Clues*.[41] And at the same time, many of Timpanaro's ideas have been vindicated as well. Contrary to the idea of an irreducible individual character of single case explanations, recent research into the epistemology of single case studies seems to reaffirm a necessary reliance on abstractions and generalisations. The idea that narrating a single case, or identifying the reasons for a particular subject, or treating a phenomenon as unique and non-repeatable means breaking away from any epistemic constraint or reaching a source of knowledge which is radically different from the current canonical scientific inference, turns out to be a myth. In the operation of ‘describing’, often opposed to that of ‘explaining’, we can only use a language and concepts endowed with a meaning that extends beyond the individual case. When Ginzburg set out the drastic alternative, ‘either sacrifice knowledge of the individual element in favour of generalizations [...] or attempt to develop, even if tentatively, a different paradigm,’[42] he was both right and wrong. He was right because physical, Galilean sciences can certainly no longer represent a model for historical and human knowledge. On the other hand, he was wrong because natural historical sciences (those to which Timpanaro referred in order to find constructive analogies with the other ‘inexact sciences’) offered a scientific paradigm

40 Franco Rella and Giuseppe Sertoli, ‘Recensione a Sebastiano Timpanaro, *Il lapsus freudiano*’ in *Nuova corrente*, 67 (1975), p. 373.

41 Glenn W. Most, *Philologie et interprétation indiciaire*, unpublished draft.

42 Ginzburg, *Clues*, p. 192.

which was sufficiently flexible to explain the 'vital' and the individual, by organizing their types and generalizations into conceptual models, not following prescriptive universal laws but laws of a 'proscriptive' type, which could be indicative of an impossibility or, at most, of a tendency.

Furthermore, in the 1980s, at a time of new epistemological interest in the 'context of discovery', the evidential paradigm enjoyed remarkable success among methodologists engaged in refining Peirce's idea of abduction or of inference into the best explanation. Yet today these zealous methodologists have had to resign themselves to seeing their method, which they claim to be *sui generis*, reduced to logical and even formal considerations about plausibility in an inductive Bayesian paradigm.[43] Lastly, we must make mention of a further victory by the materialist Timpanaro: following a long period in which the epistemological view of psychoanalysis had acclaimed a 'hermeneutic turn' by, among other things, openly declaring a lack of interest in caring for patients rather than looking after them by offering them support in their *Exiztentragend*, celebrations of the 150th anniversary of Freud's birth have been marked by a re-evaluation of the biological and neurological basis of psychoanalysis. The neurobiologist Eric Kandel, and the Solms (neuropsychologists who coined the term 'neuro-psychoanalysis')[44] are mentioned, along with some psychoanalysts inspired by a Darwinian perspective, as figures who have opened up the possibility of a scientific confirmation of psychoanalysis. What Timpanaro might have thought of these works, I cannot guess. What is certain is that

43 Against the advocates of the irreducibility of 'abductive reasoning', the philosopher of science Wes Salmon wrote seminal pages defending the view that every 'plausibility' argument has to be assigned to the domain of the logic of inductive justification and to Bayesian formalization. Cf. Wes C. Salmon, *The Foundations of Scientific Inference* (Pittsburgh: University of Pittsburgh Press, 1966); 'Explanation and Confirmation: A Bayesian Critique of Inference to the Best Explanation', in *Explanation: Theoretical Approaches and Applications*, ed. Giora Hon and Sam S. Rakover (Dordrecht: Kluwer, 2001), pp. 61–91; 'Reflections of a Bashful Bayesian: A Reply to Peter Lipton', ibid., pp. 121–36.

44 Cf. Eric Kandel, *Psychiatry, Psychoanalysis, and the New Biology of Mind* (London: Psychiatric Publishing Inc., 2005); Karen Kaplan-Solms & Marc Solms, *Clinical Studies in Neuro-psychoanalysis* (Madison: International Universities Press, 2000).

in a time of widespread indifference he had widely welcomed such scientific affirmations, anticipating the necessity for a materialist, biological approach to psychoanalysis.

To conclude, beyond the weaknesses and, at times, the old-fashioned character of some of their positions, I believe that at least one aspect of the dispute between Ginzburg and Timpanaro was of inestimable merit: to have opened the *ortus conclusus* of Freudian heritage up to an interdisciplinary approach in which history, philology, textual criticism, anthropology, and biology can comment on many topics which until now were only treated within the strictly conceptual and methodological area of psychoanalysis. I think that Sebastiano Timpanaro, even more than his younger friend, correctly perceived what I deem to be the unfinished journey of psychoanalysis: Freud was a 'cognitive scientist' *ante litteram* who, in pursuit of his project of an interdisciplinary science of the mind, turned to psychology, linguistics, anthropology, Darwinian biology, educational science, and contemporary philosophy.[45] Also, thanks to Timpanaro, the myth of psychoanalysis as self-contained and self-supporting is definitively in decline.

45 Patricia Kitcher and Clark Glymour have argued extensively about such an interpretation. Cf. Patricia Kitcher, *Freud's Dream* (Cambridge, MA: MIT Press, 1992) and Clark Glymour, *Necessary Connections. Freud and the Formulations of Cognitive Science*, unpublished draft. Some of the contents of Glymour's work can be found in Clark Glymour, 'Freud's Androids', in *The Cambridge Companion to Freud*, ed. Jerome Neu (Cambridge: Cambridge University Press, 1991), pp. 44–85.

GIOVANNA RITA DI CEGLIE

Freud's Appeal to Italian Psychiatrists: Then and Now. A Personal View

I was very grateful to the Italian Cultural Institute for inviting me to be part of the very special occasion of the 150th anniversary of Freud's birth.

When I was asked which language I wanted to use, I was immediately confronted with issues of loyalty and belonging, as well as with the sense of guilt for whatever choice I made, all areas that psychoanalysts pay attention to as part of their work. It may look as if psychoanalysts succeed in making matters which seem simple into something very complex. However, people come to analysis either because they cannot find solutions to psychic conflicts or because they have found solutions which have aggravated their original problems.

In Italy, during the 1970s, interest among young psychiatrists in Freud and in the new psychoanalytic developments introduced by H. Segal and W. Bion, H. Rosenfeld and D. W. Winnicott was considerable, thanks to Italian translations of their work. Their names may not be well known to all, but they are among the pillars of modern psychoanalysis. Interest in them has since steadily increased and Italian psychoanalytic publications have been translated into English, contributing to the cross-fertilization of ideas in both countries. Although psychoanalysis as a treatment for psychiatric disorders has never been fully accepted by psychiatric institutions in Italy, it is also true that among the 600 Italian members of the two Italian Psychoanalytic Societies, many teach in universities or work in psychiatric institutions, fostering the development of various applications of psychoanalytic ideas. At present many psychiatrists training in Italy view psychoanalytic treatment as an essential part of their personal development.

The question of psychoanalysis as a therapeutic tool remains controversial, and this is very interesting if we consider the fact that in psychiatry there is not a single drug which can claim to 'cure' a mental illness. Every single drug used, though it may be life-saving for serious conditions, relieves symptomatology but does not 'cure' the illness itself. Thus, patients who suffer from serious mental illnesses often have to take drugs throughout their entire lives, but if they discontinue taking them they are psychologically at the same stage at which they were before they started pharmacological treatment.

With Freud, however, it has become possible to see symptoms as 'communications' and within this perspective a whole new way of thinking about mental illness has been set in motion, which can hardly compete with the simplistic, reductive, albeit at times necessary, approach of mainstream psychiatry. Freud has given psychiatrists a kind of map or a language to interpret and to begin to understand patients' communications far beyond the language of diagnostic categories and classifications in keeping with the medical concept of cure. Interestingly this year is also the 150th anniversary of the birth of Kraepelin, the German psychiatrist considered the father of psychiatric nomenclature, who conferred a clear medical recognition on mental illnesses.

The idea of psychoanalytic treatment as a psychological journey is closer to art or religion than to medicine, and since Italian culture is particularly attuned to the former experiences, it is not therefore surprising that Italian psychiatrists have been particularly receptive to psychoanalytic ideas. Indeed, many of them have embarked on this journey as part of their own personal development as psychiatrists – and, myself included, have even been prepared to leave Italy in order to train at the prestigious Institute of Psychoanalysis in London.

To think of psychoanalytic treatment as a journey and of Freud's theories as maps which the analyst uses to understand the mind of the analysand is also important in relation to the evolution of his thinking and also in relation to the evolution of psychoanalytic ideas in general. The map has become more and more complex and precise and people who attack psychoanalysis often do not make the important distinction between the map and the territory.

In this paper I will focus on one aspect of the psychological journey which I consider of great relevance, namely the aspect of 'reparation' which implies the idea that something is felt to be damaged in our inner world and is therefore in need of repair. Reparation can occur at many levels in every single aspect of life, but here I am referring to reparation as an internal psychic process.

Art or poetry provides many examples of mental life and its vicissitudes as portrayed by a reparative journey. Just to mention three great antecedents of the analytic journey: in the *Odyssey*, Homer describes Ulysses' return to Ithaca from Troy, a journey made difficult by the vindictiveness of the gods. In the *Aeneid*, Virgil traces the origins of Rome through the journey of another hero, Aeneas. In both epic journeys the idea of reparation reaches its momentum with a visit to the underworld; this theme will also provide the structure to Dante's analogous journey in the *Divine Comedy*.

I will quote three fragments from these three great poets. In the *Odyssey*, Ulysses comes to terms with the death of his mother in the underworld. In his moving encounter with her, he cries out:

> Three times I rushed towards her, desperate to hold her,
> Three times she fluttered through my fingers, sifting away
> Like a shadow, dissolving like a dream, and each time
> The grief cut to the heart, sharper, yes, and I,
> I cried out to her, words winging into the darkness:
> 'Mother – why not wait for me? How I long to hold you! –
> So even here, in the House of Death, we can fling
> Our loving arms around each other, take some joy
> In the tears that numb the heart. Or is this just
> Some wraith that great Persephone sends my way
> To make me ache with sorrow all the more?'[1]

Similarly, in Virgil's *Aeneid*, Aeneas encounters his dead father and wants to hold him:

1 Homer, *The Odyssey*, XI, vv. 235–45, trans. Robert Fagles (London: Penguin, 2004).

'Let me clasp your hands, my father, let me –
I beg you, don't withdraw from my embrace!'
So Aeneas pleaded, his face streaming tears.
Three times he tried to fling his arms around his neck,
three times he embraced – nothing ... the phantom
sifting through his fingers,
light as wind, quick as a dream in flight.[2]

Finally, Dante, in his attempt to embrace the soul of his friend Casella in Purgatory, echoes Aeneas' painful experience:

Tre volte dietro a lei le mani avvinsi,
e tante mi tornai con esse al petto.[3]

In each of these epic journeys we find aspects of the reparative process: the burial of the dead; coming to terms with loss and guilt; taking responsibility for damage done and a simultaneous repairing of the fabric of the self – a process which is necessary in order to get on with life and the tasks ahead. Freud developed this theme in masterful fashion in *Mourning and Melancholia*, a work which has proved fundamental to gaining an understanding of depression.[4]

In *Mourning and Melancholia* (1917) Freud compares two different states of mind in relation to loss. When we lose somebody we love, we enter into a period of mourning: interest in the outside world is reduced, the lost object demands the very painful process of intense devotion, with an intensification of memories regarding that person, as if to prolong their existence. We resist giving up that state of mind, however painful it may be, but with time the reality that that person is no longer with us takes over, and bit by bit the process of mourning reaches its natural conclusion. According to Freud, when the work of mourning is completed 'the ego

2 Virgil, *The Aeneid*, VI, vv. 805–11, trans. Robert Fagles (London: Penguin, 2006).

3 Dante Alighieri, *La Divina Commedia*, Purgatorio, II, vv. 80–1 (Florence: G. C. Sansoni Editore, 1960).

4 Sigmund Freud, *Mourning and Melancholia*, in *Standard Edition*, XIV, pp. 237–58.

becomes free and uninhibited again'.[5] I think that the ego is free because some form of reparation has taken place inside which allows for a symbolic representation of the lost object in our internal world through the very process of letting it die in the external reality.

Freud notices that we would never regard mourning as pathological in spite of it involving a departure from a normal attitude to life. It is accepted as an ordinary consequence of having lost somebody we loved. The reality of the loss is sometimes denied, hallucinatory experiences often occur but then gradually reality prevails.

In some people the same situation produces melancholia, or severe depression, instead of mourning. The salient feature of depression is not just the loss of interest in the outside world but a relentless criticism directed towards the self. Freud had the intuition that the relentless criticism that depressed patients feel towards themselves was originally directed towards the lost object with whom they are now completely identified. As Freud put it: 'the shadow of the object fell upon the ego'.[6]

In depression reparation is not possible, and the melancholic or depressed patient shows a sense of worthlessness and self-reproach that the person in mourning seldom presents. The depressed patient short-circuits the process of mourning by 'becoming' the lost object.

The journey to the underworld, where the heroes have the opportunity to pause and reflect, is not dissimilar to the work of analysis with its visit to the underworld of our psyche, repairing memories, and coming to terms with loss, with the analyst acting as a new Sybil or Virgil, having already completed his reparative journey with someone else. The work of reparation in analysis is thus done by two people together.

I have been talking about these aspects because as a young psychiatrist training in Italy, I was not fully satisfied with an approach in which psychological symptoms were not linked together and thus not seen as part of a complete personal history. This approach would be useful if the aim was to offer relief through pharmacological treatment or cognitive

5 Ibid., p. 245.
6 Ibid., p. 249.

behavior therapy. Psychoanalysis, on the other hand, provides a framework through which past and present can be linked and various symptoms can be made meaningful in the context of personal and family life. This was what attracted me to psychoanalysis in the 1970s and my early expectations have been met: today I feel that this is as relevant now as it was then.

I will now give a clinical example which illustrates the point I have already made in a more theoretical way. I will discuss a case where the issues of loss and reparation were central.

Mrs A. is a woman in her forties who came to see me when she had her first serious episode of depression, after her third attempt to have a child through IVF had failed. When she was twenty she had come to a European city to work as an au pair. She had several relationships and became pregnant. In a state of complete denial about her pregnancy she gave birth to a baby whom she named Martino after her brother. After nine days, she gave the baby away for adoption, utterly isolated from her family and friends. She did not know who the father was.

Subsequently Mrs A. married but she could not conceive. When IVF failed for the third time she became seriously depressed, she suffered from insomnia, and was worried – or rather certain – that her husband would leave her. She had thoughts of total bankruptcy, she thought that nobody loved her, she could not go to work, in spite of being competent at her job, and suicide seemed to her to be the only solution. She was afflicted by tremendous guilt and she thought that the failure of IVF was the right punishment for having given up her baby. She was also terrified at the thought that her son would one day knock at her front door. In other words, she was reduced to feelings of utter worthlessness.

The picture is very similar to the melancholic state that Freud gives in *Mourning and Melancholia*. What was interesting is that the patient's tears did not move me. She was communicating to me more the absence of an experience of loss rather than an actual experience of loss. To have a child would make her feel good, not to have a child made her feel wrong and worthless. She seemed to be in a state of pregnancy, of attachment to a dead baby inside her. She could not think of her baby as alive with adoptive parents and she could not think of adoption as a solution because she experienced adoption, as she told me, as another nail in the coffin of her baby.

Without Freud's understanding we would not be able to know what she was talking about. She had not mourned the loss of her baby through adoption and 'the shadow of the lost object' had installed itself inside her, reproaching her and not allowing her to get on with life. The lost object, now part of herself, was experienced as dead inside her, persecuting and reproaching her.

On one occasion she brought a dream to the session. In the dream she was inside her own house and all the valuable things she had had been stolen. She could see from the window of the house that the things left behind by the burglars were all scattered on the garden lawn. However, to her surprise, the door and the windows were still intact and she wondered how that could have happened. I thought that this represented a state of mind where she recognised that a part of herself, represented as the 'burglar', secretly deprived her of anything valuable she possessed until she completely emptied her mind. The analytic enquiry could then begin.

In the course of the analysis it became clear that the baby that she had given away for adoption was confused in her mind with her younger brother, towards whom she had experienced intense feelings of jealousy when he was born. It also became clear that to have a child, for her was unconsciously equated with stealing from her parents their sexuality and their baby. She could not therefore fully recognise the baby as her own nor tell her parents about the baby. Only when memories of her brother could surface in analysis could her own baby be disentangled from her brother. Only then could she experience a genuine sense of loss for the baby she had given away for adoption while repairing her relationship with her brother in her mind as well as in external reality.

Her relationship with her mother was full of rivalry and hatred, and I learned that when she was born her mother could not be with her for several days. The house of her mind began to be furnished with people and feelings and she began to experience them with me in the session. At the time of her inconsolable crying I didn't feel that I or anybody else existed for her, except her dead baby inside her. She began to recall those nine days spent with her baby and told me of her tears falling upon the baby's cheeks and of feeling totally removed from reality whilst observing her own tears. Slowly she began to think of the baby as alive but living with somebody else. She also could think of her own parents in a more benign way and not as persecutory figures who would never have forgiven her. She was able to share the secret of her baby with her husband and the fear that the baby might one day turn up on her doorstep. She was also able to confess that she often secretly went to the very area where her baby had been taken away from her in, to see if she could somehow catch a glimpse of her son. Her husband told her that the baby given up for adoption now had a father. Together they filled in the form which allowed social services permission for the adopted child to trace the biological mother, should he want to.

Psychoanalysis allowed this woman to experience the real loss of her baby and to relinquish the melancholic state. It also allowed her to repair her relationships which had been destroyed by her tremendous sense of guilt and wish to be punished. Only then was she able to adopt two children.

I have not done justice to the analytic treatment which took place five times a week over the course of eight years, but I hope that I have conveyed a sense of the appeal that psychoanalysis has had for me: that of two people embarking on a reparative journey. The work of reparation also has to do with symbolization, with finding words. The analyst who listens, contains and interprets the patients' communications provides the patient with the possibility of developing and ultimately internalising that function.

What had gone wrong with this patient was not just the IVF or the loss of her baby, but her way of dealing with it by short-circuiting the process of mourning. In studying depression, Freud had the intuition that we internalize relationships and that these internal relationships in turn affect the way we behave in our external world.

In conclusion, I would like to cast a glance over some interesting innovations in current psychiatric practice. Immense progress has been made in the study of the brain, and indeed, hardly a week passes without major news of what brain imaging is discovering. These are all fascinating studies. For example at the University of Parma, a group of scientists has identified in the brain of Macaque Monkeys certain neurones in the premotor cortex which control voluntary movement.[7] They discovered that they

7 G. Rizzolatti, L. Fogassi and V. Gallese, 'Mirrors in the Mind', in *Scientific American* 295: 5 (November 2006), pp. 54–61.

fired not only when the monkey reached for the peanut but also when the monkey watched the researcher reach for the peanut, and the Italian researchers dubbed these neurones 'mirror neurones'. It is postulated that these neurones are crucial for social interactions and might be lacking in people affected by autism who are unable to interpret people's actions or communications. This is really a fascinating discovery consistent with the importance that psychoanalysis attributes to the early stages of development and the emotional and physical interaction that takes place between mother and baby. My patient for the first three years of analysis did not use the couch. She sat in front of me. Was this related at all to those crucial early days of her life when her mother could not be with her? Did something go wrong very early for this patient, which predisposed her to depression? Maybe. However, as is often the case, discoveries of brain functioning, like a discovery of a particular gene or of a particular chemical, are not simply seen as additions to our knowledge, but as a way of denying the hard-won and elusive concept of the mind, with its history of motivation, conflicts and solutions in managing relationships, which is not only involved in mental illness but in what makes us truly unique. Today situations often arise where different disciplines fight to win the intellectual high ground and as it is on the occasion of anniversaries, such as this one, that we are invited to assess the state of psychoanalysis as a method of treatment in this rapidly changing world with its seductive promise of quick answers to complex matters.

GIORGIO PRESSBURGER

L'agnizione

Il testo che segue è tratto dal libro di Giorgio Pressburger in corso di stampa presso Bompiani, Il regno oscuro *(successivamente uscito nel 2009), prima parte di una trilogia dantesca in cui l'inferno è popolato da esseri non condannati dopo la morte, ma che l'inferno l'avevano vissuto in vita. Il narratore è alla ricerca del padre e del fratello gemello, e qui, sotto la guida di Sigmund Freud, il suo Virgilio, incontra le sorelle del grande psicoanalista e anche alcune sue proprie parenti di Budapest.*[1]

Entrai in un oscuro paesino coperto da una triste caligine, come Kiskapus, in rumeno Copsa Mica in Transilvania, da dove proveniva la numerosa famiglia di Hector Schmitz, Italo Svevo, scrittore italiano.

E sull'unica strada asfaltata si mosse di nuovo la fiumana di donne e io per poco non ne restai travolto. Guardai ogni viso, ogni mano, ogni corpo, senza riconoscere mai nessuna, e credendo di conoscerle quasi tutte. D'un tratto vidi venire verso me quattro donne, in abiti a strisce, le uniche vestite, in quella vasta onda di fantasmi in movimento. Chiesi i loro nomi e una per una mi sussurrarono nomi familiari e nello stesso tempo ignoti per me. 'Pauline', 'Dolfi', 'Rosa', 'Maria', sentii uscire da quelle teste ossute, senza capelli, quasi senza volto per la magrezza. Nere cavità.

Al sentire quei suoni il professore dietro di me prese a respirare pesantemente, in modo sincopato, quasi stesse per scoppiare in pianto. Ora sentivo il mio benefattore, la mia guida, il mio soccoritore battere i denti, per i brividi d'un'antica emozione.

1 Nota dei curatori.

Sentii ripetere da lui i quattro nomi e poi gridare, 'scusa, scusa scusa, anche tu scusa!' Lo sentii singhiozzare con un acuto prolungato gemito che mi fece venire un'enorme compassione. 'Scusatemi, sorelle, sorelline! Scusatemi, vi prego, oh sì, vi prego! Vi ho lasciate morire in mano a quei boia, perché non avevo i soldi per salvarvi, mi sono salvato da solo scappando a Londra. Scusatemi! Potevo farmi prendere io dalla Gestapo, tanto il cancro m'aveva già quasi roso a morte! Perché non sono morto al posto vostro? Perché mendicare un anno di vita al destino, ai mastini, alla morte? Perché, sorelle mie, ahi, ahi, ahi! Io sono morto anni prima di voi, e voi poverine, come vi siete ridotte? A Bergen Belsen, a Teresienstadt! Ahi, ahi, ahi! Come posso gridare, quale dio posso invocare per punirmi? Il senso di colpa che m'ha perseguitato in tutta la vita, mi perseguita anche adesso! Che posso fare per allontanarla, scacciarla via da me, e liberare l'umanità, e con lei me stesso? Lei, la prego, faccia per me qualcosa!'

(Qui il professore venne davanti a me, rivolse verso me la barba bianca umida di lacrime e di muco, gli occhi chiusi, gli occhiali sporchi, e attese che io gli rispondessi. Stette così forse per cinque minuti, lui, il mio maestro. Si era sovvertito tutto il mondo.)

'Mi scusi. Proseguiamo. Le prometto che non succederà mai più questo incidente.' Così mi disse dopo quel silenzio. Fece un respiro profondo e poi s'acquetò. Io rimasi affranto.

'La mia ricerca qui finisce, lei ha visto che non c'è risposta dai morti. Le mie sorelle si sono dileguate. Vede non c'è qui nessuna traccia della loro vita e la loro morte. Non c'è risposta, non ci sarà mai, ma non di meno noi siamo forzati a porre domande, noi stessi siamo fin dalla nascita vive interrogazioni rivolte all'universo, e niente altro.' Qui tacque, si asciugò gli occhi, deterse gli occhiali, la barba bianca, prese un grande respiro e mi si rivolse. 'Che cosa vede?' chiese con voce roca.

'La fiumana di donne non si placa ancora, scorre davanti a me quella schiera nuda, la carne viva che dà vita e muore ...' così risposi e stetti a guardare.

Allora accade qualcosa di ben strano. Vidi nelle file di moribonde venire verso di me quattro figure, tre vecchissime rinsecchite curve e la quarta eretta superba, silenziosa. Le riconobbi, sì, le riconobbi ed esclamai, 'Oh povera nonnina anche tu qui! Nonna Hermina ti hanno trascinata fin qui, fin qui, fino a questo macello! E zia Itza anche tu sei qui? Perché non siete fuggite via dal borgo, da San Lorenzo di Pest, dalla vostra casa, perché avete sfidato tradimenti, denunce, delazioni, la nera bile di chi vi odiava perché ebree?'

La nonna e sua figlia andavano a braccetto, si sostenevano l'una con l'altra a fatica, andavano intirizzite verso il loro destino, e lei, mia zia *mit ihren starren fingern* suonava un pianoforte immaginario, canticchiando con vocina esile *Die Traumerei* di Schumann e camminava. 'Ho dato il tuo nome a mia figlia!' le dissi quasi gridandole dietro. Lei si fermò, mi guardò con sguardo sereno e serio e disse solo questo:

'La musica, la musica, la nostra amica musica sarà per lei quello che Dio non è stato per me.' Mi guardò per un istante poi si volse verso la nonna: 'gehma mamele', dicendole. Poi scomparve nello stanzone.

'Ales ans' disse allora la terza donna, la zia Erna, andando loro dietro. Era piccolissima, grinzosa, un po' curva, capelli pepe e sale, voce fioca.

'Mond mà io sono uscita viva da quella erze urza dei tedeschi, ho vissuto quasi ben altri cinquant'anni, ma io ti dico, alles ans lo stesso, allora o dopo, dico alles ans. Ho vissuto cinquant'anni di solitudine, di malattie mie e degli altri, ma cinquant'anni sai che cosa sono? Gomma di cane, cioé, cioé cacca. Perfino cinquecento lunghi anni non sono nulla. Alles ans, ti dico. Ma è bello stare un po' sopra la terra, mi è piaciuto vivere tanti anni, novantasei e darti un po' di soldi ogni domenica e farti studiare. Non è tutto lo stesso, l'ho detto così, tanto per fare la scettica, ma io ti dico vivi onestamente e bada al tuo pisello che Gott behute, non si ammali. E bada al cuore se ne sei capace.' Nuda, con un cestello per la spesa sul braccio se ne andò fuori dal branco in una direzione diversa, e poi sparì.

Allora prese a parlare la quarta, la vecchia zia Ila, rabbiosa. 'Dovevo essere fucilata tanto, ma tanto tempo fa giù nel cortile dai tedeschi, e io aprii la camicia e gridai schiess hier, schiess hier se ne hai il coraggio e un ufficiale gridò ancora più forte, "Schiess nicht!" e il soldato non sparò, guardò le mie belle tette di donna ancora giovane e non sparò. Dopo la guerra da voi spesso, mi piaceva vedere tre maschi che crescevano e accavallare le gambe e farvi vedere quello che allora nessuno vi mostrava. Ho sopportato tua madre per trenta, per quarant'anni, poi mi son detta "basta"! Con tutte le malattie che ha avuto. T'ho dato la mia casa in eredità, tienila sempre cara come il tuo cuore, come l'anima, perché la casa è l'anima, che sia una capanna, una valigia oppure un palazzo lussuoso. È l'anima per noi che abbiamo sempre sempre errato. E ora vado. Che Dio t'accompagni.'

Anche lei se ne andò con le gambe magrissime, e la pelle rinsecchita, al posto dei bei seni dei tempi andati. Quando ormai quasi tutta la schiera era sparita vidi una donna maestosa e magra e fine e molto bella. 'Anche voi qui, vostra maestà tra queste povere creature comuni?' Mafalda di Savoia mi rispose: 'Sì sono qui e ben qui sarò uccisa da una bomba degli alleati. Alleati di chi; non certo miei.' Se ne andò senza dire più nulla. Le altre erano nude, lei era vestita, le andarono dietro le ultime donne, vecchie venditrici del mercato.

'È questa per lei la femminilità? L'immagine del dolore e niente altro?' domandò Freud alzandosi in piedi.

'Oh no, oh no, ma occorre un po' di tempo perché possa parlarne in piena coscienza. Comunque quelle immagini mi sono rimaste impresse nella mente per sempre e le porterò con me finchè vivrò. Ma anche tutte le donne giovani, che ho conosciuto nella mia vita e che mi hanno dato gioia e amarezza le ho nascoste dentro di me per sempre. Nascoste, unite a questa mia carne e ognuna di loro si è incorporata in me e da lì più non si staccherà. Ogni mia parola, ogni gesto è loro e sarà per sempre per sempre così, fino alla fine della mia carne.' Così risposi e poi andammo avanti.

'Il vecchio e il nuovo vivono in noi in forme femminili e ci parlano, ci portano avanti sul cammino, come nell'antico libro della mistica: un angelo ci precede, l'altro ci segue, a volte cambiando posto.' Così mi disse Freud senza fermarsi.

Bibliography

Abraham, Hilda C. and Freud, Ernst L., *A Psycho-Analytic Dialogue: The Letters of Sigmund Freud and Karl* Abraham, trans. Bernard Marsh and Hilda C. Abraham (London: The Hogarth Press, 1965)

Abrams, Meyer Howard, *The Mirror and the Lamp: Romantic Theory and the Critical Tradition* (New York: Oxford University Press, 1953)

Accerboni, Anna Maria (ed.), *Origini e sviluppi della psicoanalisi applicata* (Lavarone: Edizioni Centro Studi Gradiva, 1992)

—— *Trieste nella psicanalisi. Prigionieri in riva al mare* (Trieste: Lint, 2002)

Agosti, Stefano, *Cinque analisi. Il testo della poesia* (Milan: Feltrinelli, 1975)

——'Significante saussuriano, significante lacaniano, significante poetico', in *Strumenti critici*, 58 (1988), pp. 400–1

—— *Critica della testualità* (Bologna: Il Mulino, 1994)

Alexander, Jeffrey *et al.* (ed.), *Cultural Trauma and Collective Identity* (Berkeley: University of California Press, 2004)

Alighieri, Dante, *La Divina Commedia* (Florence: G. C. Sansoni Editore, 1960)

Anzellotti, Fulvio, *Il segreto di Svevo* (Pordenone: Edizioni Studio Tesi, 1985)

——*La villa di Zeno* (Pordenone: Edizioni Studio Tesi, 1991)

Anzieu, Didier, *Freud's Self-analysis* (London: The Hogarth Press, 1986)

Apih, Elio, *Trieste* (Rome and Bari: Laterza, 1988)

Archard, David, *Consciousness and the Unconscious* (London: Hutchinson, 1984)

Bachtin, Michail, *L'opera di Rabelais e la cultura popolare* (Turin: Einaudi, 2001)

Baker, Gordon P., *Wittgenstein's Method: Neglected Aspects* (Oxford: Blackwell, 2004)

Bandirali, Luca and D'Amadio, Stefano, *Buongiorno, notte: Le ragioni e le immagini* (Lecce: Argo, 2004)

Bell, Matthew, *The German Tradition of Psychology in Literature and Thought, 1700–1840* (Cambridge: Cambridge University Press, 2005)

Bellocchio, Marco, *Buongiorno, notte* (Venice: Marsilio, 2003)

Biasin, G. P., 'Zeno's Last Bomb', *Modern Fiction Studies*, 18: 1 (1972), pp. 17–32

——*Malattie letterarie* (Milan: Bompiani, 1976)

Boatto, Alberto, *Narciso infranto: l'autoritratto moderno da Goya a Warhol* (Bari: Laterza, 2002)

Braghetti, Anna Laura and Mambro, Francesca, *Nel cerchio della prigione* (Milan: Sperling & Kupfer, 1995)

Breton, André, *Les manifestes du surréalisme* (Paris: Editions du Sagittaire, 1946)

Caruth, Cathy, *Unclaimed Experience: Trauma, Narrative and History* (Baltimore: Johns Hopkins University Press, 1996)

Cases, Cesare and Timpanaro, Sebastiano, *Un lapsus di Marx. Carteggio 1956–1990* (Pisa: Edizioni della Normale, 2004)

Catalan, Tullia, *La comunità ebriaca di Trieste (1791–1914). Politica, società e cultura* (Trieste: Lint, 2000)

Cavaglion, Alberto, *Italo Svevo* (Milan: Mondadori, 2000)

Cioffi, Frank, *Freud and the Question of Pseudoscience* (Chicago: Open Court, 1998)

Crary, Alice and Read, Rupert (eds), *The New Wittgenstein* (London: Routledge, 2000)

Crews, Frederick (ed.), *Unauthorized Freud* (New York: Penguin Books, 1998)

Crise, Stelio, *Epiphanies and Phadographs: Joyce e Trieste*, 2nd edn (Milan: All'Insegna del Pesce D'Oro, 1994)

Cusin, Silvio G., 'La psicoanalisi a Trieste', in *Shalom Trieste: Gli itinerari dell'ebraismo* (Trieste: Comune di Trieste, Assessorato alla Cultura, 1998), pp. 279–83

David, Michel, *Letteratura e psicanalisi* (Milan: Mursia, 1967)

——*La psicoanalisi nella cultura italiana* (Turin: Boringhieri, 1974)

Debenedetti, Giacomo, *Il personaggio-uomo* (Milan: Il Saggiatore, 1970)

——*Il Romanzo del Novecento* (Milan: Garzanti, 1971)

——*Vocazione di Vittorio Alfieri* (Rome: Editori Riuniti, 1977)

Decker, Hannah S., *Freud, Dora, and Vienna 1900* (New York: The Free Press, 1991)

Derrida, Jacques, *La scrittura e la differenza* (*L'écriture et la différence*) trans. Gianni Pozzi (Turin: Einaudi, 1971)

Di Donato, Riccardo (ed.), *Il filologo materialista. Studi per Sebastiano Timpanaro* (Pisa: Edizioni della Normale, 2003)

Durand, Gilbert, *Le strutture antropologiche dell'immaginario* (*Les Structures anthropologiques de l'imaginaire*), trans. Ettore Catalano (Bari: Dedalo, 1972)

Eagle, Morris N., *La psicoanalisi contemporanea* (*Recent Developments in Psychoanalysis*), trans. Salvatore Maddaloni (Bari: Laterza, 1988)

Ellenberger, Henri F., *The Discovery of the Unconscious: The History and Evolution of Dynamic Psychiatry* (New York: Basic Books, 1970)

——*Beyond the Unconscious: Essays in the History of Psychiatry*, ed. Mark S. Micale, trans. Françoise Dubar and Mark S. Micale (Princeton, NJ: Princeton University Press, 1993)

Ellmann, Richard, *The Consciousness of James Joyce* (London: Faber and Faber, 1977)

Erikson, Kai, *Everything in its Path: Destruction of Community in the Buffalo Creek Flood* (New York: Simon and Schuster, 1976)

Eysenck, Hans J., *Decline and Fall of the Freudian Empire* (Harmondsworth: Penguin, 1985)

Eysenck, Hans J., and Wilson, Glenn D. (eds), *The Experimental Study of Freudian Theories* (London: Methuen, 1973)

Fagiolo dell'Arco, Maurizio, 'Teoria dell'autoritratto', in *Narciso '900* (Exhibition Catalogue, Ferrara, 1995)

——*Arturo Nathan 1891–1944* (Exhibition Catalogue, Rome, 1990)

Felman, Shoshana and Laub, Dori, *Testimony: Crises of Witnessing in Literature, Psychoanalysis and History* (New York: Routledge, 1992)

Ferro, A., 'Note sul processo di simbolizzazione', *Rivista di psicoanalisi*, 32: 4 (1986)

Finucci, Valeria and Schwartz, Regina (eds), *Desire in the Renaissance: Psychoanalysis and Literature* (Princeton, NJ: Princeton University Press, 1994)

Foà, Chiara, *Gli ebrei e i matrimoni misti. L'esogamia nella comunità torinese (1866–1898)* (Turin: Zamorani, 2001)

Fónagy, Ivan, 'Il linguaggio poetico: forma e funzione', in AA.VV., *I problemi attuali della linguistica* (Milan: Bompiani, 1968)

Freud, Ernst L. (ed.), *Letters of Sigmund Freud 1873–1939* (London: The Hogarth Press, 1961)

Freud, Sigmund, *Gesammelte Schriften* (Leipzig/Vienna/Zürich: Internationaler Psychoanalytischer Verlag, 1925)

——*Standard Edition of the Complete Psychological Works* (trans. and ed. James Strachey) London: The Hogarth Press, vols 1–24 (1966–74)

——*La mia vita e la psicoanalisi* (Milan: Mursia, 1956)

——*Opere complete*, vols 1–12 (Turin: Bollati Boringhieri, 1967–80)

Fuller Torrey, E., *Freudian Fraud* (New York: Harper Perennial, 1992)
Gaddini, Eugenio, *Scritti*, ed. Maria Lucia Mascagni, Andrea Gaddini and Renata De Benedetti Gaddini (Milan: R. Cortina, 1989)
Gatt-Rutter, John, *Italo Svevo: A Double Life* (Oxford: Clarendon Press, 1988)
Gay, Peter, *Freud. A Life for Our Time* (London and Melbourne: Dent, 1988)
Gellner, Ernest, *The Psychoanalytic Movement* (London: Fontana, 1993)
Ghidetti, Enrico, *Italo Svevo. La coscienza di un borghese triestino* (Rome: Editori Riuniti, 1980)
Ghidetti, Enrico and Pagnini, Alessandro (eds), *Sebastiano Timpanaro e la cultura del secondo Novecento* (Rome: Edizioni di storia e letteratura, 2005)
Gilman, Sander L., *Freud, Race and Gender* (Princeton, NJ: Princeton University Press, 1993)
Ginzburg, Carlo, *Clues. Myths and the Historical Method* (Baltimore: Johns Hopkins University Press, 1992)
Gioanola, Elio, *Psicanalisi e interpretazione letteraria* (Milan: Jaca Book, 2005)
Grünbaum, Adolf, *The Foundations of Psychoanalysis: A Philosophical Critique* (Berkeley: University of California Press, 1984)
——*I fondamenti della psicoanalisi* (*The Foundations of Psychoanalysis*) trans. Silvia Stefani (Milan: Il Saggiatore, 1988)
Grunfeld, Frederic V., *Prophets without Honour: A Background to Freud, Kafka, Einstein and Their World* (New York: Holt, Rinehart and Winston, 1979)
Herman, Judith, *Trauma and Recovery: From Domestic Abuse to Political Terror* (London: Pandora, 2001)
Hirsch, Jonathon, *Afterimage: Film, Trauma, and the Holocaust* (Philadelphia: Temple University Press, 2004)
Holbach, Paul Thiry d', *Il buon senso* (*Le Bon-Sens*), trans. Sebastiano Timpanaro (Milan: Garzanti, 1985)
Homer, *The Odyssey*, trans. Robert Fagles (London: Penguin, 2004)
Hon, Giora and Rakover, Sam S., *Explanation: Theoretical Approaches and Applications* (Dordrecht: Kluwer, 2001)
Hughes, H. Stuart, *Prisoners of Hope. The Silver Age of the Italian Jews 1924–1974* (Cambridge, MA, and London: Harvard University Press, 1983)
Husserl, Edmund, *The Crisis of the European Sciences and Transcendental Phenomenology* (*Krisis der europäischen Wissenschaften und die transzendentale Phänomenologie*), trans. David Carr, (Evanston, IL: Northwestern University Press, 1962)

Jervis, Giovanni, *La psicoanalisi come esercizio critico* (Milan: Garzanti, 1989)
Jervis, Giovanni (ed.), *Il secolo della psicoanalisi*, (Turin: Bollati Boringhieri, 1999)
Joyce, James, *Finnegans Wake* (London: Faber and Faber, 1971)
Jung, Carl G., *Il problema dell'inconscio nella psicologia moderna* (*Seelenprobleme der Gegenwart*), trans. Arrigo Vita and Giovanni Bollea (Turin: Einaudi, 1976)
Kandel, Eric, *Psychiatry, Psychoanalysis and the New Biology of Mind* (London: Psychiatric Publishing Inc., 2005)
Kanzer, Mark and Glenn, Jules (eds) *Freud and his Self-analysis* (New York and London: Jason Aronson, 1979)
Kitcher, Patricia, *Freud's Dream* (Cambridge, MA: MIT Press, 1992)
Kris, Ernst, *Ricerche psicoanalitiche sull'arte* (*Psychoanalytic Explorations in Art*), trans. Elvio Fachinelli (Turin: Einaudi, 1967)
Lacan, Jacques, *Ecrits* (Paris: Seuil, 1966)
——*Le Séminaire*, vol. XI, *Les Quatre Concepts Fondamentaux de la Psychanalyse* (Paris: Seuil, 1973)
LaCapra, Dominick, *Writing History, Writing Trauma* (Baltimore: Johns Hopkins University Press, 2000)
Lavagetto, Mario, *La gallina di Saba* (Turin: Einaudi, 1974)
——*L'impiegato Schmitz e altri saggi su Svevo* (Turin: Einaudi, 1975)
——*Freud, la letteratura e altro* (Turin: Einaudi, 1985)
Lenci, Sergio, *Colpo alla nuca* (Rome: Editori Riuniti, 1988)
Lepschy, Anna Laura, '*La coscienza di Zeno* e *Lo scrutatore d'anime*' in *Narrativa e teatro fra due secoli* (Florence: Olschki, 1984)
Leys, Ruth, *Trauma: A Genealogy* (Chicago and London: University of Chicago Press, 2000)
Lowenthal, Marvin (ed. and trans.), *The Diaries of Theodor Herzl* (New York: The Dial Press, 1956)
Luckhardt, C. G. (ed.), *Wittgenstein: Sources and Perspectives* (Hassocks: Harvester Press, 1979)
MacDonald, Eileen, *Shoot the Women First* (London: Fourth Estate, 1991)
Mach, Ernst, *Die Geschichte und die Wurzel des Satzes von der Erhaltung der Arbeit* (Prague, 1872)
Macmillan, Malcolm, *Freud Evaluated. The Completed Arc* (Cambridge, MA: MIT Press, 1997)

Madrignani, Carlo, *'La Domenica Letteraria' di F. Martini e A. Sommaruga* (Rome: Bulzoni, 1978)

Maier, Bruno (ed.), *Lettere a Svevo. Diario di Elio Schmitz* (Milan: dall'Oglio, 1973)

Mannoni, Oscar, 'Faux en écriture', in *Nouvelle Revue de Psychanalyse*, 16 (1977), pp. 247–60

Masiero, Roberto (ed.), *Il mito sottile. Pittura e scultura nella città di Svevo e Saba* (Trieste: Exhibition Catalogue, Civico Museo Revoltella, 1991)

Matte Blanco, Ignacio, *L'inconscio come insiemi infiniti. Saggio sulla bi-logica* (*The Unconscious as Infinite Sets*), trans. Pietro Bria (Turin: Einaudi, 1975)

Mauron, Charles, *Des Métaphores obsédantes au mythe personnel* (Paris: Corti, 1963)

——*Psychocritique du genre comique* (Paris: Corti, 1970)

Mazzi, Libero (ed.), *Quassù Trieste* (Bologna: Cappelli, 1968)

McGuire, William (ed.), *The Freud/Jung letters*, trans. Ralph Manheim and R. F. C. Hull (London: Routledge, 1974)

Migiel, Marilyn, 'Clorinda's Fathers', in *Stanford Italian Review*, 10: 1 (1991), pp. 93–121

Moloney, Brian, *Italo Svevo narratore. Lezioni triestine* (Gorizia: Libreria editrice goriziana, 1998)

Moloney, Brian and Hope, Fraser, 'Italo Svevo giornalista triestino, con documenti sconosciuti', in *Quaderni Giuliani di Storia*, 27: 1 (2006), pp. 17–72

Morgan, Robin, *The Demon Lover: On the Sexuality of Terrorism* (London: Methuen, 1989)

Musatti, Cesare, 'Svevo e la psicoanalisi', *Belfagor*, 39: 2, (1974)

Negri, Antonio, 'Between "Historic Compromise" and Terrorism: Reviewing the Experience of Italy in the 1970s', in *Le Monde diplomatique*, Aug.–Sept. 1988 (trans. Ed Emery)

Neroni, Hilary, *The Violent Woman: Femininity, Narrative, and Violence in Contemporary American Cinema* (Albany: State University of New York Press, 2005)

Neu, Jerome (ed.), *The Cambridge Companion to Freud* (Cambridge: Cambridge University Press, 1991)

Neuburger, Luisella de Cataldo and Valentini, Tiziana, *Women and Terrorism* (*Il filo di Arianna: donne, eversione armata e pentitismo*) trans. Leo Michael Hughes (London: Macmillan, 1996)

Nietzsche, Friedrich, *Aurora e scelta di frammenti postumi 1879–1881*, ed. Giorgio Colli and Mazzino Montinari (Milan: Mondadori, 1971)
Orlando, Francesco, *Per una teoria freudiana della letteratura* (Turin: Einaudi, 1973)
Paci, Enzo, 'Editoriale', in *Aut aut*, 1 (1951)
——*Tempo e relazione* (Turin: Taylor, 1954)
——*Diario fenomenologico* (Milan: Bompiani, 1961)
——'La psicologia fenomenologica e il problema della relazione tra inconscio e mondo esterno', in *Aut aut*, 64 (1961), pp. 314–35
——*Il sogno e le civiltà umane* (Bari: Laterza, 1966)
——*Idee per una enciclopedia fenomenologica* (Milan: Bompiani, 1973)
——'Per una fenomenologia dell'eros', in *Aut aut*, 214–15 (1986), pp. 3–20
Pagnini, Alessandro, 'La ricezione della psicoanalisi nella cultura filosofica italiana', in *Intersezioni*, 7: 1 (1987), pp. 107–37
Palmieri, Giovanni, *Schmitz, Svevo, Zeno. Storia di due 'biblioteche'* (Milan: Bompiani, 1994)
Pavanello, Anna Maria Accerboni (ed.), *Trieste, Saba e la psicoanalisi* (Exhibition Catalogue, Comune di Trieste, 1983)
——'Il mito personale di Umberto Saba tra poesia e psicoanalisi', *Rivista di Psicoanalisi*, 30: 4 (1984)
Pavanello, Anna Maria Accerboni and Dan, Maria Masau (eds), *Arte e Psicoanalisi nella Trieste del Novecento* (Trieste: Museo Revoltella, 2004)
Popper, Karl, 'Replies to my Critics', in *The Philosophy of Karl Popper*, ed. Paul Arthur Schilpp (La Salle, IL: Open Court, 1974)
Rella, Franco and Sertoli, Giuseppe, 'Recensione a Sebastiano Timpanaro, *Il lapsus freudiano*' in *Nuova corrente*, 67 (1975)
Rhees, Rush (ed.), *Recollections of Wittgenstein* (Oxford: Oxford University Press, 1984)
Ricoeur, Paul, *Dell'interpretazione. Saggio su Freud* (*De l'interprétation*), trans. Emilio Renzi (Milan: Il Saggiatore, 1967)
——*Freud and Philosophy. An Essay on Interpretation* (*De l'interprétation*), trans. Denis Savage (New Haven and London: Yale University Press, 1970)
——*Il conflitto delle interpretazioni* (*Le conflit des interpretations*), trans. Rodolfo Balzarotti, Francesco Botturi and Giuseppe Colombo (Milan: Jaca Book, 1995)

Robertson, Ritchie, *The 'Jewish Question' in German Literature 1749–1939* (Oxford: Oxford University Press, 1999)
Robison, Paula, '*Una vita* and the Family Romance', in *Modern Fiction Studies*, 18: 1 (1972), pp. 33–44
Rorty, Richard, *Contingency, Irony and Solidarity* (Cambridge: Cambridge University Press, 1989)
Rose, Jacqueline; Mitchell, Juliet and Rey, Lucien; Beckett, Alan and Howe, John; David Rumney, 'Four comments on "The Freudian Slip" by Sebastiano Timpanaro', in *New Left Review*, 94 (1975), pp. 74–84
Rossi, Pietro and Viano, Carlo Augusto (eds), *Filosofia italiana e filosofie straniere nel dopoguerra* (Bologna: Il Mulino, 1991)
Rozenblit, Marsha L., *The Jews of Vienna, 1867–1914: Assimilation and Identity* (Albany: State University of New York Press)
Rycroft, Charles, 'Freud and Timpanaro', in *New Left Review*, 118 (1979), pp. 81–8
Saba, Umberto, *Storia e Cronistoria del Canzoniere* (Milan: Mondadori, 1948)
——*Il Canzoniere* (Turin: Einaudi, 1956)
Saccone, Eduardo, *Commento a Zeno: saggio sul testo di Svevo* (Bologna: Il Mulino, 1973)
——*Il poeta travestito. Otto scritti su Svevo* (Pisa: Pacini, 1977)
Salmon, Wes C., *The Foundations of Scientific Inference* (Pittsburgh: The University of Pittsburgh Press, 1966)
Scarfoglio, Edoardo, *Il libro di Don Chisciotte*, ed. Carlo Madrignani (Naples: Liguori Editore, 1990)
Schächter, Elizabeth, *Origin and Identity: Essays on Svevo and Trieste* (Leeds: Northern Universities Press, 2000)
Schnitzler, Arthur, *My Youth in Vienna* (*Jugend in Vienna*), trans. Catherine Hutter (London: Weidenfeld and Nicolson, 1971)
Schopenhauer, Arthur, *The World as Will and Representation* (*Die Welt als Wille und Vorstellung*), trans. E. F. J. Payne (New York: Dover, 1966, 2 vols)
Schorske, Carl E., *Fin-de-Siècle Vienna. Politics and Culture* (Cambridge: Cambridge University Press, 1981)
Sgarbi, Vittorio (ed.), *Arturo Nathan. Illusione e destino* (Milan: Fabbri Editore, 1992)
Slataper, Scipio, *Il mio Carso* (Florence: Libreria della Voce, 1918)
——*Scritti politici* (Rome: Alberto Stock Editore, 1925)

——*Alle tre amiche: lettere* (Milan and Verona: A. Mondadori, 1958)
Solms, Marc and Kaplan-Solms, Karen, *Clinical Studies in Neuro-psychoanalysis* (Madison: International Universities Press, 2000)
Sorkin, David, 'Emancipation and Assimilation: Two Concepts and their Application to German-Jewish History', *Leo Baeck Institute Year Book*, 35 (1990), pp. 17–33
Starobinski, Jean, *L'occhio vivente* (Turin: Einaudi, 1975)
Steiner, George, *Real Presences* (Chicago: University of Chicago Press, 1989)
——*Proofs* (London: Faber and Faber, 1992)
Stuparich, Giani, *Giochi di fisionomie* (Milan: Garzanti, 1942)
——*Trieste nei miei ricordi* (Milan: Garzanti, 1948)
Svevo, Italo, *Saggi e pagine sparse*, ed. Umbro Apollonio (Milan: Mondadori, 1954)
——*Carteggio* (Milan: Dall'Oglio, 1965)
——*Epistolario*, a cura di Bruno Maier (Milan: Dall'Oglio, 1966)
——*Opera Omnia* (Milan: dall'Oglio, 1968)
——*Romanzi e 'continuazioni'*, ed. Nunzia Palmieri and Fabio Vittorini (Milan: Mondadori, 2004)
——*Teatro e saggi*, ed. Federico Bertoni (Milan: Mondadori, 2004)
——*Racconti e scritti autobiografici*, ed. Clotilde Bertoni (Milan: Mondadori, 2004)
Svevo, Livia Veneziani, *Vita di mio marito* (with Lina Galli) ed. Anita Pittoni (Trieste: Edizioni dello Zibaldone, 1958)
——*Memoir of Italo Svevo* (*Vita di mio marito*), trans. Isabel Quigly (London: Libris, 1989)
Tasso, Torquato, *Gerusalemme Liberata*, ed. Lanfranco Caretti, 2nd edn (Milan: Mondadori, 1988)
Timpanaro, Sebastiano, *Il lapsus freudiano. Psicoanalisi e critica testuale* (Scandicci: La Nuova Italia, 1975)
——*On Materialism* (*Sul materialismo*), trans. Lawrence Garner (London: New Left Books, 1975)
——*The Freudian Slip* (*Il lapsus freudiano*), trans. Kate Soper (London: New Left Books, 1976)
——'Freudian Slips and Slips of the Freudians', in *New Left Review*, 95 (1976), pp. 45–54
——'Freud's "Roman Phobia"', in *New Left Review*, 147 (1982), pp. 4–31

——*The Genesis of Lachmann's Method* (*Genesi del metodo del Lachmann*) ed. and trans. Glenn W. Most (Chicago: University of Chicago Press, 2005)
——*La 'fobìa Romana' e altri scritti su Freud e Meringer* (Pisa: ETS, 2006)
Timpanaro, Sebastiano and Orlando, Francesco, *Carteggio su Freud (1971–1977)* (Pisa: Edizioni della Normale, 2001)
Todeschini, Giacomo and Zorattini, Pier Ioly (eds), *Il mondo ebraico* (Pordenone: Edizioni Studio Tesi, 1991)
Tomalin, Margaret, *The Fortunes of the Warrior Heroine in Italian Literature: An Index of Emancipation* (Ravenna: Longo, 1982)
Vestergaard, Torben (ed.), *Constructing History, Society and Politics in Discourse: Multimodal Approaches* (Aalborg: Aalborg University Press, 2007)
Vigorelli, Amedeo, *L'esistenzialismo positivo di Enzo Paci. Una biografia intellettuale (1929–1950)* (Milan: Franco Angeli, 1987)
Virgil, *The Aeneid*, trans. Robert Fagles (London: Penguin, 2006)
Vital, David, *A People Apart. The Jews in Europe 1789–1939* (Oxford: Oxford University Press, 1999)
Voghera, Giorgio, *Anni di Trieste* (Gorizia: Editrice Goriziana, 1989)
——*Gli anni della psicanalisi* (Pordenone: Studio Tesi, 1980)
Waismann, Friedrich, *Wittgenstein and the Vienna Circle* (Oxford: Blackwell, 1979)
Webster, Richard, *Why Freud was Wrong* (London: Harper Collins, 2005)
Weiss, Edoardo, *Sigmund Freud come consulente* (Rome: Astrolabio, 1970)
——*Sigmund Freud as a Consultant: Recollections of a Pioneer in Psychoanalysis* (New York: Intercontinental Medical Book Corporation, 1970)
Williams, Raymond, *Culture and Materialism* (London: New Left Books, 1980)
Wistrich, Robert S., *The Jews of Vienna in the Age of Franz Joseph* (Oxford: Oxford University Press, 1989)
——*Between Redemption and Perdition: Modern Antisemitism and Jewish Identity* (London and New York: Routledge, 1990)
——*Anti-Semitism. The Longest Hatred* (London: Thames Mandarin, 1992)
Wittgenstein, Ludwig, *Philosophical Investigations* (*Philosophische Untersuchungen*), trans. G. E. M. Anscombe (Oxford: Blackwell, 1953)
——*Remarks on the Foundations of Mathematics* (*Bemerkungen über die Grundlagen der Mathematik*) trans. G. E. M. Anscombe (Oxford: Blackwell, 1956)
——*The Blue and Brown Books* (Oxford: Blackwell, 1958)

——*Lectures and Conversations on Aesthetics, Psychology and Religious Belief*, ed. Cyril Barrett (Oxford: Blackwell, 1966)

——On Certainty (*Über Gewissheit*) trans. Denis Paul and G. E. M. Anscombe (Oxford: Blackwell, 1969)

——*Philosophical Grammar* (*Philosophische Grammatik*) trans. Anthony Kenny (Oxford: Blackwell, 1974)

——*Lectures and Conversations on Aesthetics, Psychology and Religious Belief* (Oxford: Blackwell, 1978)

——*Wittgenstein's Lectures. Cambridge 1932–1935* (Oxford: Blackwell, 1979)

——*Culture and Value* (*Vermischte Bermerkungen*) trans. Peter Winch (Oxford: Blackwell, 1980)

——*The Big Typescript*, in *Wiener Ausgabe*, ed. Michael Nedo (Vienna and New York: Springer, 2000)

Yerushalmi, Yosef Hayim, *Zakhor. Jewish History and Jewish Memory* (Seattle and London: University of Washington Press, 1982)

Zoller, Israel, *La vita religiosa ebraica* (Trieste: Tipografia Sociale, 1932)

Zweig, Stefan, *The World of Yesterday* (Lincoln and London: University of Nebraska Press, 1964)

Index

ITALIAN MODERNITIES

Edited by
Pierpaolo Antonello and Robert Gordon,
University of Cambridge

The series aims to publish innovative research on the written, material and visual cultures and intellectual history of modern Italy, from the 19th century to the present day. It is open to a wide variety of different approaches and methodologies, disciplines and interdisciplinary fields: from literary criticism and comparative literature to archival history, from cultural studies to material culture, from film and media studies to art history. It is especially interested in work which articulates aspects of Italy's particular, and in many respects, peculiar, interactions with notions of modernity and postmodernity, broadly understood. It also aims to encourage critical dialogue between new developments in scholarship in Italy and in the English-speaking world.
Proposals are welcome for either single-author monographs or edited collections (in English and/or Italian). Please provide a detailed outline, a sample chapter, and a CV. For further information, contact the series editors, Pierpaolo Antonello (paa25@cam.ac.uk) and Robert Gordon (rscg1@cam.ac.uk).

Vol. 1 Olivia Santovetti: Digression: A Narrative Strategy in the Italian Novel. 260 pages, 2007.
ISBN 978-3-03910-550-2

Vol. 2 Julie Dashwood and Margherita Ganeri (eds):
The Risorgimento of Federico De Roberto. 339 pages, 2009.
ISBN 978-3-03911-858-8

Vol. 3 Pierluigi Barrotta and Laura Lepschy with Emma Bond (eds):
Freud and Italian Culture. 252 pages, 2009.
ISBN 978-3-03911-847-2

www.ingramcontent.com/pod-product-compliance
Ingram Content Group UK Ltd.
Pitfield, Milton Keynes, MK11 3LW, UK
UKHW020719041026
15590UKWH00002B/767